Lothar Böhnisch
Abweichendes Verhalten

Grundlagentexte Pädagogik

Lothar Böhnisch

Abweichendes Verhalten

Eine pädagogisch-soziologische Einführung

5., überarbeitete Auflage

Der Autor

Lothar Böhnisch, Dr. rer. soc. habil., bis 2009 Professor für Sozial-
pädagogik und Sozialisation der Lebensalter an der Technischen
Universität Dresden, lehrt Soziologie an der Freien Universität
Bozen/Bolzano.

Dieses Buch ist erhältlich als:
ISBN 978-3-7799-2187-5 Print
ISBN 978-3-7799-4726-4 E-Book (PDF)

5., überarbeitete Auflage 2017

© 2017 Beltz Juventa
in der Verlagsgruppe Beltz · Weinheim Basel
Werderstraße 10, 69469 Weinheim
Alle Rechte vorbehalten

Herstellung und Satz: Ulrike Poppel
Druck und Bindung: Beltz Bad Langensalza GmbH, Bad Langensalza
Printed in Germany

Weitere Informationen zu unseren Autoren und Titeln finden Sie unter:
www.beltz.de

„*Erstaunlich ist, in welchem Ausmaß die Gesellschaft diesen Kindern Zeit lässt, sich zu Kriminellen zu entfalten, sie kümmert sich kaum um sie, solange sie Opfer sind. Erst wenn die Gesellschaft sich selbst als Opfer fühlen oder darstellen kann, greift sie ein*" (Tilmann Moser 1975: 387).

Inhalt

1 Was gilt als ‚normal‘ und was als ‚abweichend‘?

Ein Thema wie Glatteis. Schlittern zwischen ‚normal‘ und ‚abweichend‘. Darunter Definitionswirbel, trübe Uneindeutigkeit, obwohl es immer wieder nach klarer Bestimmung drängt. Schon die scheinbar eindeutige Gesetzesverletzung, die ‚kriminelle Handlung‘, der Bereich der Delinquenz also, erscheint – je nach rechtlichem, kulturellem und sozialem Kontext – in unterschiedlichem Licht. Einander verschiedene gesellschaftliche Normensysteme als auch soziale Herkunftsmilieus können zu unterschiedlichen Tatbeurteilungen führen. Strafandrohungen z. B. werden in gesellschaftlichen Ausnahmezuständen – um ihrer abschreckenden Wirkung willen – verschärft. Der Umgang mit Abweichendem Verhalten – Devianz – hat vor diesem Hintergrund immer den Charakter einer „Grenzbestimmung“ (Dollinger 2015).

Der Begriff des Abweichendes Verhaltens bezieht sich in dieser Einleitung auf sozial schädigendes wie selbstdestruktives Verhalten. Dafür stehen die Fachbegriffe ‚dissozial‘, ‚antisozial‘ und – wie im Falle des kriminellen Verhaltens – ‚delinquent‘. Kulturell Abweichendes Verhalten ist damit natürlich nicht gemeint. Selbstschädigendes Verhalten wird auch als autoaggressives Verhalten bezeichnet. Die Gründe für Abweichendes Verhalten sind multifaktorieller Art. Sie reichen im Devianzdiskurs von der Genetik über die Familie, persönliche Eigenschaften bis hin zum sozialen Umfeld der Gleichaltrigengruppe, der Schule und der Medien. „Die genannten Faktoren sind dabei nicht notwendig ‚echte‘ kausale Faktoren, sondern zeigen ein korrelativ erhöhtes Risiko für das Problemverhalten an“ (Lösel/Weiss 2015: 714).

Unterhalb der strafrechtlichen Eingriffslinie können Menschen schon als dissozial oder auch antisozial gelten, wenn sie sich tradierten Mustern ‚normaler Lebensführung‘ verweigern, sie werden sozial ausgegrenzt, wenn sie biografisch scheitern oder sozial und kulturell nicht mithalten können. Die ausschließenden Definitionen gehen von kontrollierenden Instanzen und auf Konformität bestehenden Mitmenschen aus, sind längst ritualisiert, in die Grundwerte des Alltags eingegangen. Solche sozialen oder kulturellen Stigmata können Menschen oft stärker beeinträchtigen als strafrechtliche Sanktionen. Pädagogische Hilfe und Entstigmatisierung gehen hier ineinander über. Aber auch die Pädagogik selbst hat ihren problematischen Anteil an der Konstruktion von Devianz. Wir werden in dieser Einführung vor allem die Definitionsprozesse Abweichenden Verhaltens in Schule und Jugendhilfe kennenlernen. Dieses institutionell gebundene Abweichende Verhalten ist dadurch gekennzeichnet, dass es sozial nicht durchgängig, oft nur in der betreffenden Institution negativ sanktioniert und außerhalb der Institution häufig sogar gegenteilig bewertet wird. SchülerInnen, die in der Schule Abweichendes Verhalten zeigen – Leistung verweigern, Unterricht stören, gewalttätig sind – und entsprechend negativ sanktioniert werden, können in ihrer außerschulischen Peergroup (Gleichaltrigengruppe) einen positiven Status innehaben, der sich nicht selten auf ihr schulisches Verhalten gründet, das nun in der Jugendkultur – subkulturell – eine gleichsam entgegengesetzte soziale Bedeutung und Bewertung bekommt.

Schließlich dürfen wir jene Formen Abweichenden Verhaltens nicht übergehen, die sich gegen die Betroffenen selbst richten. Es geht hier um selbstgefährdendes und selbstdestruktives Verhalten, das zwar in der Regel keinen strafrechtlichen Sanktionen unterworfen ist, aber vielfach sozial geächtet wird. Es reicht vom weniger spektakulären Risikoverhalten über selbstzerstörerische und abhängigkeitserzeugende Suchtrituale bis hin zum Selbstmord. In diesen Verhaltensweisen spiegelt sich das ,Betroffen-Sein' als Grundbezug des pädagogischen Verstehens von Devianz bis ins Extrem. Sie verweisen gleichzeitig am deutlichsten darauf, wie dünn und fragil die soziale Bindung des Menschen an die Gesellschaft werden kann, aber auch, wie gesellschaftliche Entwicklungen pathogene Strukturen hervorbringen können.

Alle diese unterschiedlichen Definitionen, Zuschreibungen Abweichenden Verhaltens zeigen uns nicht nur, dass wir es hier mit einem Konstrukt und mithin mit einem Konstruktionsprozess zu tun haben, der vielfältigen sozialen und institutionellen Einflussfaktoren unterliegt. Verdeckt ist dabei vor allem das, was sich im Untergrund dieses Verhaltens bewegt, was Kinder, Jugendliche und junge Erwachsene dazu treibt, sich so zu verhalten, welche Motivationen und Botschaften dahinter verborgen sind.

2 „Und dann wendet sich das Kind hoffnungsvoll dem antisozialen Verhalten zu"

Botschaften hinter dem Abweichenden Verhalten

Gerade als PädagogInnen sind wir gehalten, nach diesen Botschaften, ja Hilferufen der Betroffenen zu suchen, die sich hinter dem gezeigten Abweichenden Verhalten verbergen. Damit wird uns ein tiefenpsychologischer Zugang abgefordert. Den hat uns vor allem der englische Kinder- und Jugendpsychiater Donald W. Winnicott (1988) eröffnet, aus dessen Werk sich eine Linie herausarbeiten lässt, an der entlang sich gleichsam ein psychodynamischer Unterbau einer pädagogisch anschlussfähigen Theorie der Devianz im Kindes- und Jugendalter herausarbeiten lässt.

Winnicott hat ein Modell entwickelt, mit dem wir verstehen können, wie der den Menschen innewohnende Aggressions-(Selbstbehauptungs-)trieb in eine ‚antisoziale Tendenz' umschlagen und damit Kinder in die Zone des Abweichenden Verhaltens bringen kann. Danach entwickeln sich aggressive Aktivitäten (aus sozial gerichteten Triebimpulsen) dann kreativ, wenn das Kind die soziale Umwelt, auf die sich seine Aktivität richtet, als „unzerstörbar" erfährt. Das heißt, wenn seine (nach außen tendenziell „zerstörerischen") aggressiven Impulse für das Kind selbst nicht gefährlich werden, nicht unvermittelt auf es zurückschlagen, sondern von seiner familialen Umwelt aufgefangen, gebunden werden können. Das Kind kann so mit seinen Aggressionen experimentieren, erfährt dabei Möglichkeiten und Grenzen, entwickelt eine Gewissheit des Selbst, die nicht immer wieder neu aufgebaut werden muss, weil ja in ihm die Erfahrung des ‚begrenzten' Experimentieren-Könnens gewachsen ist.

Der von Winnicott gebrauchte Begriff der „antisozialen Tendenz" bezieht sich auf eine latente Disposition, die sich früh unter Bewältigungsdruck herausbilden kann: „An ihrem Ursprung steht [...] immer eine passiv erlittene Gewalter-

Antisoziale Tendenzen entwickeln und formieren sich dann,
wenn das Kind seine Umwelt als zerstörbar erfährt, das heißt,
wenn seiner Aggression nichts entgegengesetzt wird, wenn die
aggressiven Impulse für das Kind grenzenlos werden und irgendwann – aus einer nicht mehr überschaubaren Umwelt heraus auf ein nicht mehr beherrschbares Selbst – zurückschlagen.
Dies ist in der Kind-Familien-Beziehung vor allem dann zu erwarten, wenn das Kind die bisher als unzerstörbar erlebte Umwelt verliert: z. B. beim Auseinanderbrechen der Familie, bei
extremer Entfremdung der Eltern, aber auch bei stetig zunehmender Inkonsistenz und Unüberschaubarkeit der Familienab-
läufe und der dadurch für das Kind entstehenden alltäglichen
Überforderungskonstellationen. So büßt das Kind eine familiale
Umwelt ein, in der es mit tendenziell zerstörerischen Impulsen
experimentieren und so nachhaltige Trieberfahrungen machen
konnte.

Das Gefühl des Verlusts einer unzerstörbaren Umwelt kann
bei Kindern vor allem dann aufkommen, wenn Ängste und Ver-
wirrungen im Hinblick auf Objektverluste (Bindungsverluste)
entstehen. Sie werden belastet, weil sie nun selbst die Kontrolle
übernehmen sollen, die für sie vorher in der unzerstörbaren
Umwelt gegeben war. In dieser diffusen Überforderung schlagen
die Aggressivitätsantriebe auf das Kind zurück: sowohl als Ängste
angesichts des Kontrollverlusts als auch als Erfahrung der schutz-
losen Preisgabe des Selbst, da die Aggression von sich aus nicht
mehr bewältigbar erscheint. Das so *vernachlässigte* (das heißt auf
sich gestellte) Kind traut sich nichts mehr zu, es passt sich der
Umwelt an, es ist „hoffnungslos unglücklich und wird (erst einmal) nicht auffällig" (Winnicott zit. n. Davis/Wallbridge 1983:
127). Verbessern sich die Umweltbedingungen, dann – so Winnicott – „gewinnt das Kind wieder Zuversicht und organisiert
hoffnungsvoll antisoziale Handlungen" (ebd.). „Die antisoziale
Tendenz ist ein Hinweis auf Hoffnung" (Winnicott 1988: 161).

Durch Delikte, wie vor allem das Stehlen (aus der Selbstbehauptung des Sich-auch-etwas-Nehmens heraus oder durch Zerstörung als Akt der negativen Aneignung), sucht es die Anteilnahme anderer, will auf sich aufmerksam machen oder begeht destruktive Handlungen – Gewalt an Sachen, gegenüber anderen Kindern etc. –, um die Umwelt bzw. deren entschiedenes Handeln und ihre Stärke herauszufordern. „Das Kind [muss] unbewusst seine Mitwelt aggressiv-progressiv auf die Probe stellen, ob diese hinter der oft lärmend vorgetragenen Destruktivität die Sehnsucht nach Eingrenzung und Verhinderung von Zerstörung wahrnehmen kann" (Auchter 2002: 609). Dieses scheinbare Paradox – hoffnungsvolles Auf-Sich-Aufmerksam-Machen als Grundantrieb Abweichenden Verhaltens – löst sich wie folgt auf: Dem in seinem Selbst zurückgewiesenen und von einer überforderten familialen Umwelt nicht empathisch begleiteten Kind scheinen die legitimen Zugänge zu sozialer Zuwendung verschlossen. Treten Personen auf, die sich ihm zuwenden – z. B. JugendpädagogInnen oder LehrerInnen – keimt in ihm die Hoffnung auf, dass es doch noch angenommen wird, so wie es ist. Es greift nun nach Mitteln Abweichenden Verhaltens, weil es ihm mit konformen Mitteln bisher nie gelungen ist (und im Wettbewerb zu anderen schlecht gelingen kann), auf sich aufmerksam zu machen. Dagegen hat es gelernt, sich aggressiv und antisozial in einer bedrohlichen, zerstörbaren (es weiß immer wieder nicht, ob es weiter geliebt wird) Umwelt zu behaupten.

Winnicott hat hier einen komplexen Grundzusammenhang aufgeschlossen, aus dem heraus sich vieles von der Ambivalenz und Brisanz des pädagogischen Umgangs mit delinquenten Kindern (und Jugendlichen) aufklären lässt, wobei sich aber auch immer zeigt, wie zwangsläufig (und in dieser fatalen Zwangsläufigkeit plausibel) solche Kinder negative Etikettierungsprozesse auf sich ziehen. SozialpädagogInnen aus der Kinder- und Kinderhausarbeit berichten in diesem Sinne auch von Kindern, die zu Hause als angepasst, unauffällig erscheinen, im Umfeld des Kinderhauses oder des Jugendzentrums sich aber destruktiv verhalten, gegen andere losgehen, zerstören, klauen. Die SozialpädagogInnen spüren, dass die Kinder auf sich aufmerksam machen wollen, ‚mit Gewalt‘ Zuwendung suchen. Diese Konstellation führt oft dazu, dass das antisoziale Verhalten der Kinder nun der Kinder- oder Jugendeinrichtung angelastet wird (in der Familie und in der Schule fallen die doch gar nicht so auf), weil eben die dortigen Räume und SozialpädagogInnen solche Kinder ‚hoffnungsvoll‘ anziehen und sich die Hoffnungen, die die Kinder mit ihren antisozialen Taten verbinden, auch auf sie richten. Dies den Instanzen sozialer Kontrolle verständlich machen zu können, überfordert viele MitarbeiterInnen in der außerschulischen Arbeit mit Kindern. Die Kinder werden als delinquent etikettiert und damit wird ihre Dispositionslage verkannt. Falls die Kinder dann, wenn sie gestellt oder ertappt werden, auch noch kein Schuldgefühl zeigen (sie haben ja damit ein positives Gefühl gesucht), ist der Kreis der negativen Zuschreibungen meist geschlossen. Hier wird deutlich, in welcher Ausnahmesituation SozialpädagogInnen in der außerschulischen Jugendarbeit sind, und welche Schwierigkeiten es alltäglich bereitet, die Handlungen der Kinder nicht nur selbst zu verstehen, sondern auch in ihren Intentionen einer verständnislosen Umwelt begreiflich zu machen.

Wir können jetzt auch verstehen, was Kids bewegt, Gelegenheiten und soziale Gruppierungen Abweichenden Verhaltens attraktiver zu finden als sozial konforme Bezüge. Aus der Kenntnis dieser tiefenpsychologischen Mechanismen heraus wird uns nun diese differentielle Attraktivität erklärlich. Den betreffenden Kindern erscheint die devianzfördernde Umgebung als ‚fördernde Umwelt‘, weil sie ihnen Signale aussendet, die eine neue, unzerstörbare Umwelt verheißen. Wenn die eigene Umwelt zerstört, das heißt die Familien in sich entfremdet und unübersichtlich geworden sind, ist es die abweichende Clique, welche daraus entstehende antisoziale Dispositionen und die damit verbundenen Signale aufnehmen und dem Kind das Gefühl geben kann, trotz des erlittenen Verlusts das eigene Selbst entfalten zu können: Antisoziales Verhalten wird von abweichenden Gruppen *direkt* – und nicht nur als ungewisses Signal wie bei den PädagogInnen – aufgenommen und in Gruppenzusammenhalt und Anerkennung umgesetzt. Hier zeigt sich auch die Sinnhaftigkeit des pädagogischen Konzepts der ‚funktionalen Äquivalente'. Es kommt darauf an, den Kindern in den angebotenen pädagogischen Arrangements das Gefühl zu vermitteln, dass ihre Signale erkannt werden, ihnen der (familiale) Verlust ersetzt wird, dass sie nicht domestiziert und ruhiggestellt werden, sondern sich ihnen ein überschaubarer Raum zum Experimentieren eröffnet. Es ist dann ein Experimentieren, das ihnen selbst nicht mehr gefährlich werden oder Hilflosigkeit erzeugen kann, die dann wieder in ungerichtete Aggressivität umschlagen würde. Diese Hilflosigkeit und die Versuche der Kinder und Jugendlichen, sie zu bewältigen, müssen wir im pädagogischen Umgang mit Abweichendem Verhalten erkennen können.

3   Abweichendes Verhalten kann als Bewältigungsverhalten in kritischen Lebenskonstellationen interpretiert werden

Die Annahme, dass im Abweichenden Verhalten ‚Botschaften‘ der Betroffenen verschlüsselt sind, die auf Hilflosigkeit und ihre Bewältigungsversuche in kritischen Lebenskonstellationen verweisen, gilt als Grundthese des folgenden interdisziplinär angelegten *Bewältigungsmodells*. Abweichendes Verhalten wird in dieser Interpretation dann eintreten, wenn konforme Mittel der Bewältigung der kritischen Konstellation (vor allem ihre Thematisierung und die damit verbundenen Zugänge zu Beratung und Unterstützung) nicht oder nicht mehr verfügbar sind, um biografische Handlungsfähigkeit zu erreichen. Abweichendes Verhalten ist in diesem Sinne *Bewältigungsverhalten*, das nach Handlungsfähigkeit um ‚jeden Preis‘ – eben auch abseits der geltenden Norm – strebt. Die Pädagogik sucht ihren Zugang zu Abweichendem Verhalten entsprechend nicht primär über die Normverletzung, sondern in den biografischen Betroffenheiten und sozialen Umständen, aus denen heraus sich Abweichendes Verhalten entwickelt haben könnte.

In manchen Darstellungen sozialwissenschaftlicher Theorien Abweichenden Verhaltens wird am Ende immer wieder kritisiert, dass sie zwar Devianz differenziert beschreiben und kontextualisieren können, nicht aber in der Lage sind, etwas über die Entwicklung Abweichenden Verhaltens im Individuum auszusagen. Das Bewältigungskonzept ist ein Versuch, diese innerpsychischen Prozesse und ihre soziale Ausrichtung aufzuklären. Über diese theoretische Dimension hinaus ist das Konzept pädagogisch transformierbar, sowohl was den diagnostischen Zugang als auch die Folgerungen für pädagogische Interventionen anbelangt. Schließlich können auch die sozialwissenschaftlichen Devianztheorien dazu so in Bezug gesetzt werden, dass ein mehrdimensionaler Zugang zu Abweichendem Verhalten möglich wird.

In der soziologischen Dimension des Bewältigungsmodells sind es vor allem Probleme der sozialen Desintegration, die sich biografisch vermitteln und eine Hintergrundkonstellation Abweichenden Verhaltens dann entfalten können, wenn die Betroffenen sich in einer psychosozialen Verfassung befinden, in der das Streben nach Handlungsfähigkeit nicht mehr normkonform regulierbar ist. Dieses Problem der Desintegration werden wir im Fokus sozialstruktureller, institutioneller und familialer Desintegrationsprozesse und ihren biografischen Folgen aufzuschließen versuchen. Dass das Streben nach unbedingter Handlungsfähigkeit (tiefen)psychische und soziale *Eigendynamiken* annimmt, die die Formen Abweichenden Verhaltens prägen, wird uns in der weiteren Analyse beschäftigen. Dabei werden geschlechtsdifferente Bewältigungsmuster genauso analysiert wie der Einfluss gesellschaftlicher Deutungs- und Kontrollmuster auf die Verläufe von Devianz. Hier wird die Etikettierungstheorie im Mittelpunkt stehen. In diesen Zusammenhängen werden wir auch sehen, dass gerade devianzriskantes Streben nach Handlungsfähigkeit sich seine entsprechenden sozialen Orte ‚sucht', um wirksam werden zu können. Hier sind vor allem gruppendynamische und subkulturelle Bezüge zu thematisieren.

Für die Pädagogik ist in diesem Kontext nicht nur das situative Verhalten von primärem Interesse, sondern vor allem die Art und Weise, wie sich Devianz als biografisches Muster im Aufwachsen von Kindern und Jugendlichen aufbauen kann. Deshalb wird dem Problemkreis der *devianten Sozialisation* ein besonderes Gewicht beigemessen. Hier ist auch der entwicklungstypischen Besonderheit und gesellschaftlichen Spannung des Jugendalters Rechnung zu tragen: Jugend wird als Lebensphase ‚potenzieller Devianz' thematisiert, so dass danach gefragt werden kann, unter welchen Bedingungen jugendkulturelles Risikoverhalten sich sozial riskant verhaken, biografisch verstetigen kann. Schließlich werde ich versuchen, aus diesen bewältigungstheoretischen Grundlagen der Diagnose Interventionsperspektiven abzuleiten, um daraus Arbeitsprinzipien des pädagogischen Umgangs mit Abweichendem Verhalten entwickeln zu können. Insgesamt erfüllt also der Bewältigungsansatz den Anspruch der

Mehrdimensionalität und Interdisziplinarität, der an Erklärungs-
bzw. Plausibilitätsmodelle von Devianz gestellt wird (vgl. dazu
auch Griese 2000).

Am extremen Bewältigungstyp der *Gewalt* in ihren verschiedenen Erscheinungsformen werden wir die Mechanismen der
Bewältigung am besten studieren können und dabei merken, dass
diese auch in unserem Alltagshandeln wirkmächtig sind. Vor
allem die psychodynamische Struktur wird hier besonders deutlich und kann – im Modell – aus dem Unbewussten der Handlung heraus freigelegt werden.

Die Bedrohlichkeit kritischer Lebensprobleme wird als Aus-
gangskonstellation des Strebens nach unbedingter Handlungsfähigkeit (bis in seine deviante Ausprägung) angenommen. Lebenskonstellationen werden von den Subjekten dann als kritisch
erlebt, wenn das psychosoziale Gleichgewicht – in den aufeinander bezogenen Komponenten von *Selbstwert, sozialer Anerkennung und Selbstwirksamkeit* – gestört ist und dabei die bislang
verfügbaren personalen und sozialen Ressourcen der Bewältigung
nicht mehr ausreichen (vgl. Filipp 2008). Hinter Abweichendem
Verhalten stecken also in der Regel immer massive Selbstwert-,
Anerkennungs- und Selbstwirksamkeitsstörungen. Unter Selbstwirksamkeit wird dabei eine Befindlichkeit verstanden, in der das
Subjekt das stimmige Gefühl hat, mit seiner sozialen Umwelt so
im Einklang zu sein, dass das eigene Leben darauf abgestimmt
und so auch täglich Lebenssinn erzeugt werden kann.

Das in kritischen Konstellationen freigesetzte Streben nach
Handlungsfähigkeit ist emotional, triebdynamisch strukturiert.
Darin zeigt es Gesetzmäßigkeiten, die sich in Anlehnung an das
der Stressforschung entstammende Coping-Konzept (vgl. Brüderl
1988; Stark 1996) herausarbeiten lassen. Dort wird von dem Befund ausgegangen, dass die Bewältigung von Stresszuständen bei
Problembelastungen so strukturiert ist, dass der Mensch aus
somatisch aktivierten Antrieben heraus nach Wiedererlangung
des physisch-psychischen Gleichgewichtszustandes um jeden
Preis – auch den der Normverletzung – strebt. In dieser Dynamik
bewegt sich das Selbst als triebbewegte psychische Instanz, die
sich gegenüber dem Willen der Akteure in somatischen Reaktio-

nen verselbstständigen kann. Dabei ist der Begriff des ‚Triebes‘ nicht biologisch zu verstehen, sondern es handelt sich um sozial gerichtete Triebansprüche, die – beginnend in der frühen Kindheit – im Prozess der Sozialisation ihre psychosoziale Formung erfahren (vgl. Gottschalch 1991).

Psychosoziale *Handlungsfähigkeit* ist ein Konstrukt im Magnetfeld des Selbstwerts. Ich bin in diesem Sinne handlungsfähig, wenn ich mich sozial anerkannt und wirksam und darüber in meinem Selbstwert gestärkt fühle. Das Streben nach Handlungsfähigkeit, das erst einmal in uns allen ist, macht sich also besonders in kritischen Lebenskonstellationen bemerkbar, wird über sie ‚freigesetzt‘. Wenn es uns entsprechend schlecht geht, macht sich der Selbstbehauptungstrieb, gleichsam als Grundantrieb des Menschen, bemerkbar. Dieser ist so stark, so existenziell, dass Handlungsfähigkeit – also Selbstwert, Anerkennung und Selbstwirksamkeit – um jeden Preis gesucht werden muss. Wenn dies nicht mit sozial konformen Verhalten erreichbar ist, dann eben auch mit Abweichendem Verhalten. Regressives, antisoziales aber auch selbstdestruktives Verhalten ist in diesem Sinne Bewältigungsverhalten. Dahinter stecken ‚Botschaften‘ der Hilflosigkeit, des Unvermögens, sich mit seinem gestörten Selbst auseinandersetzen zu können. Es muss einfach – und das ist ein unbewusster Vorgang – abgespalten werden. Damit sind wir beim Modell der *äußeren Abspaltung*.

Das verwehrte Selbst

Je mehr – so der Psychoanalytiker Arno Gruen – das, was aus dem eigenen Selbst herauskommt, verwehrt und von der sozialen Umwelt – vor allem auch der Erziehung – ‚als Feind(e) der sozialen Anpassung‘ abgestempelt wird, je mehr erfahren und in der Wiederholung gelernt wird, dass im Grunde nichts in einem selbst ist, desto eher beginnt man selbst, diese eigenen Bedürfnisse zu unterdrücken und zu fürchten. Es kann geradezu eine Angst vor der Lebendigkeit der eigenen Gefühle entstehen, die als bedrohliche Feinde erlebt werden. Wer zur Erfahrung gezwungen wird, dass nichts aus ihm selbst geschieht, wird – vor allem dann, wenn die äußere Sozialbindung gefährdet ist – in eine emotionale Leere getrieben. Aber „die damit verbundene Hilflosigkeit sowie daraus entstehender Schrecken und Wut werden von der [sozialen]

Umwelt [auch] vehement abgelehnt". So muss Hilflosigkeit zum „Objekt der Ablehnung und des Hasses werden. Sie ist es [dann], die einen bedroht und nicht die Situation, die sie verursacht hat. So rächt man sich dann an allem, was die eigene Hilflosigkeit hervorrufen könnte". Deshalb muss auch ‚zwangsläufig' die Hilflosigkeit bei anderen (und damit geht es ins soziale Handeln ein) verachtet werden. Mit und in diesem Verachten kann die dahinterstehende eigene Angst (vor Hilflosigkeit) verborgen werden. Gleichzeitig wird dadurch aber auch eine „Haltung des Verachtens" gefördert. Diese wiederum geht – meist notwendigerweise – einher mit einer, sie stützenden, „Ideologie der Macht und des Herrschens" (Gruen 1991: 26). Und in Richtung der Entwicklung devianter Verhaltensdispositionen aus dem gestörten Selbst heraus, argumentiert Gruen weiter: „In dem Maße, in dem uns die Grunderfahrung menschlicher Hilflosigkeit verwehrt wird, sind wir gezwungen, diese sozial abzuspalten, in Abstraktionen aufgehen zu lassen. Abstraktionen – Ideale, Ideologien, Stereotype – erlauben es uns, unser persönliches Involviertsein von den jeweiligen Resultaten abzutrennen" (ebd.: 49).

Im Mittelpunkt steht das bedrohte Selbst in seiner Hilflosigkeit. Der Begriff des *Selbst* bezeichnet den inneren, personalen Pol der Identität: Wer bin ich, wie spüre ich mich und wie schätze ich mich ein (im Verhältnis zu anderen). Das Selbst bewegt sich im Magnetfeld von Selbstwert, sozialer Anerkennung und – damit verbunden – Selbstwirksamkeit (als der eigenen Erwartung, soziale Situationen im Griff zu haben und entsprechende soziale Resonanz dafür bekommen zu können). Mangelnde Anerkennung, verbunden mit niedriger bis fehlender Selbstwirksamkeit, führt zu dieser Hilflosigkeit des Selbst. Wir erleben dies alltäglich, es muss nicht gleich ein katastrophaler Zustand sein. Man ist von sozial negativen Erlebnissen gefrustet und das geht nicht über den Kopf, sondern vor allem über den Bauch. Man fühlt sich mies, es entsteht ein körperlich-seelischer (somatischer) innerer Druck, den man loswerden muss. Man kann nicht mit dieser Bedrückung schlafen gehen. Entlastung ist möglich, wenn man mit jemandem darüber sprechen, ihm oder ihr das belastende Problem erzählen kann. Im Bewältigungsmodell wird dies mit dem Begriff der *Thematisierung* umschrieben. Beratung ist in diesem Sinne nichts anderes als Hilfe zur Thematisierung. Wenn ich es jemandem anderen, z. B. einem Freund oder einer Freundin erzähle, sprechen wir von Alltagsberatung. Wenn ich aber jemanden brauche, der mir dabei helfen kann, suche ich eine professionelle Beratung auf. Unter Thematisierung verstehe ich dabei nicht nur den sprachlichen Akt, sondern vor allem auch den sozial-interaktiven Vorgang des *Mitteilens* und damit des Anknüpfens von Beziehungen bis hin zum Eintreten in soziale Netzwerke. Immer wieder sei daran erinnert: es ist ein unbewusster, somatisch gesteuerter Vorgang. Wir wissen das aus der Stressforschung.

Indem diese Ablaufdynamik von *innerer Hilflosigkeit – Unfähigkeit zur Thematisierung – Abspaltung – Kompensation/Projektion* – einem nicht bewusst, sondern somatisch angetrieben ist, entzieht sie sich auch der Selbstkontrolle. Man weiß in dem Moment nicht, was man da tut. Dieser Vorgang wird in der Psychoanalyse mit dem Begriff der *Abstraktion* umschrieben. Abstraktion meint die Abwesenheit des Konkreten, das (zeitweise) Verschwinden des realen Verhaltens im Bewusstsein der Handelnden. Gewissermaßen ein Black out.

Der Schweizer Psychoanalytiker Arno Gruen (1997) hat die These aufgestellt, dass Männer mit innerer Hilflosigkeit schlechter umgehen können als Frauen, die aufgrund ihrer Gebärfähigkeit eine besondere Nähe zur inneren Natur des Menschen entwickeln könnten. Männer dagegen seien eher gedrängt, diese Hilflosigkeit nach außen abzuspalten. Wenn sie dabei gewalttätig werden, dann sind die Opfer in der Öffentlichkeit vor allem Männer, im häuslichen Bereich eher Frauen. Diesem Muster der äußeren Abspaltung begegnen wir aber nicht nur in den Zonen der physischen und psychischen Gewalt. Wir begegnen ihm im Beispiel des randalierenden Jungen in der Schule genauso, wie wir es immer auch dort finden, wo versucht wird, auf Kosten anderer aus eigenen Lebensschwierigkeiten herauszukommen, Selbstwertprobleme antisozial zu kompensieren. Das können auch Abwertungen sein; andere abzuwerten gehört übrigens auch zu den alltäglichen kleinen Übungen der Selbstaufwertung.

Und noch einmal: Diese Abspaltungsdynamik ist emotional aufgeladen, bringt Entspannung, das antisoziale Verhalten, das wir als negativ bewerten, wird von den Betroffenen als positiv, als entspannend empfunden, als (oft letztes) Mittel eben, Anerkennung, Selbstwirksamkeit und Selbstwert zu erlangen. Deshalb kann man es ihnen nicht einfach ausreden, muss ihnen Möglichkeiten anbieten, in denen sie mit der Zeit spüren können, dass sie nicht mehr auf dieses Verhalten angewiesen sind. Ich werde im Abschnitt zu den *funktionalen Äquivalenten* näher auf solche Möglichkeiten eingehen.

Wir haben es beim Abweichenden Verhalten auch mit Abspaltungen von Hilflosigkeit zu tun, die nach *innen* gerichtet sind. Wir sprechen dann von *Autoaggression*, Gewalt gegen sich selbst. Wir finden sie in den verschiedenen Formen der Selbstverletzung, der Ernährungsstörungen, aber auch des Medikamentenmissbrauchs und der Depressivität. Es sind keine Delikte im Sinne der Delinquenz. Sie sind – statistisch gesehen – unter Mädchen und Frauen verbreitet. Es sind Formen der *inneren Abspaltung*. Im Mittelpunkt steht wieder die Hilflosigkeit des Selbst. Dieses Selbst aber ist nun gespalten, von Selbsthass gezeichnet. In der klinischen Psychologie spricht man von ‚Dissoziation‘, es sind gleichsam zwei Seiten des Selbst, die gegeneinander stehen. Das Ich und sein Körper. Dieser autoaggressive Selbsthass setzt den entsprechenden Projektionsvorgang in Gang. Die Betroffenen sind sich der Selbstspaltung (Dissoziation) nicht bewusst, für sie zählt, dass sie die Aufmerksamkeit anderer auf sich ziehen können. Gefühlte Anerkennung durch extreme Auffälligkeit. Es sind in der Mehrzahl Mädchen und Frauen, die in ihrem bisherigen Leben meist Abwertung erfahren und keine Anerkennung bekommen haben. Der eigene Körper wird nun zum Objekt, auf das die innere Hilflosigkeit abgespalten wird.

Dass Selbstverletzung Aufmerksamkeitserregung und darin Entschädigung für entgangene Anerkennung sucht, wird auch in der therapeutischen Praxis bestätigt: „Selbstverletzungen werden in der Regel in offener Weise durchgeführt. Diese Offenlegung lässt selbstverletzende Akte als eine Körper- und Aktionssprache erkennen" (Hirsch 2002a: 164). Die Betroffenen schämen sich nicht, auch wenn die Umwelt entsetzt reagiert. Sie fühlen ja Entspannung und erhalten gleichzeitig dramatische Aufmerksamkeit.

Dass man Selbstverletzungen bezüglich der Häufigkeit besonders bei Mädchen in der Pubertät und damit einhergehenden
aggressiven Mutter-Tochter-Konflikten antrifft, verweist auf
damit verbundene Zustandsbefindlichkeiten von Ohnmacht und
Hilflosigkeit, die nicht thematisiert sind und denen massive Anerkennungsstörungen vorausgehen. „Wenn Mädchen sich mit
Messern, Nadeln oder anderen Gegenständen verletzen, beschreiben sie ihren Zustand oft als psychische Abwesenheit, als
emotionale und sensorische Empfindungslosigkeit. […] Es
scheint, als hätten sie vorübergehend die Fähigkeit verloren, sich
selbst zu spüren und zu erleben" (Bovensiepen 2002: 60). Hier
zeigt sich wieder deutlich das Phänomen der Abstraktion, das
auch hier bei der Autoaggression wirkt. Ebenso der nur nach
innen gerichtete Projektionsmechanismus: Es findet eine Selbstspaltung statt, die den Betroffenen ‚ermöglicht', die eigene Hilflosigkeit an sich selbst auszulassen.

Abspaltung innerer Hilflosigkeit nach außen und ihre Projektion auf Schwächere kann auch dadurch geschehen, dass man sich einer Gruppe an-
schließt, zu deren Programm und Gruppenzusammenhalt es gehört, antisozial zu sein. Man ‚delegiert' – freilich unbewusst – die Abwertung von anderen
an die Gruppe und geht damit in ihr auf. Man handelt antisozial für die Gruppe, für deren Zusammenhalt eben, in einem emotional erhebenden und darin
entspannenden Wir-Gefühl. Da kann kein Unrechtsbewusstsein entstehen.
Nicht das Opfer steht im eigenen Fokus der Wahrnehmung, sondern die
Gruppe. Die meisten Delikte, vor allem die männlicher Jugendlicher und junger Erwachsener, werden aus Cliquen heraus begangen.

4 Geschlechtszugehörigkeit, soziale Herkunft, ethnischer Hintergrund und Wohnumwelt spiegeln sich auch im Abweichenden Verhalten

Bei Männern und Frauen finden wir in deutlicher empirischer Tendenz unterschiedliche Abspaltungsmuster. Aber wie gesagt, es ist eine Tendenz. Männer und Frauen sind nicht so, sie neigen mehrheitlich dazu. Letztlich zeigen das die Fall- und Deliktstatistiken. Gerade bei jenen, die oft aus Milieus sozialer Benachteiligung stammen, ist meist noch eine traditionale und darin rigide Praxis im Umgang mit den Geschlechterrollen anzutreffen. Die Kategorie Geschlecht gilt in dieser Einführung als zentrale Kategorie, die sozialstrukturelle und ethnische Bedingungen durchzieht.

Nun ist man nicht nur im Jugendhilfe-Diskurs immer wieder und bis heute skeptisch, wenn die Kategorie Geschlecht so herausgestrichen wird. Ein exemplarisches Beispiel dafür ist immer noch die Argumentation des 11. Kinder- und Jugendberichts (2002). Dort wird festgestellt, dass z.B. soziale Schicht und Bildung erheblich die Art und Weise des Geschlechterverhaltens beeinflussen, „während mit der geschlechtstypischen Brille Dramatisierungen vorgenommen werden und gezielt auf die Kategorie Geschlecht aufmerksam gemacht wird. Mit der ‚Entdramatisierung‘ kommen auch andere Kategorien ins Blickfeld (Alter, Nationalität, Schicht etc.), die der Pluralität von Geschlechtstypen Rechnung tragen. Vor diesem Hintergrund kann man dann erneut fragen, wann, wie, wo und warum Geschlecht zum dominanten Kriterium sozialer Differenzierung wird" (BMFSFJ 2002: 108). Hier sind die Gebote der *Diversität* und der *Intersektionalität* angesprochen, das heißt die Notwendigkeit, neben dem Geschlecht auch soziale Herkunft, ethnische Zugehörigkeit, Alter oder Wohnquartier in ihrer Differenzierungskraft wie in ihrem

Zusammenwirken zu berücksichtigen. Das ist richtig, man muss aber dabei aufpassen, dass damit die Besonderheit der Kategorie Geschlecht gegenüber den anderen Kategorien nicht verwischt wird. Denn – das zeigen zahlreiche Befunde (z. B. zu Männlichkeit und Abweichendem Verhalten von Jungen und Männern bis hin zu häuslicher Gewalt oder zu Weiblichkeit und Überforderung von Frauen in der Familie) – die Kategorie Geschlecht tritt dann – quer durch alle Schichten und Ethnien – dominant hervor, wenn es um die Bewältigung kritischer Lebenssituationen geht. Keine soziale Kategorie entfaltet und vermittelt sich in so vielen Dimensionen – leib-seelische, psychosoziale, sozial interaktive und gesellschaftsstrukturelle – wie das Geschlecht.

Es soll dabei keineswegs einer Dualisierung des Männer- und Frauenverhaltens das Wort geredet werden. Es handelt sich hier vielmehr um Tendenzen mit hoher Variationsbreite, in der sich unterschiedliche Männlichkeiten und Weiblichkeiten bewegen und mehr oder weniger – je nach eigenen psychosozialen Ressourcen – in den Sog solcher geschlechtstypischen Tendenzen geraten.

Ob dagegen die, Männer und Frauen inzwischen gleichermaßen erfassende und in ihren Bann ziehende, ökonomistische Erfolgskultur der spätmodernen Gesellschaft die Geschlechtsdifferenzen verwischt, indem entsprechend erfolgsorientierte Frauen genauso öffentlich agieren und sich ebenso abweichend verhalten wie Männer, ist zwar seit den 1990er Jahren zum Thema geworden, als generelle Entwicklung aber noch nicht abzusehen. Die Magazine und Illustrierten berichten spektakulär von Mädchen, die ebenso gewalttätig sind wie Jungen, und skrupellosen Frauen, die im beruflichen Konkurrenzkampf ‚über Leichen gehen‘. Diese Tendenz, dass Frauen auch in devianten und delinquenten Verhaltensbereichen gegenüber den Männern ‚aufholen‘, wurde übrigens schon in den 1970er Jahren in der amerikanischen Kriminologie als „Maskulinisierung" thematisiert (vgl. Adler 1975).

Aus der Theorie männlicher Sozialisation (vgl. ausf. Böhnisch 2013; Faulstich-Wieland 2008) wissen wir nun, dass Jungen von früher Kindheit an auf der Suche nach männlicher Identität sind.

Sie werden nicht nur nach außen und damit stärker in die delinquente Auffälligkeit getrieben als die Mädchen, sondern sie sind auch seit der frühkindlichen Lebensphase Bindungs- und Ablösungskonflikten ausgesetzt, die in die existentiellen Betroffenheiten des Mannwerdens und Mannseins hineinreichen. Schlüsselereignis dabei ist die erzwungene Ablösung von der Mutter und die Suche nach dem gleichgeschlechtlichen, männlichen Orientierungs- und Identitätspunkt. Dieser aber ist angesichts der Abwesenheit vieler Väter und der einseitigen Männerbilder in Öffentlichkeit und Medien nicht so ohne weiteres greifbar. Mädchen dagegen müssen sich ihre Geschlechtsidentität nicht durch solch rigides Ablösen von der Mutter und ungewisse Suche nach dem gleichgeschlechtlichen Bezug erkämpfen. Sie können in der frühen und mittleren Kindheit ‚in Ruhe' ihre aus der Mutter-Kind-Dyade weiterbestehende und damit emotional gesicherte Geschlechteridentität ‚behalten'. Bei ihnen kommt es darauf an, dass sie ihre Geschlechterrolle ausdifferenzieren und in dieser erkannten und erlebten Differenz ihr Mädchensein spüren und selbstbewusst leben. Der Ablösungskonflikt von der Mutter findet erst in der Pubertät statt, wenn das Mädchen in die gesellschaftliche Kultur eintritt und die gesellschaftliche Abwertung der Frau erfährt.

Das besondere Entwicklungsproblem von Mädchen aber ist – vor allem wenn sie aus geschlechterrollenrigiden, sozial benachteiligten Familien stammen –, dass sie meist nur gelernt haben, familial zugelassene Weiblichkeitsformen zu stilisieren und gegebenenfalls, wenn sie aus der Familie herausgedrängt worden sind, diese aggressiv und öffentlich zu demonstrieren. Ihr Abweichendes Verhalten und ihre Delinquenz sind also „Ausdruck spezifischer weiblicher Konfliktlagen, die den Widersprüchen der sozialen Lage der Frauen" (Brökling 1980) und dem weiblichen Sozialisationsmodus immanent sind. Der Begriff der weiblichen „Konfliktkriminalität" (ebd.) soll das ausdrücken.

In diesem *innengerichteten* Bewältigungsmodell haben es Mädchen und Frauen auch schwer, mit ihrer Aggressivität und Selbstbehauptung umzugehen. Frauen rasten oft erst aus, wenn sie nicht mehr können, gehen erst dann in den Konflikt, wenn das Maß überschritten ist. Wenn Aggressivität dann ausbricht, werden ihre Reaktionen eher als ‚Kontrollverlust' interpretiert. So wird ihnen das aggressive Verhalten dann als anormal (‚die spinnt'), pathologisch (‚die ist ja hysterisch') zurückgespiegelt. An diesem Konfliktdilemma wird deutlich, wie weibliche Bewältigungsmuster rückgebunden sind an ein kulturelles Bild, das die sozialen Erwartungen steuert, und daran, wie dieses Bild übernommen wird und psychodynamisch wirkt. Dass sich Frauen selbst disziplinieren und reduzieren, dass sie die Schuld bei sich suchen, Aggressionen eher gegen sich selbst wenden und ihre Probleme mit Befindlichkeitsstörungen verbinden und sich deshalb meist nur über Krankheitssymptome nach außen wenden können, kann also aus diesem Modell des innengeleiteten Konflikts erklärt werden. Viele kritische und belastende Lebenssituationen bei Frauen lassen sich in der Erkenntnis aufschließen, dass sie zu spät in den Konflikt gegangen sind. Um ein Extrembeispiel zu nennen: Nicht wenige Frauen, die wegen Totschlags in der Partner-Beziehung eine Gefängnisstrafe verbüßen, sind deshalb in ihre Taten getrieben worden, weil sie zu spät den Konflikt gesucht haben.

Männer spalten in kritischen Lebenskonstellationen eher nach außen ab und zeigen entsprechend externalisierte Devianzmuster (vgl. das Männer/Frauen-Schema der Kriminalität in Kapitel 14). Hinter vielen der außengeleiteten Verhaltensweisen verbergen sich aber Wünsche, Sehnsüchte und andere Gefühle, die nicht vom Innen her ausgedrückt werden können und deshalb nach Außen abgespalten werden müssen. Dieses nach Außen-gedrängt-Sein, Nicht-innehalten-Können führt auch dazu, dass Männer es schwer haben, Empathie zu zeigen, das heißt, sich in die Gefühle anderer hineinversetzen zu können. Der Mangel an Empathie stärkt das Konkurrenzverhalten, das von Männern traditionell in der Arbeitswelt erwartet wird und schwächt die Sensibilität für Fürsorglichkeit. Männer mögen es nicht so sehr, wenn jemand Probleme hat, sie wollen, dass es, sie oder er funktioniert. Wenn Männer arbeitslos werden, dann fühlen sie sich vor allem deswegen entwertet, weil sie die Angst überfällt, dass sie nicht mehr funktionieren und dass sie nun überhaupt nichts mehr wert sind. Diese Orientierung am *Funktionieren-Müssen* durchzieht alle männlichen Lebensbereiche.

Das männliche Externalisierungsprinzip beinhaltet also auch immer eine Warnung vor dem Innen: Wenn du dich Gefühlen hingibst, dich mitreißen lässt, dann bist du verloren, ausgeliefert, dann hast du keine *Kontrolle* mehr über dich selbst, dann kannst du nicht mehr funktionieren. Um immer funktionieren zu können, müssen Männer alles unter Kontrolle haben. Das Zusammenspiel von Externalisierung, Gefühlsabwehr und Kontrollzwang spiegelt sich entsprechend in verschiedenen Formen männlicher Devianz bis hin zur Gewalt (s.u.).

Soziale Schicht

Die Bindung Abweichenden Verhaltens an eine soziale Schicht, besonders an sozial Benachteiligte, ist in zweierlei Hinsicht relativ. So sind die Formen sozialer Benachteiligung heute nicht nur differenzierter geworden, die Subjekte gehen auch anders – eben selbstbezogener und eigensinniger – damit um. In der biografischen Lebensperspektive steht die Optimierung des ‚eigenen Lebens' trotz sozialer Benachteiligung, Stigmatisierung und Zurückweisung im Vordergrund der Bewältigung. Die als deviant etikettierten und stigmatisierten Betroffenen sozialer Ungleichheit wehren sich nicht selten durch das aktive Ausleben ihres Stigmas und bringen so die Kriminologen durcheinander, die ihnen eine reaktive und sozial restriktive Rolle zugedacht haben. Allerdings sind die sozialen Umstände, die Abweichendes Verhalten in sozial benachteiligten Milieus begünstigen, in ihrer Grundstruktur geblieben. Kinder und Jugendliche aus solchen Milieus sind eher negativen Etikettierungen ausgesetzt, verfügen über weniger kulturelles Kapital, sich dagegen zu wehren und sind in ihren Chancen, gesellschaftlich propagierte Lebensziele zu erreichen, oft so eingeschränkt, dass die Verlockung, nach illegitimen Mitteln zu greifen, groß sein kann.

Sozial unterschiedlich sind auch die Deliktarten: In den oberen Schichten finden wir eher Betrug und Korruption, in den unteren Schichten Diebstahl und körperliche Gewalt. In diesem Zusammenhang wird vor allem auch die Anomietheorie (vgl. Kap. 5) bemüht: Soziale Ungleichheit äußert sich in der ungleichen Verteilung der Mittel, um wohlfahrtliche Ziele zu erreichen, sozialen Erfolg zu haben. Das kann Abweichendes Verhalten – im Sinne der Beschaffung illegitimer Mittel – bei den Benachteiligten provozieren (vgl. Eifler/Marquart 2015). Die beiden wohl bekanntesten, wenn auch älteren, jedoch bis heute anregenden Konzepte zur Verbindung von Abweichendem Verhalten und sozialer Schicht stammen von Albert K. Cohen (1961) und Walter B. Miller (1968). Sie beziehen sich auf männliche Jugendliche aus der Unterschicht. Cohens normorientiertes Konzept interpretiert Abweichendes Verhalten von Cliquen Unterschichtsjugendlicher als Gegenreaktion auf ihren im Vergleich zur Mittelschicht benachteiligten Status und ihre fehlenden Mittel, diesen Mittelschichtsstatus zu erreichen. Indem sie ihr Verhalten in ihrer Clique und dies nach außen – nun gleichsam in der Umkehrung – gegen die herrschenden Mittelschichtsnormen richten, schaffen sie sich eigene Status- und Anerkennungsbezüge. Millers akteursorientierter Ansatz wiederum geht von einem Unterschichtshabitus junger Männer aus, der durch rigide Maskulinität, zwanghafte Abwehrhaltung und aggressive Statussuche geprägt ist. Die deviante Clique bietet einen eigenen Status- und Anerkennungsraum, in dem diese Spannungen ausgelebt werden können (vgl. Kap. 12).

Gleichzeitig erscheint Devianz auch in sozialen Konstellationen, die überhaupt nicht in das Unterschichtschema passen; deviante Jugendliche und junge Erwachsene gehen selbst aus den ‚besten Familien' hervor. Natürlich ist es für die Bewältigungschancen in kritischen Lebenssituationen, die Devianz erzeugen können, weiterhin von Bedeutung, welche Art familialen Unterstützungshintergrundes existiert und wieviel kulturelles Kapital (vgl. Bourdieu 1983) man ansammeln konnte, damit letztendlich doch die Bewältigungsbalance zwischen Abweichung und Konformität gelingt und sich Devianz nicht biografisch verfestigt. Aber: Den jungen Leuten ist heute die Schichtzugehörigkeit nicht mehr ins Gesicht geschrieben und der Konsum hat die Jugendkulturen im Vergleich zu den 1960er und 1970er Jahren deutlich nivelliert.

Gleichzeitig haben sich hegemoniale Durchsetzungsmuster entwickelt, die selbst sozial Minderprivilegierten die Gelegenheit geben, auf Schwächere herabzuschauen, um sich so ihren Selbstwert und sozialen Status zu sichern. Soziale Benachteiligung wird deshalb in dieser Einführung nicht so sehr als Schichtcharakteristikum, sondern in unterschiedlichen biografischen Konstellationen thematisiert. Denn das traditionelle hierarchische (vertikale) Schichtungsmodell sozialer Ungleichheit ist durch die alltagsnivellierende Wirkung des Konsums und die sozialstaatliche Flankierung der Lebensverhältnisse sozial gemildert worden. In den Vordergrund sind dafür schon seit einiger Zeit horizontale Ungleichheiten getreten, die sich im Verhältnis von Zentrum und Peripherie als soziale Segmentierung (vgl. dazu Kreckel 1983; Imbusch/Heitmeyer 2008) beschreiben lassen. Die Menschen sind zwar alle gesellschaftlich integriert, aber mit unterschiedlicher Nähe zu den Kristallisationsbereichen sozialer Chancen in der Mitte der Gesellschaft. Das Wechselspiel von Chancen und Risiken als Strukturierungsmerkmal individualisierter und pluralisierter Gesellschaften ist zwar für alle Gesellschaftsmitglieder lebensbestimmend, für die einen sind aber die Chancen erreichbar, die anderen sind eher den Risiken ausgesetzt. Horizontale soziale Ungleichheit äußert sich also in der unterschiedlich verteilten, sich sozialstrukturell ausprägenden (segmentierten) Erreichbarkeit sozialer Chancen. Gleichzeitig ist diese ‚neue' Ungleichheit im biografisierten Alltagsverhalten verdeckt, denn wir leben in einer Konkurrenzgesellschaft, in der ‚Mithalten' oberster Wert ist und ‚Probleme haben' sich statusmindernd auswirkt. Dieser Zusammenhang von horizontaler Ungleichheit und Segmentierung verschärft sich in dem Maße, wie der technologische Strukturwandel der Arbeitsgesellschaft (Rationalisierung) die sozialen Peripherien vergrößert und die sozialstaatliche Flankierung der Lebensverhältnisse (soziale Sicherung) schwächer wird.

Insgesamt gilt, „dass junge Migranten im Hellfeld zwar öfter als Gewalttäter auftreten. Bei genauer Betrachtung zeigt sich jedoch, dass diese Gruppe häufiger kriminalitätsbegünstigenden Belastungen und elterlicher Gewalt sowie einem erhöhten Anzeigerisiko ausgesetzt ist. Das Merkmal Migrant ist per se kein Prädikator für Gewaltbereitschaft" (Bögelein 2015: 110). Das bedeutet wiederum, dass ethnisch demonstriertes Abweichendes Verhalten meist im Zusammenspiel mit sozialstrukturellen und geschlechtstypischen Faktoren freigesetzt wird.

Die Verbindung von aggressiver Männlichkeit und ethnischer Borniertheit wird bei Migranten, die auffällig werden, fast immer in den Mittelpunkt gerückt. „Die Männlichkeitspraxen türkischer Jungen [werden jedoch] viel stärker wahrgenommen […], während die Männlichkeit der anderen Männer nur in geringem Umfang problematisiert wird. […] In den Gesprächen mit den Jungen tauchen in der Tat auch ethnisierende Stereotypisierungen auf. Sie dienen jedoch keinem der Jungen als ausschließliche oder primäre Begründung für die Selbstidentifikation. Während die nationale Herkunft für einen Teil der Jugendlichen kaum oder gar keine Bedeutung hat […], ermöglicht sie [den anderen] die Verarbeitung von Exklusions- und Stigmatisierungserfahrungen" (Yazici 2011: 178 f.).

Dieser Befund aus einer qualitativen Fallstudie mit jungen türkischen Muslimen führt uns wieder in die Zone des Bewältigungsverhaltens: demonstrative bis aggressive Maskulinität als Ausdruck der Selbstbehauptung, als Mittel, Selbstwert zu erhalten in einer Umwelt, die einen immer wieder abwertet. In dieser Umwelt gibt es wenig Wissen darüber, warum diese jungen Männer so sind, warum sie dieses maskuline Verhalten ‚brauchen'. Und so gibt es auch wenig Brücken zur Verständigung. Im Gegenteil: Diese scheinbar selbstverständlich demonstrierte Maskulinität von jungen Ausländern reizt manche deutsche Jugendliche bis aufs Blut. Als deutscher junger Mann, verunsichert mit der eigenen Männlichkeit, hast du keine Chance mehr, als Macho irgendwo zu landen. Du machst dich lächerlich, und es gibt nur noch wenige Frauen, die darauf abfahren. Die Hiesigen fühlen sich entsprechend irritiert und provoziert und haben sich ihr Bild schnell gemacht: junger Türke und Macho, das gehört einfach zusammen.

Auch die Figur der zurückgesetzten, in der Familie versteckten (und damit auch sozial verschleierten) Frau wird auf bestimmte Ausländerinnengruppen projiziert. Diese Männlichkeits- und Weiblichkeitsprojektionen taugen den Einheimischen dann meist auch dazu, das eigene Mannsein und Frausein dagegen abzugrenzen und sich besser fühlen zu können, ohne dass man über die konkreten Bedingungen des eigenen heimischen Geschlechterstatus nachdenken muss: „Ethnizität als Joker". So bezeichnet Ute Schad diesen Projektionsmechanismus (Schad 2000: 134 f.). Da MigrantInnen im Kontrast zu den Einheimischen unter einem sehr hohen Anpassungsdruck stehen, rückt die kulturelle Dynamik in den Vordergrund, die diesen Anpassungsdruck erzeugt und der Umstand, dass er symbolisch vor allem über Geschlechterbilder verläuft. Der Streit um Kopftuch oder Machotum ist nur vordergründig, er signalisiert aber die Bewältigungsdynamik, in die junge Migranten und Migrantinnen hineingeraten. Jede Beratung darf also nicht an diesen Symptomen ansetzen, sondern muss versuchen, diese Dynamik aufzuschließen. Dass diese Dynamik bei verschiedenen ethnischen MigrantInnengruppen auch ganz unterschiedlich verläuft, zeigt ein Vergleich zwischen jungen türkischen Migranten und Migranten aus Bangladesch. Im Gegensatz zu manchen Jugendlichen türkischer Herkunft geben sich Bangladeschi überhaupt nicht machohaft, eher sanft und feminin und haben doch eine ausgeprägte patriarchale und frauenabwertende Einstellung. Diese entlädt sich aber nicht machohaft-aggressiv, sondern eher in der Form eines unnahbaren Stolzes. Hier wird deutlich, dass die jungen Männer türkischer Herkunft wesentlich eher einer Stigmatisierung ausgesetzt sind, weil sie dem Klischeebild des Machos, wie er in der deutschen Kultur vorherrscht, stärker entgegenkommen.

Die Clique wird zu dem Ort, in dem ein eigener, oft ethnisch durchwirkter Ehrenkodex aufgebaut, die Bereitschaft zur Verteidigung dieser Ehre demonstriert, die Grenze zu den Einheimischen gezogen wird. Die Clique bildet entsprechend die Rituale – Strukturübungen der Ehre – aus, die dann von den einheimischen Jugendlichen erst recht als Signale der Fremdheit und Provokation empfunden werden. Diese jungen Deutschen ausländischer Herkunft – denn sie sollten ja längst eingemeindet sein – verstärken und eskalieren dann oft die Abgrenzung durch Abwertung von Mädchen und Frauen, die der einheimischen Kultur angehören. In den Berliner Hauptschulen, in denen mehrheitlich türkische Schüler und Schülerinnen sind, haben sich Rangordnungen der Höher- und Geringschätzung eingespielt. Ganz unten stehen die deutschstämmigen Lehrerinnen. Es bilden sich bereits Frauennetzwerke, um dem etwas entgegensetzen zu können.

Man hätte doch meinen können, in der dritten und bald vierten Generation junger Männer mit Migrationshintergrund hätte sich das deeskaliert, mit der heimischen Jugendkultur vermischt. An den Realschulen und Gymnasien gibt es durchaus positive Hinweise darauf. Dort aber, wo soziale Benachteiligung den Alltag beherrscht, sieht es anders aus. Alarm lösten in Deutschland immer wieder Berichte aus, nach denen die in unseren Augen zwanghaft überhöhte Maskulinität bei den ausländischen Jugendlichen heute sogar noch wesentlich stärker ausgeprägt sei als bei ihren Vätern. Gerade die, die sich hier entwickelt, hier gelernt haben, die als kulturell integriert gelten, aber sozial nicht weiterkommen, zeigen diese Fixierungen auf die männliche Ehre. Der Zusammenhang zwischen sozialer Benachteiligung und dem Klammern an tradierten Männlichkeitsriten, die Selbstwert und Erhöhung bei dauernd empfundener Erniedrigung versprechen, ist hier offensichtlich. Sie haben ja etwas, was die einheimischen Jugendlichen nicht haben und deswegen werden sie wieder türkischer und islamischer als ihre Väter, obwohl sie inzwischen ohne Bezug zur Kultur des Herkunftslandes ihrer Großeltern sind. Dadurch fühlen sie sich den Einheimischen überlegen, indem sie es in aufreizender Maskulinität ausdrücken können. Denen ist es ja verwehrt. Dadurch können die, die einen als Türken abwerten, nun selbst abgewertet werden.

Kann man diese Spirale überhaupt noch durchstoßen? So schnell ändern sich die ökonomischen Bedingungen nicht und die Menschen ausländischer Herkunft stellen bei uns die Randgruppen, die neue Unterschicht. Wenn sich sozial nichts ändert, werden die meisten Männer unter ihnen auch in den nächsten Generationen weiter nach den Mitteln zur Selbstbehauptung und Abgrenzung greifen, über die sie selbst und allein zu verfügen glauben: ihre Männlichkeit und deren aus der früheren Herkunftskultur gezogene Legitimation der Selbstverständlichkeit.

Aus der Jugendarbeit kann in diesem Zusammenhang die Beobachtung aufgenommen und auch im Schulalltag überprüft werden, dass bei den Jungen mit Migrationshintergrund in der Tendenz „geschlechtsspezifische Tendenzen wesentlich markanter hervor[-traten] als Unterschiede entlang der ethnischen Zugehörigkeit" (Schad 2007: 204). Studien zu Integrations- und Desintegrationserfahrungen muslimischer junger Männer wiederum zeigen, dass sie umso weniger auf die ‚Gewalt der Ehre' setzen und schwulenfeindlich sind, je integrierter sie sich fühlen (vgl. Simon 2008). Hingegen klammern sich muslimische Jugendliche „mit wenig Selbstgefühl und geringer Bildung in extremer Weise an diese Werte" und betonen diese „rigider und aggressiver" als ihre Eltern (El-Mafaalani/Toprak 2011: 83).

Bei den Mädchen sind es vor allem die Mütter-Töchter-Konflikte, die Ablösungsprozesse von der fürsorglich-autoritären Mutter, die den Weg zur Selbstständigkeit blockieren können. Sie sind in ihrer Grundstruktur nicht viel anders als bei manchen einheimischen Mädchen und dürfen deshalb nicht gleich ethnisch überinterpretiert werden. Ihre lebensweltliche Wirklichkeit widerspricht auch meist dem hartnäckigen Stereotyp, sie seien unselbstständige Opfer patriarchalischer Familiengewalt und könnten mit weiblichen Emanzipationsbestrebungen nichts anfangen (vgl. Boos-Nünning/Karakaşoğlu 2007). Vielmehr suchen viele ihren eigenen Weg zwischen den Kulturen. „Nicht die Zugehörigkeit zu einer ethnisch definierten Gruppe beeinflusst die psychische Gesundheit von MigrantInnen, sondern die permanente Erfahrung, nur als Mitglied einer Minderheitengruppe gesehen zu werden und als solches dauernder Diskriminierung und Alltagsrassismus ausgesetzt zu sein" (Gemende u. a. 2007: 29). Mädchen und Jungen, junge Frauen und junge Männer unterscheiden sich auch hier durch die unterschiedlichen Abspaltungsmuster, Mädchen eher nach innen, Jungen mehr nach außen.

Wohnumwelt und Aneignungsräume

Kinder entwickeln sich in ihrem Eigenleben vor allem durch sozialräumliche Aneignungen (vgl. dazu Deinet/Reutlinger 2005). Der Begriff des ‚Eigenlebens' verweist auf die Spannung zwischen ‚Erziehung und Eigenleben', in der Kinder aufwachsen. Während die Erziehungsinstitutionen primär auf soziale Anpassung – und damit verbunden Triebunterdrückung und -sublimierung – aus sind, können sich Kinder im freien sozialen Raum ohne institutionelle Zwänge emotional entfalten – sofern die Räume für sie verfügbar sind. Dies betrifft vor allem das räumliche Wohnumfeld und dessen Aneignungsmöglichkeiten. Unter ‚Aneignung' wird die Möglichkeit verstanden, die eigenen Antriebe und Affekte – natürlich auch die aggressiven Anteile – in die räumliche Umwelt so einzubringen, dass man etwas verändern, sich wiedererkennen kann. Für Kinder sind offene und von ihnen selbst gestaltbare Räume Quellen der Selbstwertschöpfung und Orte des Experimentierens mit sich selbst. Kinder sind in ihrem Normverständnis noch nicht positionell gebunden (wie die Erwachsenen) und nutzen das räumlich Offene als Experimentierfeld.

Sind solche Räume aber einseitig funktionalisiert, der sozialen Kontrolle ausgesetzt, verbaut und verriegelt, können von ihnen gegenteilige Wirkungen ausgehen: Kinder erleben solche Verriegelungen und Blockierungen als *strukturelle Gewalt*, die auf sie zurückschlägt, und reagieren manchmal mit entsprechend ungerichteter und destruktiver Aggressivität. Indem die räumlichen Umwelten gesellschaftliche Vergegenständlichung repräsentieren – man sieht auf den bald, welche Werte und Funktionen in einem Viertel vorherrschen und wer ausgeschlossen ist –, sind Kinder schon in soziale Ausgrenzungen hineingezogen. Umso folgenreicher sind Verletzungen und Zurückweisungen in der sozialräumlichen Umgebung. Sie sind nicht selten der Hintergrund für nicht erwartete Einzeldelikte. In dieser Richtung sind m. E. auch jene kriminalgeografischen Befunde zu interpretieren, die im Stadt-Land-Vergleich feststellen, dass die Kriminalität Jugendlicher in den Städten gegenüber dem Land höher ist (vgl. Oberwittler/ Köllisch 2003). Die räumlichen Aneignungsbarrieren und Erfahrungen räumlich-struktureller Gewalt sind in den Städten größer, die sozialräumlichen Reaktionsmuster der Kinder und Jugendlichen entsprechend gegenläufiger, das heißt sie werden eher in abweichendes Territorialverhalten getrieben. Gleichzeitig prallen in der Großstadt massiv Konsumaufforderung und soziale Benachteiligung in einer Weise aufeinander, die von Kindern und Jugendlichen hohe Selbstkontrolle verlangt (vgl. Keim 2000). Insgesamt bilden städtische Räume „Strukturen, Kulissen, Foren zur Vermittlung zwischen gesellschaftlichen Disparitäten sowie sozialer Ungleichheit und sozialem Verhalten" (Kilb 2015: 307). Vor allem Jugendliche reagieren durch vermehrte Delinquenz auf sozialstrukturelle Benachteiligungen des Wohnquartiers (vgl. Oberwittler 2013). Folgt man den Prognosen der entsprechenden Studie der Deutschen Hochschule der Polizei (DHPol 2013), dann wird sich die soziale Segregation in den großstädtischen Ballungsgebieten in Zukunft weiter verschärfen und damit das Kriminalitätspotential erhöhen.

Wenn man sich vor diesem Hintergrund das Bild einer großstädtischen Trabantenstadt vor Augen hält, kann man sich vorstellen, wie familiale Hintergrundkonstellation und räumliche Wohnumwelt devianzfördernd ineinander greifen. Gerade die familial vernachlässigten Kinder suchen den Nahraum für das Ausleben ihrer zu Hause zurückgewiesenen Affekte und Gefühle, deren antisoziale Tendenz dadurch verstärkt wird, dass sie auch im Wohnumfeld auf rigide soziale Kontrolle (die Leute möchten ihre Ruhe im Privaten haben) und räumliche Zurückweisung (fast jeder Quadratmeter ist funktional zugeordnet) stoßen. Die Straßen sind von den hohen Wohnblocks her total einsehbar und damit ‚überwacht', es bleiben nur Ausflüge in andere Stadtteile oder Graffiti und Zerstörungen im Schutze der Dunkelheit. Ein-

brüche in Kaufhallen richten sich – nach Auskunft von SozialarbeiterInnen – gar nicht so sehr auf die Waren, sondern auf den
‚Wirbel‘, der damit verursacht wird und die Aufmerksamkeit auf
die Kids lenkt.

Jugendliche werden in diesem Zusammenhang misstrauischer
betrachtet als Kinder. Vieles, was früher als jugendkultureller Flip
durchgehen konnte, wird heute in die Nähe eines Delikts gerückt,
von Jugendlichen stark frequentierte Zonen gelten als Orte potentieller Kriminalität. „Eine derartige Stigmatisierung auf Stadt-
teilebene drückt sich beispielsweise in Begriffen wie ‚Kriminali-
tätsbrennpunkt‘, ‚No-go-Area‘ aus (Häfele 2015: 105). Gleichzeitig geht die konsumkapitalistische Stadtentwicklung über die
Jugendlichen hinweg und die wollen sich nicht mit den ‚Contai-
nern‘ der wenigen pädagogisch installierten Jugendräume zufrie-
den geben. Sie schreiben ihre unsichtbaren Landkarten quer
durch die Stadtteile und tauchen überraschend immer wieder an
Orten auf, die von ihrer Funktion her keine Jugendorte sind (z. B.
Kaufhäuser, Bahnhofsplattformen). So geraten sie schnell in eine
öffentliche Aura des Abweichenden Verhaltens und der Gefährdung, was wiederum ihren Experimentierraum einengt und sie
weiter in unsichtbare Zonen vertreibt (vgl. dazu Reutlinger 2016).
Deshalb ist Streetwork so wichtig, da diese sozialpädagogische
Arbeitsform solche Kids jenseits der Kriminalisierung sichtbar
machen und ihnen risikofreie Räume und Beziehungen ermöglichen kann.

Wenn von sozialräumlichen Bezügen Abweichenden Verhaltens die Rede ist, wird oft der Begriff des Milieus als devianzför-
dernder Umwelt gebraucht. Der Begriff ‚Milieu‘ beinhaltet die
Vorstellung eines räumlich-emotionalen Aufeinanderbezogen-
seins. Milieustrukturen sind durch intersubjektive, biografische
und räumliche Erfahrungen charakterisiert. Die Art und Weise,
wie die in ihnen vermittelte Spannung zwischen Individualität
und Kollektivität ausbalanciert werden kann, entscheidet, wie
sich Individuen gesellschaftlich ausgesetzt oder zugehörig fühlen,
ob Milieus zu einer sozialen Abgeschlossenheit gegenüber gesellschaftlichen Prozessen oder zur gesellschaftlichen Offenheit tendieren. In Milieubeziehungen formiert sich Normalität und so-

ziale Ausgrenzung, entwickeln sich Deutungsmuster über das, was als konform und was als abweichend zu gelten hat. Wir können zwischen offenen, demokratischen und regressiven, autoritären Milieubezügen unterscheiden (vgl. Böhnisch 1994). Regressive Milieubezüge suchen ihre Dichte und Stabilität durch ethnozentrische Abwertung und Ausgrenzung. Die Binnenbeziehungen solcher Milieus sind geprägt durch Unterdrückung von Individualität und Unterordnung unter ein autoritäres Gruppenregime. Offene, demokratische Milieus hingegen sind dadurch gekennzeichnet, dass Individualität zum Zuge kommt, dass die Gruppe als Rückhalt für sozial erweiterte Aktivitäten empfunden wird, in denen der Konflikt und die Balance zwischen Individualität und Kollektivität als Motor für die Öffnung des Milieus anerkannt sind. Als devianzfördernd gelten die regressiven Milieus.

5 Wenn die Gesellschaft als regellos empfunden wird – die Anomietheorie

Abweichendes Verhalten – von antisozialen bis zu autoaggressiven Formen – wird durch gesellschaftliche Bedingungen begünstigt. Einen Zusammenhang in dieser Richtung kann man unter den Begriff der *Anomie*, das individuelle wie kollektive Erleben der ‚Regellosigkeit' (heute sagt man auch: des Kontrollverlusts) der Gesellschaft, fassen.

Die Anomietheorie wurde von dem französischen Soziologen E. Durkheim (1893/1897) ausgangs des 19. Jahrhunderts entwickelt und geht in ihrer Grundthese davon aus, dass die industrielle Arbeitsgesellschaft mit ihren Rationalisierungsschüben und Krisentendenzen immer wieder zu *subjektiv empfundener* sozialer Regel- und Normlosigkeit führen kann. „Anomie ist ein sozialer Zustand, in dem das Kollektivbewusstsein geschwächt ist und die Handlungsziele unklar werden, weil die in der Gesellschaft verankerten moralischen Überzeugungen versagen" (Lamnek 1994: 18) oder – in der Wahrnehmung von Gesellschaftsmitgliedern – drohen, sich aufzulösen. Anomie meint also „nicht vorrangig Regel- oder Normlosigkeit. Denn Regeln und Normen bestehen in anomischen Verhältnissen durchaus weiter. Entscheidend ist die fehlende Bindung von Menschen an sie" (Dollinger/Raithel 2006: 102).

Anomische Tendenzen entstehen nach Durkheim vor allem im Gefolge von ökonomischen und sozialen Entwicklungsschüben und -brüchen, die bei den Gesellschaftsmitgliedern kulturelle und soziale Anpassungskrisen hervorrufen, die bei manchen auch über Abweichendes Verhalten – wie Kriminalität und Gewalt, aber auch selbstdestruktive Erscheinungen wie Depressionen bis hin zum Suizid – bewältigt werden. Sie entstehen infolge einer Diskrepanz zwischen dem, was die Gesellschaft kulturell und sozial neu vorgibt, und den Mitteln der Individuen, diese gesellschaftlichen Ziele zu erreichen. Manche Individuen verlieren nicht nur die Bindung an Gesellschaft und Staat, sondern auch die soziale Bindung und Gegenseitigkeit untereinander oder sie kapseln sich in sozial isolierten Milieus ab.

Die Anomietheorie als epochales Konzept

Ansatzpunkte für eine Reformulierung der Anomietheorie gab es in der sozialwissenschaftlichen Diskussion immer wieder. Bohle u. a. (1997: 63) haben in einer entsprechenden soziologischen Bestandsaufnahme den bleibenden Wert des Konzepts für sozial-strukturell-sozialisatorische Analysen herausgearbeitet: „Gesellschaftliche Modernisierungsprozesse werfen immer wieder neu die Frage nach der Integrationsfähigkeit moderner Gesellschaften auf. Damit werden auch die Problematik der Anomie und ihr ambivalenter Kern zu einem Dauerthema, das sich aufgrund des Zusammenwirkens verschiedener Entwicklungen wie unter anderem Zunahme der Rasanz, Abnahme der Steuerungsfähigkeit, Ausbreitung von Ratlosigkeit über die Entwicklungsrichtung zu radikalisieren scheint, während die Chancen bisher wirksamer gegensteuernder intermediärer Instanzen knapper zu werden scheinen, weil diese selbst zur Debatte stehen". Mit der anomietheoretisch inspirierten Frage „Was treibt diese Gesellschaft auseinander?" hat auch Heitmeyer (1997) einen neuen Anomiediskurs unter den Bedingungen der Postmoderne angestoßen. In diese Reihe gehört auch die wissenschaftssoziologische Interpretation Dörners (1973), der die Anomietheorie im „Krisenerlebnis" des ausgehenden 19. Jahrhunderts entstanden sah. Dörner verweist auf die Zeit, in der Durkheim seine Anomietheorie in „Der Selbstmord" („Le Suicide" 1897) publizierte, und auch das „Krisenbewusstsein, das das Werk von der ersten bis zur letzten Seite buchstäblich durchzieht" (Dörner 1973, S. 11). Dieses epochale Krisenbewusstsein war typisch für den Zustand der westeuropäischen Industriegesellschaften im letzten Drittel des 19. Jahrhunderts. Die sich überschlagende Entwicklung der kapitalistischen Wirtschaft mit ihren wechselnden Krisen und Prosperitäten, Verwerfungen und Umstürzen bisher gewohnter Werte und Sozialformen nährte die Zweifel an der Beherrschbarkeit des industriellen Fortschritts und damit die Angst vor sozialer Kälte und sozialem Chaos. Ein Bild, das uns auch heute irgendwie vertraut ist.

Denn wir befinden uns heute, anfangs des 21. Jahrhunderts, immer noch in jener Epoche der Moderne, die ausgangs des 19. Jahrhunderts – zur Zeit Durkheims – ihren ersten krisenhaften Kulminationspunkt erreichte. Auch wenn wir die Gegenwart als ,Spät-' oder ,Postmoderne' bezeichnen, so meinen wir damit nicht ein Ende der Moderne, sondern eine ,andere' (zweite) Moderne, in der nicht mehr ein Entwicklungs- und Fortschrittsprinzip herrscht, sondern plurale und auch einander widerstreitende Entwicklungsvorstellungen von Moderne existieren, die sich in der gesellschaftlichen Diskussion widerspiegeln. Wenn wir uns also – epochal gesehen – auch hundert Jahre später immer noch in der Moderne Emile Durkheims befinden und bedenken, dass die heutige ,Postmoderne' ebenfalls wieder durch einen enorm beschleunigten und von Menschen kaum überschaubaren Strukturwandel der Arbeitsgesellschaft, durch eine sich in immer neuen Rationalisierungsprozessen überschlagende Weiterentwicklung der industriellen Arbeitsteilung gekennzeichnet ist, dann begreifen wir, warum das Konzept der Anomie gerade heute wieder an Attraktivität gewonnen hat. Die epochale Grundfigur der kulturellen und sozialen Krise der arbeitsteiligen Moderne tritt auf der neuen Entwicklungsstufe der Globalisierung wieder hervor. Mit der nun um sich greifenden Rationalisierung und Internationalisierung der Arbeitsorganisation ist neben dem Effekt der Entwertung der menschlichen Arbeitskraft die Gefahr der „Sozialen Entbettung" (Altvater/Mahnkopf 1996) als neue Dimension der Anomie hinzugekommen.

Ein spektakuläres Beispiel dafür bildete die „Pegida-Bewegung" in Deutschland in den 2010er Jahren. Eine deutliche Minderheit der Bevölkerung vor allem in Ostdeutschland fühlte sich ausgegrenzt, hielt das Band zur Gesellschaft und ihren politischen Repräsentanten für zerrissen. Diese anomische Verstörung entwickelte sich vor dem Hintergrund der Globalisierung mit ihren Folgen der internationalen Arbeitsplatzverlagerung und – vor allem in Deutschland – erhöhter Einwanderung aus anderen

Kulturen. Diese Verstörung wurde durch eine populistische Gruppenhysterie weiter verstärkt und löste eine Abspaltungsdynamik in Richtung Ausländerfeindlichkeit aus, die sich nicht nur bis hin zum Ausländerhass, sondern auch zum Hass auf das ‚System' steigerte.

Anomische Konstellationen führen zwar nicht unmittelbar zu Abweichendem Verhalten, sondern erhöhen erst einmal bei manchen Gesellschaftsmitgliedern den Abspaltungsdruck. Andere wieder können die gesellschaftliche Krisensituation thematisieren und wieder andere versuchen, sie passiv zu überstehen. Diese Pluralität der Bewältigungsformen hat der amerikanische Soziologe Robert K. Merton in den 1930er Jahren in Anknüpfung an Durkheim zu systematisieren versucht (Merton 1968). Er richtet sein Interesse dabei nicht nur auf die pathologischen Auswirkungen gesellschaftlicher Krisen, sondern fragt generell danach, wie in krisenanfälligen Gesellschaften Abweichendes Verhalten erzeugt wird. Gleichzeitig will er mit seiner Systematik dem Umstand gerecht werden, dass bei Auftreten sozialer Krisen und sozialer Desintegration abweichendes und konformes Verhalten sich *gleichzeitig* und geradezu *nebeneinander* entwickeln können. Er kommt zu dem Befund: Wenn in einer modernen arbeitsteiligen Gesellschaft die kulturell definierten allgemeinen (gesellschaftlich sanktionierten) Ziele und die legitimen Mittel zur Erreichung dieser Ziele auseinander klaffen, entsteht ein Zustand gestörter Integration im Sinne einer von den Menschen so wahrgenommenen sozialen Regellosigkeit (Anomie). Diesen anomischen Zustand versuchen die Menschen – je nach ihrer sozialstrukturellen Verortung und ihren biografischen Ressourcen – durch unterschiedliche Formen des Anpassungsverhaltens zu bewältigen, um handlungsfähig zu bleiben. Sie sind also bemüht, die anomische Situation für sich zu normalisieren. Merton hat dabei historisch das Anomieproblem der US-amerikanischen Gesellschaft des 20. Jahrhunderts im Auge: Die Erreichung von Wohlstand (money success) gilt als höchstes Ziel der amerikanischen Gesellschaft und ihrer Alltagskultur, aber die Chancen, dieses Ziel zu erreichen, sind durch Klassen- und Schichtstrukturen und ethnisch bedingte soziale Ausgrenzungen höchst ungleich verteilt. So entsteht für viele eine Kluft zwischen kulturell definierten Zielen und den sozialstrukturell gegebenen Möglichkeiten, an die legitimen Mittel (z. B. guter Beruf und entsprechendes Einkommen) heranzukommen. So bleibt den Menschen nichts anderes übrig, als sich in das Schicksal irgendwie zu fügen oder nach unerlaubten Mitteln zu greifen oder sich gar gegen die gesellschaftliche Ordnung, welche dieses anomische Ziel-Mittel-Verhältnis stützt, aufzulehnen. In diesem Verhaltensspektrum hat Merton eine Typologie des Anpassungsverhaltens auf anomische Ziel-Mittel-Konstellationen einer Gesellschaft gebildet, die fünf Verhaltenstypen umfasst: *Konformität* (Hinnehmen des Zustandes und Anpassung an denselben), *Ritualismus* (zunehmender Verzicht auf das Ziel bei gewohnter und eingefahrener Orientierung an den Mitteln mit Alltagslegitimationen wie: ‚Geld allein macht nicht glücklich'), *Innovation* (Suche nach anderen Mitteln, um das Ziel zu erreichen), *Rückzug* (aus dem gesellschaftlichen Wettbewerb) und *Rebellion* (Auflehnung gegen das gesamte gesellschaftliche Ziel-Mittel-System).

Aufschlussreich und weiterführend an Mertons Typologie ist, dass konformes und Abweichendes Verhalten sich nicht nur nebeneinander entwickeln, sondern dass sich auch innerhalb eines Bewältigungstyps gegensätzliche Anpassungsmuster ausprägen können. So erscheint im Anpassungstyp *Innovation* (Suche nach anderen Mitteln) sowohl der politische Reformer oder gar Revolutionär als auch der ordinäre Dieb. Dies wird nur deshalb möglich, weil es sich hier um *strukturelle* – eben soziologische – Kontexte handelt, aus denen heraus einzelne Menschen, je nach ihrem sozialen und biografischen Hintergrund, reagieren. Auf dieser strukturellen Ebene werden selbst die gegensätzlichen Anpassungstypen aufeinander beziehbar und es wird wiederum die Grundthese deutlich, dass Abweichendes Verhalten ein sozialstrukturell induzierter Verhaltenstyp unter anderen und Anomie ein integraler Bestandteil der arbeitsteiligen Industriegesellschaft ist.

Merton ist deshalb auch überzeugt und optimistisch, dass die Sozialstruktur angesichts der Ambivalenz der gesellschaftlichen Arbeitsteilung nicht nur pathologische, sondern gerade auch sozial innovative, den Menschen in seiner Gestaltungsfähigkeit weiterbringende Entwicklungsperspektiven erzeugt. Insofern sind nicht alle seine Anpassungstypen als Formen passiven Reaktionsverhaltens zu verstehen; einige – wie z. B. *Innovation, Rebellion* – sind durchaus Ausdruck aktiven sozialen Handelns, das freilich sozialstrukturell freigesetzt wird, das heißt seinen Impuls aus dem Sozialen und weniger aus den subjektiven Antrieben der Individuen bezieht. Welche Richtung dieses soziale Handeln schließlich nimmt und welchen Sinn es erhält, ergibt sich aus dem Zusammenspiel zwischen sozialen Bedingungen und individuellbiografischen Handlungsperspektiven.

So, wie es im Durkheimschen Befund des anomischen Selbstmordes Menschen gibt, die in Situationen der Anomie das Soziale und damit ihr damit verbundenes Leben als sinnlos empfinden, so gibt es – im Spektrum der Mertonschen Typologie – auch solche, die in Zeiten sozialer Desintegration nach einem neuen Sinn (in der Verbindung von gesellschaftlichen Zielen und eigener Lebensperspektive) suchen und damit im Sinne eines erstrebten Wandels handeln.

Wenn wir die Mertonsche Typologie bewältigungstheoretisch interpretieren, können wir auch die scheinbaren Handlungsparadoxien aufklären. Wenn z. B. in der Dimension *Innovation* (als Suche nach anderen Mitteln) der politische Reformer und der Dieb nebeneinander stehen, dann hat der erstere die anomische Situation aktiv thematisieren können, während der andere dagegen in Abspaltungszwang und damit in den Sog Abweichenden Verhaltens geriet. Wir können also in der bewältigungstheoretischen Begrifflichkeit ‚Thematisierung – Abspaltung‘ die innere Struktur der Mertonschen Typologie aufschließen. Damit kommen wir der in der Kritik am Anomiekonzept immer wieder gestellten Frage näher, warum manche Menschen sich in anomischen Konstellationen abweichend verhalten und andere wiederum nicht.

Leben in anomischen Konstellationen

Hieß es bei Durkheim noch sinngemäß, niemand könne sich wohlfühlen, wenn die eigenen Bedürfnisse keine gesellschaftliche Entsprechung fänden, so kann (und will) man sich heute wohl-

fühlen, auch oder gerade wenn man ahnt, dass es mit der Gesellschaft so nicht weitergehen kann und darf. Diese Harmonisie-
rung und Entschärfung von Anomieproblemen gehen in spätmodernen Gesellschaften vor allem vom Konsum und seiner
medialen Vergesellschaftung mittels Werbung aus. Die Konsum-
werbung verkauft heute ihre Produkte nicht nach deren in sich
begrenzten stofflichen und ökonomischen Produkteigenschaften,
sondern preist sie als Medien der Lebensstilbildung, Bedürfnisbe-
friedigung und Konfliktbewältigung (also als sozial integrative
Mittel) – oft sogar ausdrücklich vor dem Hintergrund sozial
desintegrativer Zeitumstände – an. Gegensätzliches kann gleichzeitig konsumiert werden, in vielen medialen Produktarrange-
ments wird mit Reiz und Risiko Abweichenden Verhaltens koket-
tiert. Das, was in den Alltagsbereichen und gesellschaftlichen
Institutionen als anomisch empfunden und aus Angst vor Sanktion oder Ausgrenzung durch Konformität oder Ritualismus
nicht gelebt, sondern vermieden wird, gerät in der parasozialen
Welt der Medien zur Normalität, kann erlebt werden. Gerade für
die Jugend – aber nicht nur für diese – ist die Konsum- und Medienwelt zur dominanten Symbol- und Ausdruckswelt geworden.
Indem das Jugendalter – trotz der Entstrukturierung und Plurali-
sierung der Jugendphase – immer noch die Entwicklungsphase
ist, in der sozial experimentiert, neue soziale Rollen erprobt werden müssen und in diesem Zusammenhang auch immer wieder
Grenzen ausgetestet und überschritten werden, kann die Abhängigkeit von einem Medium – eben dem Konsum – problematisch
werden, da es seiner ökonomischen (Wachstums-)Logik nach
grenzenlos ist (es muss immer etwas Neues, Besseres, Riskanteres
verbraucht werden). In der Tat werden auch schon im Jugendalter beginnende Abhängigkeiten (Alkohol-, Drogen-, Spielsucht
etc.) mit der jugendkulturellen Entwicklungsbesonderheit der
gesuchten Grenzerfahrung und der damit verbundenen Bereitschaft zum Risikoverhalten in Verbindung gebracht.

Insgesamt lässt sich an dieser Stelle festhalten, dass der Konsum in seiner parasozialen Qualität gerade im *alltäglichen Sozial-
leben* (nicht so sehr bei den strafrechtlich sanktionierten Ord-
nungsnormen) die Grenzen zwischen Normalität und Abwei-

chung verwischt, die Bewältigung von anomischen Lebenskonstellationen gleichermaßen ermöglicht (ich kann mich im Konsum, den Medien symbolisch wiederfinden) wie erschwert (ich laufe Gefahr, in wirklich kritischen Lebenssituationen nicht mehr in die soziale Realität zurückzufinden). Für die Masse der Menschen in der spätmodernen Industriegesellschaft gilt aber wohl, dass Konsum und Medien zumindest ein biografisch befriedigendes Aushalten anomischer Strukturen ermöglichen.

Die Konformitätsdividende

In gesellschaftlichen Krisen, in denen Anomie droht und die konsumtive Entlastung nicht mehr ausreicht, wird bei manchen Menschen ein innerer Mechanismus aktiviert, den ich als „Konformitätsdividende" bezeichne. Die bedrohten Bürger sehen ihren Platz zumindest dadurch gesichert, dass die Grenze zu denen, die sich abweichend verhalten, deutlich gezogen wird. Dieser negative Bestätigungsmechanismus von Konformität hat nach A. Gruen (1997) drei ineinandergreifende Aspekte:

- Die eigene Konformität wird durch die Bestrafung der Anderen distinktiv hervorgehoben und bestärkt;
- von der eigenen Hilflosigkeit, der Schwäche des Selbst, wird abgelenkt, indem sie auf andere, Schwächere projiziert wird. Damit wird Handlungs- und Integrationsfähigkeit im Kontrast zu den Abweichenden suggeriert;
- das damit verbundene Wohlbefinden fördert nicht nur die Loyalität gegenüber der autoritären Politik, sondern kann geradezu zur Identifikation mit dieser Ordnungspolitik führen.

Gruen hat mit diesem Ansatz das fehlende personale Versatzstück geliefert. Er erklärt uns, warum in anomischen Gesellschaftssituationen viele Menschen ihre Loyalität dem System gegenüber dadurch wahren, dass sie autoritäre Einstellungen gegenüber Schwächeren an den Tag legen. Kriminalisierung ist somit nicht nur ein Machtmittel der Politik, sondern auch ein Medium der Bestätigung des Normalbürgers, der darin seine eigene soziale Hilflosigkeit umwandelt und auf andere, als ,abweichend' Etikettierte, abspaltet.

Nun muss man vorsichtig sein, dass man diesen Zusammenhang nicht veralltäglicht. Er erhält seine Brisanz in gesellschaftlichen Krisensituationen, in denen die Bürger die Übersicht verlieren und befürchten müssen, selbst ausgesetzt und auf sich selbst zurückgeworfen zu sein. Allerdings können sich gesellschaftliche Krisen strukturell verstetigen, wie dies sich in den 2010er Jahren vor dem Hintergrund des krisenhaften Zusammenspiels von Globalisierung, industrieller Rationalisierung und freischwebend expandierendem Finanzkapital abzeichnet. Dann kann sich der Abspaltungsmechanismus kollektiv verfestigen und auch das bislang liberale Bürgertum in seiner Angst vor sozialem Abstieg ergreifen.

6 Wo der eine als Dieb gilt, kommt der andere ungeschoren davon – der Etikettierungsansatz

Eine Tat, zwei Folgen. Eine Mittel- bis Großstadt mit unterschiedlichen Stadtvierteln. In einem wohnt ein relativ gut situierter Mittelstand. In einem anderen leben in der Mehrzahl eher sozial benachteiligte Familien. Ein ‚Glasscherben-Viertel‘, wie man in München sagt, eher anrüchig. Ein Junge aus diesem Viertel – 16 Jahre alt und strafmündig – klaut im örtlichen Supermarkt, wird erwischt. Der Filialleiter denkt erst gar nicht daran, die Eltern anzurufen. Das bringt ja nach seiner Meinung oder Erfahrung nichts, die erreicht man ja sowieso nicht. Also gleich Anzeige, der Junge wird polizeilich registriert. Er ist ab nun ein Dieb.

Im bürgerlichen Viertel passiert dasselbe. Ein ebenso alter Junge klaut im dortigen Supermarkt, wird auch erwischt. Der Filialleiter kennt die Familie. Vater Architekt, Mutter Lehrerin. Gute Kunden. Also ruft er die Mutter an. Die ist bestürzt, ihr Sohn sei doch nicht so, ein Aussetzer. Beim nächsten Einkauf werde sie natürlich den entstandenen Schaden und das fällige Bußgeld begleichen. Der Filialleiter verzichtet daraufhin auf eine Anzeige. Der Junge hat zwar gestohlen, aber er ist kein Dieb, eben weil er nicht als solcher registriert ist.

Der Jugendliche aus dem ‚Glasscherbenviertel‘ wird zum Kriminellen gemacht, weil seine Tat als kriminell etikettiert wird, der andere nicht. Kurzum: „Das Verhalten des Definitionsadressaten begründet […] Devianz nicht" (Keckeisen 1974: 32). Natürlich ist das nicht so einfach, denn die betroffen jungen Leute haben ja tatsächlich die körperliche und psychische Integrität oder das Eigentum anderer beschädigt, aber eine tückische Plausibilität steckt doch in dieser Argumentation: Es gibt Jugendliche, die für dieselbe Tat bestraft und solche, die dafür nicht bestraft werden, ebenso wie es in der Gesellschaft sozial destruktive Praktiken gibt, die geächtet und solche, die toleriert werden.

Diese Erkenntnis, dass Kriminalität, Delinquenz und Abweichendes Verhalten letztendlich Ergebnisse von Etikettierungs-(labeling) und Zuschreibungsprozessen sind, verdanken wir der Theorie des „labeling-approach". Danach kann „Abweichung nicht als eigenständiges Phänomen ausgewiesen werden, um dann nach objektiven Ursachen für sie zu suchen, denn Devianz wird erst durch die Reaktion auf sie als solche konstituiert" (Dollinger/Raithel 2006: 75).

Interessant wird es für uns dort, wo die Kritische Kriminologie diesen Ansatz vor allem auch kriminalpolitisch als Gegenkonzept verstand, mit dem sie die Täterzentrierung und Personalisierung Abweichenden Verhaltens seitens der traditionellen Kriminologie und der ihr folgenden Institutionen radikal in Frage stellte. Sie wollte aufzeigen, dass im Bereich der gesellschaftlichen Interaktionen und Institutionen Mechanismen wirken, die Verhalten selektiv „als Abweichendes Verhalten bewerten, d.h. gleiche Verhaltensweisen sowohl abweichend als auch konform" (Lamnek 1994: 24) definieren und damit die sozialstrukturellen und institutionellen Bedingungen sichtbar machen, unter denen die einen zu Abweichlern abgestempelt werden, die anderen (mit vergleichbarem Verhalten) aber nicht. Damit ist der Spielraum des Menschen in der Selbstdefinition seines Verhaltens erheblich eingeengt. Dies geht sogar so weit, dass er dem eigenen Erleben zuwider solche Etikettierungen übernimmt, sie internalisiert und danach – wie von den Kontrollinstanzen prophezeit – lebt. Er ist dann endlich der Kriminelle geworden, für den man ihn schon immer gehalten hat, der immer wieder scheiternde Jugendliche, der hoffnungslose Schüler. Damit verlagert sich die Perspektive auf diejenigen, die auf Verhaltensauffälligkeiten reagieren und so ihren Beitrag zur Ausbildung und Verfestigung Abweichenden Verhaltens leisten. Es geht also nicht mehr um die Tat oder das antisoziale Handeln, sondern um die Instanzen und Formen sozialer Kontrolle.

Etikettierungstendenzen finden wir auch in der medialen Kriminalitätsberichterstattung, vor allem in der Art und Weise, wie Gewaltverhalten Jugendlicher öffentlich thematisiert und skandalisiert wird. Dabei sind es vor allem die Modi, in denen sich Etikettierungs- und Stigmatisierungszusammenhänge aufbauen, die nicht mehr nur das reale Ausmaß der Gewalt übersteigen, sondern auch gesellschaftliche Unsicherheit und Bedrohungen, die nicht von diesen Jugendlichen kommen, auf die Jugend projizieren.

In der Medienkriminologie wird die Kriminalitätsberichterstattung meist unter dem Aspekt der Verstärkung und Dramatisierung der Furcht vor Verbrechen thematisiert und dabei festgestellt, dass „zwischen der Darstellung der Kriminalität in den Medien und der Einstellung der Bevölkerung zur Kriminalität eine Wechselwirkung" besteht (Jung 1993b: 347). Nicht nur, dass die Kriminalitätsfurcht in der Regel wesentlich höher ist, als die reale Kriminalitätsrate; die Kriminalitätshysterie dient als Projektionsfläche, um die eigene soziale Hilflosigkeit und Bedrohung abspalten und auf ‚kriminelle Außenseiter' ableiten zu können.

Deviante Sozialisation als Prozess der Übernahme von Etikettierungen

Kinder und Jugendliche geraten meist nicht zufällig in Zonen Abweichenden Verhaltens und sanktionierender Kontrolle, sondern im Verlauf der familialen und kindlichen Sozialisation, in dem sich antisoziale Tendenzen entwickeln können, in deren Folge sie leichter in Devianzzonen geraten und sich dort verstricken können, als Kinder und Jugendliche aus psychosozial ausbalancierten Entwicklungskontexten. Solche ‚Anschlussdispositionen' werden in der Soziologie Abweichenden Verhaltens als primäre Devianz bezeichnet. Sie werden aber erst zu Abweichendem Verhalten, wenn sie sozial auffallen und darauf informell oder formell reagiert wird. Informelle Reaktionen, die das gezeigte Verhalten als sozial negativ bewerten, kommen meist aus der näheren sozialen Umgebung, z. B. aus der Gleichaltrigenkultur, die das Kind/den Jugendlichen ausgrenzt, zum Außenseiter werden lässt. Solche ausgegrenzten Jugendlichen schließen sich dann oft Gruppen an, die durch das subkulturelle Merkmal der Ausgrenzung zusammengehalten werden und die Einstufungen ‚deviant' und ‚kriminell' als Gruppenstigma übernehmen, sich damit identifizieren und das nach außen durch entsprechende Delikte demonstrieren. Dieses Abweichende Verhalten verbleibt solange im Bereich der informellen Sozialkontrolle, solange der Jugendliche formelle Kontrollinstanzen umgehen kann oder von der Familie und der Clique abgeschirmt wird. Hier spielt zudem die soziale Herkunft, das Milieuetikett, eine Rolle, wie es in unserem Eingangsbeispiel des Diebstahls im Supermarkt deutlich wurde. Hinzu kommt das unterschiedliche Verhalten der Kinder und Jugendlichen selbst. Gerade in der Labeling-Diskussion der 1970er Jahre wurde immer wieder darauf hingewiesen, dass Jugendliche aus der Mittelschicht über mehr kommunikative und sozialstrategische Kompetenzen verfügen, um sich aus devianzträchtigen Kontrollsituationen – vom Schulschwänzen bis zum Bagatelldelikt – im wahrsten Sinne des Wortes ‚herauszuwinden‘, während Unterschichtangehörige in ihrer eher begrenzten sprachlichen Ausdrucksfähigkeit meist so ‚anecken‘ oder die Situation durch ihr starres Verhalten so verschärfen, dass sie in die Zuschreibungsmaschinerie geraten.

Diese Maschinerie der Instanzen formeller sozialer Kontrolle funktioniert stets nach dem gleichen Muster: Der Betroffene wird zum Fall, das heißt sein Verhalten wird von seiner Persönlichkeit losgelöst betrachtet, er verfügt nicht mehr über sich selbst, sein weiteres Handeln wird in die Logik der Falltypisierung eingeordnet. Seine Verhaltensmerkmale werden dann ähnlichen Fallmerkmalen zugeordnet, und es entwickelt sich ein Plausibilitätsmodell von Devianz, auf das alles spätere Verhalten des Betroffenen, auch wenn er es subjektiv anders meint und empfindet, bezogen wird. Es entsteht eine Akte, die sich von ihm entfernt und verselbständigt, die in der Sprache der Kontrollinstanz abgefasst ist und die den Maßstab für die Verhaltensbeurteilung bildet. Akten folgen einer anderen Rationalität als persönliches Verhalten. Sie müssen den Menschen zum ‚Fall‘, also vergleichbar mit anderen und so verallgemeinerbar machen, dass die kodifizierten Kontroll- und Sanktionsmaßnahmen auf ihn zutreffen. Die persönliche Befindlichkeit und die daraus erwachsenden Motivationen werden meist nur in den Ermessensspielräumen berücksichtigt, welche die Kontrollinstanzen dem Sanktions- und Vollzugspersonal gewähren. So kann für den Jugendlichen ein Bewältigungsproblem entstehen. Er fühlt sich anders als er sozial und institutionell eingestuft wird. Es entsteht ein psychosoziales Ungleichgewicht, ein Selbstwerteinbruch, den viele Jugendliche durch Übernahme der negativen

(devianzhaltigen) Definition und entsprechende soziale Umorien-
tierung im Kontext differentieller Gelegenheiten zu bewältigen
versuchen. So wie Norbert Herriger (1987) diesen Bewältigungsprozess beschrieb als ein „eigenständiges Rollenspiel", in dem sich
das Abweichende Verhalten schließlich verfestigt, kann man ihn
auch heute noch beschreiben:

„Die Erfahrung nämlich, öffentlich als abweichend etikettiert
und der kontrollierenden Aufsicht spezieller Institutionen unterstellt zu werden, schafft für die betroffene Person eine neue Realität: Es wird ihr unmöglich, sich in der Interaktion mit anderen so
zu verhalten, als ob nichts geschehen wäre [...]. Die öffentliche
Zuschreibung eines abweichenden Status und in deren Gefolge
die soziale Isolierung und Ausschließung lassen die ohnehin
geringen Chancen des Abweichlers auf soziale Anerkennung und
Wertschätzung weiter schwinden und machen konforme Handlungsalternativen immer schwerer erreichbar. Der zum ‚offiziel-
len Delinquenten' Gestempelte lockert – in Antwort auf diese
schmerzlichen Stigmatisierungserfahrungen – seine Kontakte zu
‚Nicht-Auffälligen'. Er schließt sich denen an, die ebenfalls als
‚abweichend' definiert werden und übernimmt mehr und mehr
das kulturelle Muster einer abweichenden Rolle. Die Erfahrungen
dieses Individuums sind fortan um diese abweichende Rolle organisiert und schlagen sich allmählich in einem veränderten
Selbstbild nieder. Er [...] übernimmt die ihm in der Interaktion
mit anderen vermittelten Fremddefinitionen des ‚sozial Auffälligen' in das eigene Selbstkonzept" (Herriger 1987: 158 f.).

Auch Stephan Quensel (1970) hat in seinem klassischen Aufsatz „Wie wird man kriminell?" diesen Ablauf als Verlaufsformen
fehlgeschlagener Interaktion interpretiert. Er kommt dabei auch
an den Punkt, wo sich das ‚Umschlagen' von antisozialem Verhalten (das noch nicht als abweichend etikettiert ist) in Abweichendes Verhalten nicht nur als individuelle Übernahme der
Definition, sondern auch als Anschluss an Sozialformen heraus-
stellt, die sich um Abweichendes Verhalten gruppieren: Mit der
Dauer der Erfahrung negativer Zuschreibung erhöht sich die
Attraktivität devianter Konstellationen – z. B. delinquenter Cliquen –, die offensichtlich Selbstwert und gegenseitige soziale

Anerkennung für das vermitteln, wofür man im ‚normalen Alltagsleben' stigmatisiert und mit Entzug von Anerkennung und damit mit Selbstwertverlust und Ausgrenzung bestraft wird.

Kritischer Einwurf

Der Etikettierungsansatz hat in der heutigen kriminologischen Diskussion an Bedeutung verloren. Das hängt nicht nur damit zusammen, dass die Generation der damals jungen kritischen KriminologInnen, die den labeling approach kämpferisch vertreten hat, in den Ruhestand gegangen ist. Vielmehr ist es wohl darauf zurückzuführen, dass die kriminalpolitische Ausgangssituation aus den 1970er Jahren heute nicht mehr so gegeben ist. Die bis zu dieser Zeit täterzentrierte Kriminologie, gegen die die Labeling-Vertreter zu Felde gezogen waren, hat in den folgenden Jahren wesentlich an Einfluss verloren. So sei dem Etikettierungsansatz die kriminalpolitische Stoßkraft als „Partisanenwissenschaft" (Peters 1996) verlustig gegangen. Vielmehr rückten die ambivalenten Probleme des Ansatzes ins heutige Licht der Theoriediskussion: „In der Hochzeit des Labeling Approach war der Partisan derjenige, der darauf hinwies, dass die vermeintlichen Täter in Wirklichkeit die Opfer seien. Es war ein moralisches Spiel, dass da getrieben wurde, und das ist meines Erachtens die offene Flanke, die es heute so schwer macht, sich auf die ehemals richtige Seite (nämlich der als kriminelle Täter Stigmatisierten) zu stellen. Die moralische Argumentation war immer getragen von meist impliziten Annahmen über eine gerechte Gesellschaft. [...] Neue Themen [sind] auf der kriminologischen Agenda aufgetaucht [...], an prominenter Stelle das Thema Gewalt, das von einer derart durchschlagenden normativen Mächtigkeit sei, dass dem Labeling-Theoretiker, der hier von Zuschreibungsprozessen rede, die Schamröte ins Gesicht steigen würde" (Kreissl 2003: 42 f.). Das heißt, wir müssen den Kontext deutlich machen, in dem Etikettierungen und Stigmatisierungen wirken. In dieser Einführung beziehen wir uns auf die pädagogischen Institutionen und ihre Deutungsmacht, in deren Kontext Etikettierung und Stigmatisierung strukturell verankert sind. Und hier hat der Etikettierungsansatz weiter nicht nur eine kritische Funktion. Er „hält [...] die Option offen, dass alles auch anders sein könnte, dass die Dinge oder Personen, so wie sie gesehen werden, dass es vom Standpunkt des Beobachters abhängt, was er sieht und dass jeder seinen blinden Fleck hat" (ebd.: 47). Hier kommen der Etikettierungsansatz und die pädagogische Methode des Reframing (vgl. Kap. 22) zusammen.

Die Übernahme des devianten Selbstbildes ist nach den Erfahrungen, die wir selbst mit jugendlichen Gewalttätern gemacht haben (vgl. Böhnisch/Fritz/Seifert 1997), keine resignative Anpassung, sondern bei jenen, die in ihrer bisherigen Biografie keine Zuwendung und Selbstachtung erfahren haben, geradezu ein ‚Suchen' nach Auffälligkeit. Aber auch bei Jugendlichen, die nicht depriviert sind, können wir aktive Übernahmen beobachten. Bei ihnen setzt die Stigmaübernahme entweder strategisches Verhalten (vgl. dazu Esser 1994) oder bislang normkontrollierte Triebwünsche frei. Sie aktiviert das illusionäre Wunschselbst, gibt den Jugendlichen einen „Kick"; sie fühlen sich von den Fesseln sozialer Kontrolle befreit und als Herren ihrer selbst, denen alles erlaubt ist. Und andererseits – so beschreiben es manchmal SozialarbeiterInnen – sind sie wieder wie Kinder. Regressiv in der Sehnsucht nach einer starken konfliktlosen Autoritätswelt, als deren Werkzeuge sie sich fühlen.

7 Unterschiedliche Zugehörigkeiten können zu sozialkulturellen Konflikten führen – subkulturelle Dynamiken

Die Subkulturtheorie ist in den 1930er Jahren in den USA formuliert worden und eng mit der soziologischen Entwicklungsarbeit der „Chicago-Schule" (vgl. dazu Treibel 1990) verbunden. Diese entwarf deskriptive Modelle, mit denen plausibel gemacht werden konnte, wie die eingewanderten ethnischen Gruppen viele ihrer mitgebrachten soziokulturellen Werte und Normen beibehalten und sich trotzdem in die amerikanische Gesellschaft (mit ihren anderen Werten) integrieren konnten. Dies – so die Erklärungen der Subkulturtheorie – gelang (und gelingt bis heute) dadurch, dass sich die ethnischen Gruppen sozialräumlich (bis hin zur Ghettoisierung) von der Mehrheitsgesellschaft abgrenzten und in den „Zwischenwelten ethnischer Kolonien" (Gemende 1999) unter sich blieben. Im Binnenleben dieser Subkultur gelten die tradierten ‚mitgebrachten' Werte und Verkehrsformen der Herkunftskultur weiter, nach ‚außen' aber, in der Teilhabe an der Gesamtgesellschaft, orientiert man sich an den Werten der Mehrheitskultur: man geht zur Arbeit, respektiert die staatliche Ordnung und erkennt die öffentlichen Verkehrsformen an. Subkulturen sind also sozialstrukturelle Mechanismen, die es ermöglichen, dass unterschiedliche, teilweise widersprüchliche und sich auf gleicher Ebene ausschließende Normen nebeneinander bestehen können. Auf der einen Ebene steht die Suche nach Zugehörigkeit zum Gesamtsystem, dessen basale Normen geteilt werden, auf der anderen Ebene die Identifikation mit den subkulturellen Werten der dem Gesamtsystem eigentlich fremden Teilkulturen.

„Aus dieser Wert- und Normdifferenzierung lassen sich Erklärungen für Abweichendes Verhalten ableiten" (Lamnek 1993: 143). Abweichendes Verhalten tritt ein, wenn die Normen der Subkultur auch dann gegenüber der Gesellschaft vertreten und befolgt werden, wenn sie deren Normen widersprechen, wenn also die Balance zwischen subkultureller und gesamtgesellschaftlicher Normorientierung – hier liegt auch der anomietheoretische Einschlag des Subkulturkonzepts – nicht mehr gegeben ist. Dies wurde seit den Tagen der Chicago-Schule immer wieder am Beispiel jugendlicher Banden und ihrer Kriminalität demonstriert. Kriminelle Akte – Betrug, Diebstahl, Gewalt – werden von der Gesamtgesellschaft verfolgt und sanktioniert, während sie in der kriminellen Subkultur positiv bewertet sind. In ihnen drückt sich die Gruppe aus, wird der subkulturelle Zusammenhang gestärkt, können sich die Gruppenmitglieder für die Gruppe und in der Gruppe beweisen. Dies geschieht am ausgeprägtesten in kriminogenen Gangs, die sich vorrangig über Abweichendes Verhalten strukturieren und zur sozialen Umwelt in Bezug setzen.

Gangs

Die US-amerikanische Gang-Forschung beschreibt, wie Bandenmitglieder durch gewollte Provokationen einen stetigen Aktivitäts- und Aktivismuspegel zu halten versuchen. Mitglieder der Banden schwärmen aus, um Personen und Gruppen zu finden, die Opfer ihrer Gewalt werden könnten. Cummings (1993) nennt solche Aktivitäten, mit denen sich die Cliquenmitglieder in und vor der Gruppe bestätigen möchten, „missions". Auch schildert er, dass Cliquen immer wieder Cliquen aus der Nachbarschaft suchen, um sich an ihnen durch Kampf aufzubauen; Kampf und Gewalt gegenüber Out-groups gehören zum Lebenselixier der Cliquen. Dies beobachten wir auch in Deutschland, z. B. bei den Hooligans, die sich mit anderen Gruppen gezielt zu gewalttätigen Auseinandersetzungen außerhalb der Stadien verabreden, wenn dies im Stadion wegen der erhöhten Polizeipräsenz nicht mehr möglich ist. Auch die Polizei selbst wird als zu bekämpfende Out-group betrachtet, die besser ausgerüstet ist als die Gang und deshalb immer wieder neu ausgetrickst werden muss. An diesem Beispiel zeigt sich wieder das cliquenzentrierte Selbstverständnis der Gang, aus dem heraus die Polizei gar nicht als Instanz von Ordnung und Norm wahrgenommen wird (bzw. werden kann).

Diese Cliquenzentriertheit kann zur Umdefinition des gesamten Alltagslebens und der Wahrnehmung der gesellschaftlichen Integrationsmuster führen. Thrasher (1963) zeigte auf, wie Bandenmitglieder Stehlen und Einbrechen als attraktive „Beschäftigungsangebote" sehen, die sie in ihren Augen von anderen gesellschaftlichen Institutionen nicht geboten bekommen. Vor allem fand er heraus, dass es für die Jugendlichen Beschäftigungen wa-

ren, die Nervenkitzel erzeugten, Spaß machten und sie Männlichkeit demonstrieren ließen (vgl. auch Miller 1968). Damit kann sich in den Cliquen
die jugendtypische Entwicklungs- und Konfliktdynamik mit der sozialen Orien-
tierungs- und Tätigkeitsstruktur der Devianz in einer Weise verbinden, dass
für die einzelnen Jugendlichen eine Trennung zwischen Normalverhalten und
Abweichendem Verhalten nicht mehr erfahrbar ist. Hier liegt auch der Ansatzpunkt für die Pädagogik der funktionalen Äquivalente, die vor allem solche
Befindlichkeiten in den Mittelpunkt stellt und von da aus korrektive Angebote
entwickelt. Überhaupt darf die Pädagogik nicht übersehen und unterschät-
zen, dass Gangs den ganzen Menschen ansprechen, die Mitgliedschaft keine
nur sektorale oder rollenbegrenzte ist, sondern ganzheitliche Identitätsbezü-
ge aufbaut (vgl. Burton 2003).

Jugendrichter können ein Lied von der Tücke dieser subkulturellen Dynamik singen. Denn hinter vielen Delikten, auch wenn sie
von einzelnen begangen werden, stecken die subkulturelle Grup-
pennorm und der Cliquendruck. Der Richter als Vollstrecker der
gesellschaftlichen Norm erlebt nicht selten die Situation, dass die
delinquenten Jugendlichen das Delikt ganz anders empfinden, als
sie es von der Rechtslage her müssten. Denn für die Jugendlichen
steht nicht der Normbruch im Vordergrund, sondern das Ansehen und der Status in der Clique, aus deren subkulturellen Dynamik heraus agiert wurde. Der Normbruch wird also von den
Jugendlichen angesichts des höheren Werts der Gruppenkon-
formität nicht nur in Kauf genommen, sondern gilt manchmal
geradezu als Ausweis der Cliquenzugehörigkeit. Richter diagnos-
tizieren in diesen Fällen bei den betreffenden Jugendlichen eine
Einstellung, die sie gern als ‚mangelndes Unrechtsbewusstsein‘
kennzeichnen. Die Jugendlichen dagegen ordnen ihr – bei den
meisten latent durchaus vorhandenes – Schuldgefühl dem Grup-
penbewusstsein unter oder rationalisieren es (ich tue ja nur etwas,
was sich andere nicht trauen) oder lassen es ganz in der Grup-
penideologie aufgehen.

Man braucht aber nicht unbedingt zum Gericht zu gehen, um
solche subkulturell induzierten Diskrepanzen studieren oder
selbst erfahren zu können. So ist z.B. die Schule ein Terrain, in
dem solche Prozesse im Verhältnis von Schulklasse und außer-

schulischer Gleichaltrigengruppe (peer-group) ablaufen. Hier ist zu beobachten, dass Normen und Verhaltensweisen, die in der Schulklasse hoch bewertet werden – Anpassung an schulische Leistungs- und Verhaltensnormen –, in der außerschulischen Clique nichts gelten und oft sogar denunziert werden. Hier gilt dann eher der als King, der sich gegen die Schule auflehnt und andere Verhaltensqualitäten – vor allem solche, welche die Clique zusammenhalten – aufzuweisen hat, als die, die über die Schüler-rolle gefordert werden. Ein Großteil Abweichenden Verhaltens in der Schule ist auf die mangelnde Sensibilität der Schulorganisati-on und der Lehrkräfte gegenüber dieser (scheinbar) außerschuli-schen Peer-Dynamik zurückzuführen. Sie reicht inzwischen mehr denn je in die Klassenzimmer hinein und das Wissen darum gehört zum Grundrepertoire des präventiven Umgangs mit Ab-weichendem Verhalten in der Schule.

In diesem Zusammenhang lässt sich die Subkulturtheorie gut auf die Anomietheorie beziehen. Subkulturen können dement-sprechend auch als *Anpassungsmechanismen an anomische Struk-turen* gesehen werden (vgl. Goffman 1973). Bohnsack u.a. (1995) haben am Beispiel der Bildung von Jugendcliquen in Ostberlin nach der Wende aufgezeigt, wie anomische Erfahrungen und soziale Orientierungslosigkeit bei Milieuumbrüchen zur subkul-turellen Gruppenbildung führen und wie diese Cliquen von den betroffenen Jugendlichen geradezu gesucht werden, um sozialen Rückhalt und Orientierung zu erlangen.

Allerdings verengt die delinquenzorientierte Subkulturtheorie den Blick auf die subkulturellen Entwicklungen, wie sie sich vor allem mit der zunehmenden Individualisierung und Pluralisie-rung der Lebensbereiche abzeichnen. Diese Tendenzen reichen weniger in die Delinquenzzonen als in die allgemeinen Bereiche des sozialen Zusammenlebens hinein. Lebensweltliche *Sinn- und Statussuche* spielt sich zunehmend in kulturellen Ein- und Aus-schließungen ab und diese subkulturelle Pluralität ist nicht nur gesellschaftsstrukturell möglich, sondern wird auch von der Kon-sumwirtschaft planvoll ausgenutzt. Eigene Originalität auszubil-den, sich von anderen und gar von der Gesellschaft abzugrenzen, gleichzeitig im Trend zu liegen und dabei zu sein, ist das Grund-

muster vieler Werbekampagnen. Diese demonstrierte lebensweltliche Pluralität verdeckt allerdings nicht nur, dass dennoch soziale und kulturelle Hegemonialstrukturen wirken und gesellschaftliche Definitionsmacht ausgeübt wird, sondern auch, dass sich in
ihr ein schleichender Aufforderungscharakter für antisoziales
Verhalten ausbildet: Jeder kann machen, was er will; Hauptsache,
er hat bezahlt und versteht es, in seinem Verhalten knapp unterhalb der strafrechtlichen Norm zu bleiben. Diese Einstellung zeigt
sich im Verhalten von jugendlichen Randalierern, die im Zug
Fahrgäste anmachen und Ausländer anpöbeln, genauso wie im
sozial rücksichtslosen ‚Hinaussanieren‘ von Mietern durch Im-
mobilienhaie. Gerade für Kinder und Jugendliche in ihrem Ent-
wicklungsstatus kann diese Pluralität fatale Folgen haben, dass sie
– unterhalb der polizeilichen Sanktionsinstanzen – verlernen zu
beurteilen, was allgemein sozial erstrebenswert und sozial wert-
voll ist. Alles ist möglich und es kommt darauf an, was sich
durchsetzt. Diese latente, aber scheinbar alltäglich kursierende
Alltagsdevise schwächt die Fähigkeit zum moralischen Urteil.
Antisoziales Verhalten erscheint strukturell folgerichtig und
mithin als legitimer Bezugspunkt sozialen Handelns.

Diese alltäglich erfahrbare, plurale Beliebigkeit normativ oft
konträrer Sozialmuster macht es vor allem der Pädagogik schwer,
Kindern und Jugendlichen normative Maßstäbe sozialen Handelns in der Form von ‚Prinzipien‘ zu vermitteln. Vielmehr ist sie
– vor allem als außerschulische Pädagogik, die nicht über die
tradierten Sanktionsmittel der Schule verfügt – zunehmend an-
gehalten, Situationen und Konstellationen zu gestalten, in denen
sozial verträgliches und empathisches Verhalten für Kinder und
Jugendliche mindestens ebenso attraktiv (oder noch anziehender)
ist wie in Gelegenheitskontexten, die in der Peripherie oder gar in
der Einflusszone devianter Jugendsubkulturen liegen. Dieser
‚differentiellen‘ Pädagogik mit ihrem methodischen Repertoire
‚funktionaler Äquivalente‘ werden wir später immer wieder begegnen.

,Gelernte Devianz' – Zum differentiellen Erwerb antisozialer Dispositionen

Ebenso wie der Subkulturansatz liefern auch die theoretischen Konzepte zum differentiellen Lernen (differentielle Gelegenheiten, differentielle Verstärkungen) Bausteine für die Erklärung Abweichenden Verhaltens in anomischen Konstellationen, das heißt, sie bieten auch eine handlungstheoretische Differenzierung der Ziel-Mittel-Probleme der Anomietheorie an: „Auch die Verfügbarkeit illegitimer Mittel ist abhängig von Zugangschancen, die eher begrenzt als unbegrenzt verfügbar sind und zudem verschieden nach der Position der Person in der sozialen Struktur" (Peters 1997: 47).

In der in verschiedenen Variationen ausgearbeiteten Theorie der „differentiellen Gelegenheiten" (vgl. zusammenfassend Peters 1997; Dollinger/Raithel 2007) steckt das Paradigma sozialstrukturell induzierten Lernens von Abweichendem Verhalten. Den differentiellen Ansätzen liegt eine sozialisatorische Annahme zugrunde. Sozialisationstheoretisch begreifen wir Lernen als soziokulturellen Interaktionsprozess, der sich in „differentiellen" Sozialkontakten abspielt, in denen aus der bisherigen biografischen Erfahrung heraus einem zugängliche und positiv erscheinende neue Segmente aufgenommen und personal integriert werden. Dies geschieht im Falle Abweichenden Verhaltens im Kontakt mit abweichenden/delinquenten Sozialgruppen, deren Verhaltensmuster einem leichter zugänglich und biografisch eher plausibel sind als die der sozialkonformen Gruppen, zu denen man zwar ebenfalls – aber eben beschränkten – Zugang hat. Der Antrieb der differentiellen Kontaktaufnahme ist dabei anomisch strukturiert: Es sind meist Jugendliche, deren biografische Vermögen nicht ausreichen, um Selbstwert und soziale Anerkennung mit konformen/legitimen Mitteln zu erreichen. Dieser Lernprozess ist ein personal ganzheitlicher Prozess. Es werden nicht nur Verhaltensweisen und soziale Verkehrsformen nachgeahmt und ritualisiert übernommen; die Individuen identifizieren sich auch mit dem Gelernten. Differentielles Lernen Abweichenden Verhaltens ist so immer mit einer entsprechenden Aktivierung des Selbst verbunden. Damit kommen wir auch der pädagogischen Relevanz des differentiellen Konzepts näher: Es reicht uns nicht aus, (soziologisch) zu erkennen, dass differentielle Gelegenheiten sozialstrukturell gegeben sind, wir wollen vor allem wissen, wie Kinder und Jugendliche in solche differentiellen Sozialdynamiken geraten.

Wir haben nach der Wende in Ostdeutschland klassische *differentielle Situationen* erlebt, die als exemplarisch gelten dürften: Jugendliche, die von Haus aus eher normkonforme Einstellungen mitbrachten, gerieten in differentielle Situationen, in denen delinquenzfördernde Einstellungen und Praktiken für sie attraktiver wurden als die bisher gewohnten. Sie lernten in den damit verbundenen Gruppenarrangements ‚schnell‘, sich solche Einstellungen zu eigen zu machen und Techniken der Neutralisierung (von Schuldgefühlen und Rückbezügen zum früheren Verhalten) zu entwickeln. Es waren schließlich gewaltbereite, extremistische Gruppen, welche die bisher „normalen“ Jugendlichen anzogen. Dabei war offensichtlich, dass der ‚äußere Grund‘, der Wegfall vieler Jugendclubs aus DDR-Zeiten, nicht ausreichte, um die neue Attraktivität der rechten Gruppen zu erklären. Vielmehr faszinierte die Jugendlichen an diesen Gruppen, dass sie Situationen schaffen konnten, in denen man ‚oben‘ war, dass sie (autoritäre) Geborgenheit anboten und Ideologie- und Symbolbezüge hochhielten, welche die Abspaltung der eigenen Hilflosigkeit und ihre Projektion auf Schwächere (z. B. rassistische Bezüge) erlaubten. Mit der Stabilisierung neuer (konformer) Milieubezüge in Familie, Jugendarbeit und Gleichaltrigenkultur, in denen nun wieder Angebote sozialen Rückhalts, der Selbstwertschöpfung und des (anderen) Umgangs mit der eigenen Hilflosigkeit gesucht werden konnten, bröckelte diese extremistische Szene ab, verlor ihre allgemeine Attraktivität und wurde zur (wenn auch ausgeprägten) Randgruppenszene.

Das Beispiel zeigt, dass bei den Jugendlichen vier Voraussetzungen gegeben waren, welche die differentielle Situation erst schaffen konnten:

- Massive Desorganisation des sozialen Umfeldes und Desintegration des Selbst (Selbstwertverluste).
- Erlebte Beliebigkeit der Normsituation und damit Bereitschaft

zum subjektiven Vergleich widersprüchlicher Normen und Verhaltensmuster.

- Hohe sozialräumliche Offenheit bei Zurücktreten oder Schwäche der sozialmoralischen und hoheitlichen Kontrollinstanzen (Familie, Schule bis hin zur Polizei) und damit
- ‚Unmittelbarkeit' der differentiellen Situation: Die Gelegenheiten müssen nicht gesucht und vermittelt werden; sie liegen quasi vor der Haustür und sind niedrigschwellig erreichbar.

Da Kids und Jugendliche noch nicht wie Erwachsene in feste Rollen und Positionen eingebunden sind, sondern vor allem *sozialräumlich* agieren und sich dabei über manche institutionelle Vorbehalte und Rollentabus hinwegsetzen, ist bei ihnen die Unmittelbarkeit der differentiellen Situation noch besonders gegeben. Sie erleben wiederholt zugängliche Möglichkeiten der positionellen Teilhabe am Gruppenleben, des Erwerbs sozialer Anerkennung und von Alltagskompetenzen, die im konformen Alltagsgeschehen scheinbar nicht zu erlangen sind.

Die differentielle Attraktivität devianter Konstellationen misst sich also in der Regel an den Signalen, welche sie an das Selbst aussenden. Attraktiv sind sie vor allem dann, wenn sie Selbstwertstärkung durch soziale Anerkennung verheißen. Wenn diese Signale ankommen, ist es sekundär, ob die gesuchte Bestätigung des Selbst durch autoritäre Unterwerfung, kriminelles Gruppenverhalten oder Ausgrenzung Schwächerer erreicht wird. Wenn wir das Bewältigungsparadigma heranziehen, so wird deutlich, dass es hier um differentielle Situationen und Konstellationen in der Suche nach biografischer Handlungsfähigkeit geht; das differentielle Konzept hilft also, den Bewältigungsprozess – so er in Devianzbereiche gerät – aufzuklären.

Differentielle Situationen können sich zu differentiellen Konfigurationen verdichten und verfestigen. Zugehörigkeit und Verhalten zu der delinquenten Szene werden ritualisiert, ein Ausstieg und eine Rückkehr in die ‚konforme Welt' ist schwierig, weil aufgrund der Ritualisierung auch attraktive Anreize aus der konformen Szene nicht mehr wahr- und aufgenommen werden. Sie werden im nun ritualisierten delinquenten Habitus einfach nicht mehr als different erkannt. Gleichzeitig – hier spielt das differentielle Paradigma in die Subkulturtheorie hinein – hat die Zugehörigkeit zur delinquenten Gruppe und die damit einhergehende Unterwerfung unter diese bereits ein Stadium erreicht, in dem die Herauslösung des Individuums aus dem verwobenen Zusammenhang von Delinquenzroutine und Gruppenkohäsion meist erst nach biografischen Crashs (z. B. Festnahmen) möglich ist. Generell gilt die jugendpädagogische Regel, dass differentielle *Situationen* auch noch gruppendynamisch beeinflussbar sind, während verfestigte differentielle Konfigurationen nur noch Einzelfallarbeit zulassen: Es wird versucht, den Einzelnen ‚herauszulösen', indem ihm in kritischen Situationen, in denen er von der Clique nichts zu erwarten hat, geholfen wird, zu seinem Selbst Zugang zu finden.

8 In der Clique tut man vieles, was man als Einzelner nicht tun würde – Gruppenzwang und Devianz

„In der Gruppe, die sich der Adoleszent zur Identifikation sucht […], handeln die extremen Gruppenmitglieder für die Gesamtgruppe. Alles was in den Kämpfen Jugendlicher vorkommt – Stehlen, Messerstechen, Ausbrechen und Einbrechen –, alles muss in der Dynamik in dieser Gruppe aufgehoben sein […], und wenn nichts passiert, verlieren die einzelnen Gruppenmitglieder allmählich den Glauben an die Wirklichkeit ihres Protests; sie sind aber selbst nicht gestört genug, um die antisoziale Handlung zu begehen, die alles zurechtrücken würde. Wenn es aber in der Gruppe eines oder mehrere antisoziale Mitglieder gibt, die zur antisozialen Tat bereit sind, die eine Reaktion der Gesellschaft hervorruft, so spüren alle anderen einen Zusammenhalt; sie fühlen sich real, und die Gruppe wird vorübergehend umstrukturiert. Jedes einzelne Mitglied verhält sich loyal und unterstützt das Individuum, das für die Gruppe handelt, wenn auch kein einzelnes Gruppenmitglied die Tat gebilligt hätte, die der extreme Antisoziale getan hat" (Winnicott, i.d. Übers. Davis/Wallbridge 1983: 134; vgl. auch Winnicott 1984b: 127).

Das Bestreben, aus einem (unwirklichen) Selbst heraus sich *wirklich* zu fühlen und dies sozial durchsetzen zu können, bildet nach Winnicott die emotionale Hintergrundstruktur antisozialer Haltungen bei Jugendlichen. Dieses Streben erhält seinen sozialen Rahmen in der subkulturellen Szenerie der Clique, welche die Gelegenheit bietet, das Unwirkliche sozial wirklich werden zu lassen und die ihm innewohnende antisoziale Tendenz zu kanalisieren. So entsteht der „kulturelle Block" (Winnicott) der Jugend in eigener Musik, Kleidung, eigenen sozialen Verkehrsformen und Abgrenzungsritualen. Der subkulturelle Mechanismus der Gleichaltrigenkultur erlaubt es, dass das Unwirkliche sozial gelebt und dennoch – in Schule und Ausbildung – die zentralen Entwicklungsaufgaben des Übergangs in die gesellschaftliche Kultur (Arbeit) angepackt und gelöst werden können. Wo die Subkultur diese Balance zur Gesellschaft allerdings nicht hat, wirkt sie nur nach innen auf die Anerkennung des Selbst, so wie es in seiner Unwirklichkeit ist, nach außen aber verstärkt sie die antisoziale Tendenz des unwirklichen jugendlichen Protests. Der gesellschaftliche Faden reißt, wenn der jugendliche Protest sozial übergangen wird, wenn z. B. die schulische oder die Arbeitswelt ‚zerstörbar' sind, das heißt den Jugendlichen nichts entgegensetzen und somit keinen Realitätsgewinn erzeugen zu können. Dies geschieht dann, wenn die Schule nicht mehr sozial verbindlich, die Arbeitsweltperspektive bedroht scheint. Die subkulturelle Gruppe dient dann als ersatzfördernde Umwelt, an die man sich klammert, weil sie scheinbar der einzige Ort ist, wo noch gilt, was aus einem selbst kommt.

Diese tiefenpsychologischen Erkenntnisse lassen sich gut auf die kriminalsoziologischen Beobachtungen zur Gruppendelinquenz beziehen, wie sie von Kühnel/Matuschek (1995) gemacht wurden. Bei ihnen wird deutlich, dass die delinquente Tendenz in Jugendcliquen dann steigt, wenn die Selbst-Umwelt-Balance durch die Clique gefährdet ist, weil sie nicht mehr im Stande ist, zu mediatisieren, sondern selbst zur alleinigen Umwelt wird und damit der antisozialen Tendenz nichts entgegensetzt, sondern sie bestätigt. Das antisoziale Verhalten schlägt aber – so lange es unter dem Schutz der Clique steht – nicht auf den Jugendlichen zurück. Erst wenn er die Clique verlässt oder aus ihr herausgelöst wird (z. B. durch eine Einzelanklage), bekommt er das Antisoziale seines Tuns zu spüren.

Die kriminologische Forschung bestätigt, dass Cliquenmitglieder „eine höhere Tatfrequenz aufweisen als Jugendliche ohne feste Freundesgruppe, Bandenmitglieder eine deutlich höhere als Cliquenmitglieder" (Othold 2003: 123). Der Ausstieg aus der Kriminalität („desistance") und der Übergang von Delinquenz in Konformität gelingt meist durch einen Ausstieg aus devianten Cliquen und die Einbindung in Partnerschaft und Erwerbsarbeit. Delinquentes Verhalten wird nun als Statusgefährdung erkannt (vgl. Böttger/Köller/Solberg 2003).

Nun wissen wir aus der Jugend- und Jungenforschung, dass deviante Jugendcliquen meist von *Jungen* aus sozial und kulturell benachteiligten Herkunftsmilieus dominiert sind. Jungen werden in der Erziehung tendenziell früh nach außen gedrängt und sind auf ihrer Suche nach männlicher Geschlechteridentität dem problematischen Mechanismus der Idolisierung des Männlichen und Abwertung des Weiblichen, Schwachen ausgesetzt (vgl. ausf. Böhnisch 2013).

Das Streben nach einem ‚unwirklichen Selbst' ist bei Jungen deshalb stärker nach außen verwiesen als bei Mädchen. Die Clique ist dann die soziale Gesellungsform, in der man nun zum ersten Mal richtig ‚unter Männern' sein kann, nachdem in Familie, Kindergarten und Schule Frauen den Alltag dominiert haben und männliche Vorbilder rar waren. Die Idolisierung des Männlichen und Abwertung des Weiblichen kann dann in der Cliquendynamik vor allem bei den Jungen neu freigesetzt werden, die schon in ihrem bisherigen Leben immer wieder in maskuline Auffälligkeiten gedrängt waren. Männlichkeitsstreben, provokative Auffälligkeit und Gewaltbereitschaft verschmelzen miteinander. Dass in den letzten Jahren auch Mädchen in dieser gewaltnahen Cliquendynamik auffällig werden, eigene Cliquen bilden, hängt zum einen damit zusammen, dass die betroffenen Mädchen sich auf auffällige Weise jugendkulturell emanzipieren wollen (vgl. zum jugendkulturellen Experimentieren von Mädchen: Bütow 2006), zum anderen, dass sie sich gegen traditionelle Weiblichkeitskonzepte aggressiv absetzen. „Die gewaltbereiten Mädchen […] integrieren Gewaltbereitschaft und -ausübung – gestützt durch ihre Cliquen – in ihr Weiblichkeitskonzept und erhalten darüber innerhalb der Jugendgruppen, aber auch im jugendlichen Umfeld, Anerkennung und Beachtung" (Bruhns/ Wittmann 2003: 52). In der bewältigungstheoretischen Interpretation können solche devianten Mädchencliquen durchaus als Medien der Suche nach Selbstwert und Anerkennung über Auffälligkeit interpretiert werden (vgl. auch Raithel/Mansel 2003: 27 f.).

Dies alles bedeutet wiederum nicht, dass die (männlich dominierte) Clique deviant werden muss. Es kommt wieder darauf an, mit welchen biografischen Ausgangssituationen die Jugendlichen

in die Clique gehen (z. B. Jungen mit gestörter männlicher Geschlechtsidentifikation und verhärteten familialen Verlusterfah-
rungen) und wie sich die Struktur der Clique entwickelt (autoritär oder unterschiedliche individuelle Strömungen zulassend).
Cliquen sind – aus psychoanalytischer, soziologischer und pädagogischer Sicht – alterstypische Medien der Regulation, in denen
Triebdynamik kanalisiert, soziale Differenzierung entwickelt und
Übergangssituationen bewältigt werden. Sie sind deshalb ‚potentiell‘ deviant, weil sie subkulturell angelegt sind (sein müssen). In
ihnen symbolisiert sich die Ablösung von der Herkunftsfamilie
(das Nicht-Mehr) sowie der unstrukturierte und deshalb normdiffuse bis normverweigernde Übergang in das spätere Erwachsenenalter (das von sich weggeschobene Noch-Nicht) gleichermaßen. Bei der Mehrzahl der Kinder- und Jugendgruppen ermöglicht die Clique auch die Regulation von Devianz: Das
normwidrige Verhalten bleibt in der Gruppe, nach außen wird
Konformität signalisiert (vgl. Zinnecker/Silbereisen 1996).

Über die Clique hinausreichendes und sozial wirksames Abweichendes Verhalten bis hin zur Delinquenz wird also nur dann
gefördert oder initiiert, wenn die Cliquen in sich gegenüber der
sozialen Umwelt abgeschlossen, ihre Mediatisierungsfunktion
verloren und zum einzigen Haltepunkt ihrer Mitglieder geworden sind. Das schafft zwangsläufig autoritäre Gruppenstrukturen,
die wiederum zu einer Verstärkung der ethnozentristischen sozialen Abschottung der Gruppe und zur Unterdrückung von
Individualität in der Gruppe führen können. Das deviante Verhalten ist dann als Gruppenverhalten selbstverständlich, auch
wenn es der Einzelne von sich aus nicht tun würde, da die Gruppe keinen sozialen Austausch ermöglicht, sondern Unterwerfung
verlangt. Antisoziale Tendenzen entwickeln sich also in Cliquen,
die nur durch soziale Ausgrenzung und damit verbundener Abwertung anderer Zusammenhalt finden. Natürlich neigen Gleich-
altrigengruppen immer wieder zu sozialen Abschließungen, denn
ihr pubertärer Zustand der Unwirklichkeit und der Ungewissheit
des Übergangs fände ja sonst keinen sozialen Halt. Die Jugendlichen in der Clique sind alle im gleichen Gefühl gefangen: Sie
haben sich von den Eltern in ihrer Gefühlswelt gelöst, sie geben

die Eltern als zentrale Liebesobjekte auf und haben gleichzeitig noch Angst und Scheu vor der eigenverantwortlichen, sozial gerichteten und verbindlichen Sexualität. Dadurch erhält die Clique eine hohe emotionale Dichte: „In der starken libidinösen Besetzung der Gruppe liegt offensichtlich auch die Ursache für ihre spätere Mystifizierung. […] Man versteht als Erwachsener oft gar nicht mehr, wie diese ungewöhnliche Nähe zustande kam und warum es später nicht mehr gelingt, Gruppenbeziehungen von vergleichbarer Intensität einzugehen" (Schröder 1991: 94 f.).

Die Clique kann, wenn sie in sich eine plurale Struktur hat, in der die Einzelnen zum Zuge kommen, *der* Ort sein, in dem sich die Einzigartigkeit des Jungseins im sozialen Gegensatz zu Familie und Gesellschaft leben und sozial demonstrieren lässt. Alles, was die Gruppe aus sich heraus gibt – Gegenseitigkeit, Anerkennung, Erregung, Aktivität – geschieht *in* der Gruppe; die Clique genügt sich selbst und ihr ist es egal, was in der gesellschaftlichen Umwelt über sie gedacht wird oder wie man sie bewertet. Deshalb ist das Erleben der Gruppenzugehörigkeit für Jugendliche so wichtig: Das gegenüber Familie und Gesellschaft isolierte unwirkliche *Ich* öffnet und bezieht sich in der Intimität des *Wir* der Gruppe und kann sich so regulieren.

Wenn aber dieses Wir-Gefühl nicht in sich pluralistisch ist, wenn es keine interpersonelle Dynamik in der Clique gibt, weil die meisten Mitglieder ein hilfloses Selbst mitbringen, das sie in der Abhängigkeit von der Gruppe aufgehen lassen, dann werden auch Außenstehende nicht als einzelne Personen, sondern als Zugehörige zu einer schwächeren oder stärkeren Gruppe wahrgenommen. Die Gruppenmitglieder nehmen dieses kollektive ‚Gruppen-Ich' an und versuchen, ihre (auf Unterwerfung beruhende) Gruppenidentität durch Abgrenzung oder Abwertung Schwächerer zu stärken oder unterwerfen sich der stärkeren Außengruppe und sind dadurch ebenfalls in ihrer Gruppenidentität bestätigt. Als Fazit bleibt: Autoritär strukturierte Gruppen, die keine Interpersonalität und Individualität zulassen, brauchen antisoziale Aktivitäten, um Gruppenidentität herzustellen. Der dabei wirkende Mechanismus der Abstraktion senkt die Schwelle für gewalttätiges, delinquentes Handeln.

Wir haben bisher hauptsächlich von männlich dominierten Cliquen geredet. Mädchen binden sich eher in Zweierbeziehungen, bilden zwar auch da und dort eigene Cliquen, schließen sich in der Mehrzahl aber Jungencliquen an. Dort ordnen sie sich nach innen zwar der Männerdominanz unter, sind aber die eigentliche ‚Seele' der Clique, schlichten, vermitteln bei inneren Konflikten und schaffen Gegenseitigkeit. Sie sind oft auch gleichzeitig verfügbare Objekte emotionaler und sexueller Bedürftigkeit, profitieren jedoch von der Öffentlichkeit der Clique. So können sie an der antisozialen Aggressivität und räumlichen Dominanz der Clique teilhaben, sich gegen die herrschenden Sitten in Szene setzen, auch wenn sie dadurch auffällig werden. Aber weniger, weil sie an delinquenten Handlungen beteiligt sind, sondern weil sie nun in die Kriminalisierungsfalle von Moral und Anstand geraten. Wir haben es hier mit einem Muster des *weiblichen Bewältigungsverhaltens* zu tun, das nach jugendkultureller Handlungsfähigkeit sucht und sich dabei in eine nicht überschaubare Spannung zur herrschenden Norm begibt: Diese Mädchen verhalten sich zwar von ihrer geschlechtsspezifischen Sozialisation her ‚traditionell' weiblich, verlassen aber – von der aggressiven Öffentlichkeit der Jungenclique getragen – ihren gesellschaftlich zugewiesenen häuslichen Raum und werden zu „Straßenmädchen" (demgegenüber ist „Straßenjunge" ein positiver Begriff). Nun kippt die Sicht auf die Mädchen um; sie werden so definiert und integrieren dies schließlich auch – mit meist aktiver und aggressiver Stilisierung – in ihr Selbstbild.

In der Cliquenkultur haben sich die Mädchen in manchem an die Jungen angeglichen. Auch in Formen Abweichenden Verhaltens. Dennoch, wenn sie unter Druck stehen, scheinen die alten geschlechtstypischen Muster wieder auf. Die heutige Generation der Mädchen erscheint zugleich weiblich zurückgenommen und männlich aggressiv. Man nimmt genauso Formen der Externalisierung bei Mädchen wahr, die allerdings dann wieder ‚typisch weiblich' eingefangen werden. So wird immer von Sozialarbeiterinnen aus der Mädchenarbeit berichtet, dass Mädchen in ihren Stimmungen von externalisiert-aggressiv bis seelisch zurückgezogen oder trotzig-stark wechseln. Viele Mädchen schwanken heute zwischen Gleichheit und Differenz. Das bringt einerseits Selbstsicherheit, erzeugt aber zugleich auch Unsicherheit.

Mädchen, die psychisch und sozial scheitern und deshalb der Erziehungshilfe zugewiesen werden, sind meist solche, die in schwierigsten Beziehungen Halt gesucht haben. Sie sind von einer riskanten Beziehung in eine andere geraten. Das wäre an und für sich nichts Neues, wenn heute nicht so früh schon Lebensenergie gebraucht würde, um mit sozialen Beziehungen zurechtzukommen. Im Kontrast dazu gibt es aber auch einen Beziehungspragmatismus, den manche Mädchen an den Tag legen, indem sie ihre Beziehungsansprüche reduzieren und sich einigermaßen cool durch Schule und Ausbildung lavieren. Mädchen suchen sich oft ihre Partner nach der ‚Bewältigungslücke‘, in der sie sich gerade befinden. Das ist z. B. der Fall, wenn sie mit dem Vater nicht klarkommen oder sie einfach einen Halt suchen, ohne befürchten zu müssen, dauernd etwas zurückgeben zu sollen. Die seelischen Ressourcen spielen in der Jugendzeit für Mädchen meist eine größere Rolle als die materiellen. Auch das traditionelle weibliche Bewältigungsmuster der ‚Zurücknahme‘ ist unter Mädchen weiter vertreten. Zuviel Zurücknahme aber kann depressiv machen.

Beide Bewältigungsmuster, das traditionelle Sich-Zurücknehmen und das neue selbstbewusst-aggressive Auftreten bilden sich in den Deliktstrukturen bei Mädchen und Frauen ab. Immer noch gibt es die „leise Mädchendelinquenz" (Ziehlke 1993: 71) in der Form von Diebstählen, Leistungserschleichungen und autoaggressiven Bewältigungsmustern. Die aggressive, ‚laute‘ Mädchendelinquenz hat aber zugenommen. Dies ist auf die Entgrenzung der Geschlechterrollen und die jugendkulturelle Emanzipation vieler Mädchen zurückzuführen. Wie bei Jungen ist auch bei manchen Mädchen Gewalthandeln zu einer ritualisierten Form des Durchsetzungsverhaltens geworden. Die Clique, auch die Mädchenclique, bildet den Rahmen (vgl. Popp 2002). Dies wird von der Öffentlichkeit registriert, aber oft anders bewertet, als das männliche Gewaltverhalten. Aggressives Verhalten von Mädchen und Frauen wird eher als Kontrollverlust in Bezug auf die tradierte weibliche Geschlechterrolle definiert und entsprechend pathologisiert und psychiatrisiert, während Männern eher Intentionalität und Zielgerichtetheit im Gewaltverhalten unterstellt wird. Frauen und Mädchen werden deshalb im Durchschnitt ‚milder‘ bestraft. Immer steht ihre reale oder unterstellte Familiengebundenheit im Hintergrund, entsprechend familienähnlich fallen dann auch die Sanktionen aus. Sie werden eher in Heime oder psychiatrische Einrichtungen eingewiesen als Jungen. Damit werden aber wiederum die Motive für das Gewalthandeln von Mädchen nicht nur bagatellisiert, sondern übergangen. Mangelnde Anerkennung, lange aufgestaute Wut über stillschweigende oder offene Missachtung in Familie und Schule oder schwere Gewalterfahrungen bilden bei Mädchen einen Hintergrund für Gewalthandeln, der oft zu wenig ernst genommen wird. In der Jugendhilfe wird im Umgang mit auffälligen Mädchen und delinquenten jungen Frauen deshalb versucht, Formen der Anerkennung zu entwickeln, indem einerseits akzeptiert wird, dass die Mädchen ihre Aggressivität herauslassen, dass sie gleichzeitig aber in der nun geschützten Umgebung der Einrichtung spüren können, dass sie dennoch nicht fallen gelassen werden. Diese gespürte emotionale Sicherheit gilt als Voraussetzung für die Wiedergewinnung von Selbstwert und Anerkennung jenseits des Gebrauchs von Gewalt.

Denn gerade bei diesen Mädchen wird deutlich, dass in ihrem Gewalthandeln eine Suche nach Anerkennung steckt. „Die gewaltbetonende Selbstdarstellung der weiblichen Gruppenmitglieder kann in einem gewaltorientierten Umfeld als Wunsch nach Anerkennung interpretiert werden. Indem die Mädchen mit ihrem betont aggressiven und provokativen Auftreten beanspruchen, dass ihr gewalttätiges Verhalten als Bestandteil ihrer Weiblichkeitsdarstellung akzeptiert wird, versuchen sie, ‚traditionelle‘ Zuschreibungen und Erwartungen infrage zu stellen und Geschlechterunterschiede zu neutralisieren“ (Wittmann/Bruhns 2001: 13).

Die Einsicht, dass man das Jugendalter als Phase ‚potentieller Devianz', begreifen muss und mit Jugenddelinquenz anders umzugehen hat als mit Erwachsenenkriminalität, hat sich in unserer Gesellschaft auf allen Ebenen – der rechtlichen, medialen, pädagogischen – durchgesetzt. Jugendliche – so hat uns die bisherige tiefenpsychologisch rückgebundene Herleitung gezeigt – leben im Übergang, im gesellschaftlich Unwirklichen. Sie orientieren sich über diese ihnen allein gehörende und zugängliche Unwirklichkeit, indem sie sich – außerhalb der Zwangsinstitutionen Familie, Schule und Berufsausbildung, für die sie nur Rollensegmente, aber nicht ihr Ganzes hergeben – sozial erproben und mit der sozialen Wirklichkeit anderer messen. Die soziale Umwelt definiert solches Jugendverhalten oft als ‚abweichend'.

Soziologisch und sozialpsychologisch gesehen ist die Jugend durch ein typisches Kriterium sozialkultureller Differenzierung gekennzeichnet: Sie zeigt ein subkulturelles Sozialverhalten und hat ein gegenwartsorientiertes Zeitverständnis. Daraus ergibt sich eine typische strukturelle Rücksichtslosigkeit, welche die Jugend in der modernen Gesellschaft auszeichnet: rücksichtslos gegenüber dem Bestehenden und Überkommenen, rücksichtslos gegenüber der gesellschaftlichen Zukunft. *Subito* heißt der Jugendcode seit der Jugendbewegung. In den Institutionen der Bildung und Ausbildung kann sich dieser Gegenwartsdrang nicht entfalten, denn diese sind auf Entwicklung und Zukunft und mithin auf Bedürfnisaufschub angelegt. Der jugendkulturelle Gegenwartsdrang kann aber in den offenen Räumen außerhalb der Institutionen losgelassen werden, hier kann das Unwirkliche des Selbst sozial wirklich werden. Jugendliche werden deshalb vor allem *sozialräumlich* auffällig.

Die Jugendpädagogik außerhalb der Schule hat deshalb von alters her (ungefähr seit der vorletzten Jahrhundertwende) die Aufgabe, diese räumliche Auffälligkeit zu mediatisieren und zu kanalisieren, also ihre Kriminalisierung zu verhindern. Die traditionelle öffentliche Erwartung, die Jugendarbeit sei dazu da, die Jugendlichen ‚von der Straße zu holen', fand auch (und findet heute bisweilen wieder) in der Pädagogik ihren fachlichen Niederschlag: Die westdeutschen Jugendfreizeitheime als ‚Häuser der Offenen Tür' hießen in den 1950er Jahren ‚überdachte Straßenecken'; der Begriff der Straße und des Räumlichen findet sich heute in den Bezeichnungen für Arbeitsformen wie Straßensozialarbeit und Mobile Jugendarbeit. ‚Die Straße' ist seit jeher der Inbegriff für ‚Auffälligkeit und Verwahrlosung', der Fixpunkt vieler Etikettierungsprozesse im Hinblick auf ein Jugendverhalten, das der sozialen Kontrolle räumlich entzogen scheint. Die Straße ist schillernd: Sie ist einerseits in ihren Funktionen rational und kontrolliert. Auf der Straße bewegt man sich auf ein Ziel hin – zur Arbeit fahren, zum Einkaufen, zu Behördengängen –; auf der Straße ‚hängt man nicht rum'. Dies ist der erste Schritt zur Typisierung: Wer auf der Straße rumhängt, verhält sich eben tendenziell abweichend.

Die Straße ist weniger ein Verlegenheitsraum für Jugendliche, sondern ein *Gelegenheitsraum*. Zur Straße zieht es Jugendliche immer wieder hin, auch wenn die Jugendarbeit Freizeiträume und Angebote bereithält. Hier sind die Jugendlichen öffentlich, können das Unwirkliche sozial zelebrieren, ohne dass es gleich auf sie zurückschlägt und sind – nicht nur gespielt – auch oft echt erstaunt, wenn es die Passanten als Provokation empfinden. Der Reiz steigt, wenn trotzdem niemand gegenhält, die Grenzen werden hinausgeschoben, weil sie gesucht werden. Die Straße hat ihren Code (vgl. Kersten 2008).

Die moderne Jugendarbeit will die Jugendlichen nicht mehr von der Straße holen, sie schickt StreetworkerInnen auf die Straße (vgl. Tossmann/Jonas/Tensil 2008). Dabei geht es nicht mehr so sehr um die Kanalisierung des ‚auffälligen Verhaltens'. Auch die Straße ist toleranter geworden, hat ihre Umwidmung erfahren. Auf der Straße stehen längst Cafétische, hängen Erwachsene rum, wird nicht mehr nur zielstrebig gehetzt. Was die StreetworkerInnen dennoch auf die Straße bringt, ist die Problematik der fehlenden Grenzen und der damit verbundenen Hilflosigkeit und Abhängigkeit, der die Jugendlichen ausgesetzt sind, obwohl sie öffentlich demonstrativ das Gegenteil verkörpern. Die Straße ist zum Risikoort geworden. Da laufen die Fäden zusammen, aus dem das Netz gesponnen ist, in dem sich heute manche Jugendliche verfangen. Die Straße eröffnet den Zugang zu den Gegenwartsabenteuern, die das Grenzen-Suchen zum Kitzel machen: Risikotrips mit Auto und Motorrad, riskante Einbrüche, Drogen, Gewaltprovokationen. Solche Gewaltprovokationen haben inzwischen eine neue Form angenommen, sind zu Event-Szenen der Straße geworden. Szenen sind lose Netzwerke von Jugendlichen und jungen Erwachsenen in der Selbststilisierung, die immer wieder über Events ‚Szenegänger‘ anziehen. Die Szenen gruppieren sich um ‚Szenekerne‘, Organisationseliten, welche die Szene dynamisch halten, das heißt nicht alltägliche Ereignisse ‚anbieten‘. Szenen spiegeln die plurale und fluide Struktur der Gesellschaft auch in der Jugend wider (vgl. Hitzler/Bucher/Niederbacher 2001). Die Straße eignet sich besonders für Szenenauftriebe, verspricht sie doch Auffälligkeit und Erregung gleichermaßen. So können sich aus geplanten bis spontanen Demonstrationen entpolitisierte Event-Szenen herausbilden, in denen z. B. die Auseinandersetzung mit der Polizei zum Event-Hit werden kann. Solche gewaltprovokativen Event-Szenen werden auch als die ungewollten Kinder der Spaßgesellschaft bezeichnet, in der ja die Erwachsenen ihre eigenen Extreme suchen und viele Jugendliche gleichsam als Gewalttouristen ihr Risikoverhalten ohne Schuld- und Unrechtsbewusstsein gegenüber der Erwachsenengesellschaft verorten. Längst haben die Risiko-Szenen Jugendlicher mit dem alltäglichen Gebrauch digitaler Medien eine weitere Dynamik erhalten. Man verabredet sich über Handy oder Chat zu wechselnden Treffs, die Verabredung ist jedem zugänglich und steht jedem offen. So verbreiten sich schnell die Informationen über Orte, an denen Zoff zu erwarten ist. Dann bilden sich die akzidentiellen Szenen nicht nur aus bestimmten Milieus, sondern die Szenegänger kommen aus allen Schichten. Dies wird vor allem bei den Risikoszenen des ‚Koma-Saufens‘ beobachtet. Hier helfen auf Dauer ordnungspolitische Eingriffe und Verbote wenig, vielmehr sind pädagogische Programme gefragt. Streetworker haben inzwischen Zugänge und Methoden entwickelt, mit denen die Jugendlichen motiviert werden sollen, Selbstkontrolle und ‚Risikokompetenz‘ über Rituale des Aufeinander-Achtens einzuüben.

9 Es sind oft überforderte und desintegrierte Familien, die Abweichendes Verhalten ihrer Kinder und Jugendlichen begünstigen

„Besonders Jungen, die auf der Straße leben, sind aus Familien mit mehreren Geschwistern. Meistens war nicht ausreichend Geld vorhanden. Es kam zu sozialen Krisensituationen, die zu Gewalt, häufig in Verbindung mit Alkohol, in der Familie führten. Für die Jugendlichen entsteht ein zu großer Druck. Sie erkennen das Problem, finden aber keine Lösungsmöglichkeiten. Oft verfallen sie in eine Art Paniksituation und der einzige Ausweg, diese Situation zu bewältigen, ist die Flucht aus der Familie."

In dieser Schilderung einer Streetworkerin aus einer sächsischen Großstadt liegt eine exemplarische Überforderungssituation für den Jungen. Während die Mädchen eher unter der Kontrolle der Familie stehen und Familien geradezu Angst haben, dass ihnen ihre Tochter als ‚Straßenmädchen' ‚Schande' macht, wird dem Jungen zugemutet, dass er sich draußen durchschlägt und der Familie nicht allzu lange zur Last fällt. Außerdem werden Mädchen in solchen Familien eher an das Haus gehalten. Sie müssen sich um ihre Geschwister kümmern und den Haushalt mit versorgen. Wie allerdings das ‚Draußen' für die Jungen aussehen soll, dafür geben die Eltern wenig oder keine Orientierungshilfen. Wenn es beim Jungen dann nicht ‚funktioniert', erhöhen solche Familien eher den Druck, anstatt emotionalen Halt und Unterstützung geben zu können. Landet der Junge dann ‚auf der Straße', ist die Trennung längst vollzogen und wird auch von den Eltern oft als logisch hingenommen.

In diesem Beispiel erkennen wir aber auch eine Grundproblematik familialer Überforderung, die Jugendlichen vor allem dann zu schaffen macht, wenn sie ihre emotionalen, inneren Signale nicht mehr in der Familie setzen können. Das kann in eine Abkehr der Jugendlichen von der Familie umschlagen. Die

Jugendlichen werden zu ‚Straßenkids‘ (vgl. dazu auch Permien/ Zink 1998; von Dücker 2001):

„Die Eltern des Jungen arbeiten beide in den alten Bundesländern. Sonntags packen sie ihm den Kühlschrank voll und legen Geld für die Woche auf den Tisch. Erst Freitagabend kommen sie beide zurück. Sie ‚wundern‘ sich über ihren Sohn, der doch alles von ihnen bekommt. Emotionale Bindungen und Verständnis werden von den Eltern durch materielle Werte ersetzt. Emotionen, Selbstwert und Familienersatz suchen die Jungen dann in Cliquen auf der Straße.“

In diesem mir gegebenen Bericht eines Streetworkers aus einer anhaltinischen Großstadt stecken Anlässe, die wir auch in Biografien anderer Straßenjungen wiederfinden. Es gehört zu den Schattenseiten männlicher Sozialisation, dass manche Eltern – vor allem Väter – glauben, Jungen bräuchten keine emotionale Zuwendung und müssten lernen, sich durchzubeißen. Vor allem die elterliche Anerkennung und Wertschätzung dessen, was dem Jungen wichtig ist, fehlt in dieser Konstellation. Die Eltern nehmen in der Regel nur wahr, dass sich der Junge so gut allein kümmert und übergehen damit seine Befindlichkeit und seine individuellen Alltagsprobleme. Straßenszene und Clique werden dann zu emotionalen Bezugspunkten, die Ausschließlichkeitscharakter gewinnen können, wenn die Eltern – trotz Abwesenheit – diese Außenbeziehungen misstrauisch betrachten oder dem Sohn gegenüber gar abwerten.

„Der Junge hat nach einem ordentlichen Hauptschulabschluss eine Schlosserlehre begonnen. Die macht ihm aber keinen Spaß, und mit der Lustlosigkeit wächst die Tendenz, die Lehre abzubrechen. Er schwänzt immer häufiger und bricht dann die Lehre ab. Nun hätte er den Halt der Familie gebraucht, um nicht auf die schiefe Bahn zu geraten, was ihm aber versagt blieb. Das Gegenteil, der kompromisslose Herausschmiss durch den Stiefvater, machte ihn zum Straßenkind.“

Die Stiefvaterkonstellation ist für Jungen immer eine prekäre Situation. Die Rivalitätssituation, die Enttäuschung an der Mutter, das gegenseitige Austesten und Provozieren der männlichen Dominanz in der neuen Familie können in prekären Situationen dazu führen, dass die Schwierigkeiten des Jungen vom Stiefvater als Machtvorteil genutzt, zur funktionellen Bereinigung der Familiensituation (oft unbewusst) benutzt werden. Da die Vaterrolle von dem ‚neuen' Mann erst – interaktiv – erlernt werden muss, besteht in solchen Stiefvaterkonstellationen – vor allem in Familien, die wenige soziale und kulturelle Ressourcen haben, die neue Konstellation auszuhandeln und experimentell zu erproben – eine brisante ‚Hierarchielücke' der Männerrivalität, in der sich der positionell arrivierte, aber emotional unsichere ‚neue' Mann gegen den emotional in der alten Familie verankerten, aber sozial noch schwachen Jungen durchzusetzen versucht – bis hin zur Hinausdrängung des Jungen. Männliches Konkurrenzverhalten und unübersichtliche Vatersituation verdichten sich hier.

Um diese geschilderten Extrempunkte gruppieren sich unterschiedliche Variationen der emotionalen Vernachlässigung, der Überforderung, des Ausgrenzungsdrucks und der Ausgrenzungsgewalt. Dabei wird hier nur die Grundkonstellation aufgeführt. Natürlich gibt es bei der Stiefvaterkonstellation auch besondere Mutter-Sohn-Beziehungen und -konflikte, welche diese Konstellation verzerren. Auch können Gewaltstrukturen in der Familie (z. B. ist der Vater Alkoholiker) vorhanden sein, unter denen Jungen anders leiden als Mädchen (die als Gewaltopfer mit der Mutter stärker ans Haus gebunden sind und dann meist abrupt die Familie verlassen): Jungen werden bei der Gewaltfokussierung auf die Mutter (und ggfs. Co-Abhängigkeit der Tochter) schrittweise aus der Familie ausgegrenzt, erleben die Gewaltakte und Rituale des Vaters als männliche Machtwillkür. Auch hier scheint wieder das Grundmuster der Rivalität und Unterdrückung des jungen Mannes durch den älteren Mann, die Abwertung und Verletzung des Jungen in seiner männlichen Identität durch.

Dass dies eben bei Jungen brisanter ausfällt als bei Mädchen, hängt vor allem damit zusammen, dass der innerfamiliale Ablösungsprozess bei den Mädchen „weniger aggressiv" verläuft (Metz-Göckel/Nyssen 1990: 45). Ich habe bereits darauf hingewiesen, dass die Mädchen auf der einen Seite in der Kindheit gegenüber den Jungen die *ungebrochene* Chance der (weiblichen)

Geschlechtsidentifikation im Verhältnis zur Mutter haben, dass dafür aber in der Pubertät ein doppelter Konflikt ausbricht, der von Mädchen zu Mädchen unterschiedlich bewältigt werden muss: der nun sozial folgenreiche Trennungsakt von der Mutter und die als sexualisierende Kontrolle erfahrenen Auseinandersetzung mit dem Vater.

„Die Abgrenzung von der Mutter wird für das Mädchen problematischer und schmerzvoller beim Eintreten in die Pubertät, einem Zeitraum, in welchem etwa gleichaltrige Jungen eine ‚festere Grenze' zur primären Bezugsperson gefunden haben. Die Mutter wird durch die Tochter als das Eigene erlebt. Der Trennungsprozess der Tochter von der Mutter und umgekehrt bedeutet oftmals eine schmerzliche Auseinandersetzung und Hinterfragung typischer weiblicher Fähigkeiten und Kompetenzen" (Menz 1996: 23).

Die Mutter – und damit auch das eigene Weibliche – wird nun in ihrem sozialen und gesellschaftlichen Status als *Frau* erkannt. Damit nehmen die Mädchen die sozialen Bezüge der Abwertung des Weiblichen an sich selbst wahr. Die damit erzeugte Hilflosigkeit wird – getragen von den jugendtypischen narzisstischen Antrieben – oft auf die Mutter oder auf die ‚Frau überhaupt' abgespalten: Mütter und „Weiber" werden gehasst.

Aber auch der Vater, zu dem in der Kindheit ein unbefangenes emotionales Verhältnis bestanden hat, das nicht wie beim Jungen dem ödipalen Druck ausgesetzt war, wird nun in der Pubertät von den Mädchen anders als bisher wahrgenommen. Bisher war er der ‚Außenspiegel', in dem man sich und die soziale Welt erfahren und sich an ihr begeistern konnte, der aber auch die Angst und Strenge des späteren Lebens verkörperte, zu dem man sich und sein Streben hingezogen fühlte. Nun, in der Pubertät, wird der Vater für die Mädchen plötzlich zum Abgrenzungsobjekt: In der Distanz zu ihm wird sich das Mädchen seiner jetzt aufbrechenden weiblichen Sexualität gewahr. Das in der Kinderzeit selbstverständliche Schmusen, der emotionale und körperliche Kontakt erwecken nun auf beiden Seiten zwiespältige Gefühle und wechseln in gesuchte und gewollte Distanz. Der Vater wird nun auch zur ambivalenten Kontrollinstanz. Er ist nicht mehr der unbefangen betrachtbare soziale Außenspiegel, sondern dieser Spiegel reflektiert nun auch die sexistische Kultur der Außenwelt in der Weitergabe des „Widerspruchs von Sittsamkeit und Sinnlichkeit" (Trauernicht 1988: 117). Viele Väter werden so zu unsicheren und oft ungewollten Kontrolleuren in der unbewältigten Gefühlsambivalenz von ‚Schutz und Kontrolle', welche sowohl die Unbefangenheit zur Familie nach innen zerstören, als auch die Handlungsspielräume des Mädchen nach außen verengen kann. Mädchen spüren nun massiv die bisher wohlgelittene Bindung an das familiale Innen, an häusliche Pflichten als Einengung, vielleicht sogar als Einkerkerung; die sexistisch gefärbte Kontrolle nach außen erscheint ihnen dagegen nicht selten als Demütigung. Es entstehen Ausbruchsphantasien, die – wenn sie nicht in der Familie kommunizierbar oder über Freundschaften und familiennahe Netzwerke auffangbar sind – sich zu Bewältigungsalternativen (in denen die Risikofrage ausgeblendet ist) verdichten können. Die Konstellation familialer Desertion hat also ein deutlich geschlechtsdifferentes Profil. Jungen fühlen sich aus der Familie gedrängt, Mädchen brechen aus.

‚Ausreißen' und ‚Ausbrechen' aus der Familie in einem Alter (12 bis 15 Jahre), in dem es der Normalfall ist, in der Familie zu sein, den jugendspezifischen Ablöseprozess im „organischen" Dreieck Jugendliche – Familie – Gleichaltrigenbeziehung zu erleben, gilt sowohl in der Öffentlichkeit als auch im Definitionsspektrum der Instanzen sozialer Kontrolle (einschließlich der Jugendhilfe und der Schule) als Abweichendes Verhalten. Es entspringt einer anomischen Hintergrundstruktur (das, was Familie an emotionalem Halt in diesem Alter geben soll, kann die eigene nicht schaffen, eher das Gegenteil) und sucht sich dann eine Bahn über differentielle Gelegenheiten und subkulturelle Landepunkte. Mädchen (aber auch Jungen) erscheint die Ausreißerkultur dann attraktiver als der Dauerkonflikt in der Familie, und die ersten subkulturellen Kontakte verheißen Anerkennung und Selbstwertgewinn, zumal über Gruppennormen und Umgangsformen, die dem verhassten Elternhaus und der es stützenden Gesellschaft entgegengerichtet sind oder einfach auf deren Normalität pfeifen. Auch wenn die Ausreißerkultur sehr oft repressiv und autoritär ist – die Jungen kommen möglicherweise in neue Gewaltverhältnisse und den Mädchen wird auch in der Ausreißerkultur traditionelles Rollenverhalten abverlangt – behält sie ihre Attraktivität in stetiger Aktivierung des differentiellen Rückbezugs auf die verhasste und gleichzeitig vermisste Familie.

Die Art und Weise, wie die Instanzen öffentlicher Kontrolle das Ausreißen von Mädchen als Abweichendes Verhalten etikettieren und definieren, zeigt auch, wie hoch die innerfamiliale Dynamik gesellschaftlich tabuisiert ist, wie wenig Chancen Kinder und Jugendliche haben, das für sie Krisenhafte und Bedrohliche in desorganisierten Familien zu thematisieren, an die Außenwelt zu bringen und wie verborgen deshalb auch die familialen Hintergründe späterer Abweichenden Verhaltens sind. Gerade auf Mädchen wird – wenn auch verdeckt und nicht thematisiert – ein öffentlicher Druck auf ein bestimmtes Familienverhalten ausgeübt. Dies wird in der Literatur in Anlehnung an die Grundannahmen der feministischen Devianztheorie (Smaus 1993) wie folgt aufgeschlossen: Von Mädchen wird ein bestimmtes geschlechtstypisches und geschlechterrollenstereotypes Verhalten in familialen Konfliktsituationen – analog der herrschenden Normalitätskonstruktion von Weiblichkeit – erwartet. Wenn sie dieses durchbrechen, sich anders als erwartet verhalten, gelten sie als deviant. Mädchen haben im überkommenen Geschlechterrollenverständnis ihre familialen Konflikte unauffällig, privat und nach innen gerichtet zu bewältigen. Angesichts der alltäglichen Selbstverständlichkeit solcher kulturell legitimierten weiblichen Bewältigungsstrategien werden die „eher unauffälligen sozialen und psychischen Signale, die sich als Ängste und Körpersymptome – wie z.B. Gehemmtheit, Depressionen, psychosomatische Reaktionen und Selbstverstümmelungen – äußern, von der Umwelt kaum wahrgenommen" (Ziehlke 1993: 201). Abweichendes Verhalten von Mädchen enthält in diesem Sinne auch immer ein Element der Auflehnung gegen die normalen und für sie – über die sexistische Kontrolldynamik in der Familie – als unterdrückend erfahrenen Weiblichkeitsbilder. Wenn sie dann auf der Straße in Outfit und Habitus schrill, extrem und provokant auftreten, karikieren sie die gängigen Schönheits- und Beziehungsideale. ‚Auf der Straße überleben' beinhaltet für sie jene Eigenständigkeit, die ihnen die Familie verweigert hat. Dennoch – so wird berichtet – mischen sich in der Straßenkultur desertierter Mädchen extrem abweichende und konforme (ja kleinbürgerliche) Verhaltensweisen (vgl. Langhanky 1993). Diese ambivalente Verhaltenskonstellation ist wiederum ein Indiz dafür, dass die Erfahrung der anomischen Zuspitzung in der Familie den Hintergrund Abweichenden Verhaltens bildet, dass aber die Sehnsucht nach familialen Bezügen, in denen die Eigenständigkeit und Gleichberechtigung akzeptiert und gefördert wird, auch auf der Straße nicht erloschen ist.

Schon die familiale Desertion von Kindern und Jugendlichen weist auf tabuisierte – von den Kindern gespürte, aber nicht in der Familie bewältigbare – Gewaltverhältnisse hin. Das Grundproblem familialer Gewaltverhältnisse liegt wohl darin, dass die moderne Kleinfamilie in industriekapitalistischen Gesellschaften strukturell überfordert ist, als auch dass diese Überforderung in dem Maße zugenommen hat, in dem die Arbeitswelt stärker rationalisiert und damit entemotionalisiert worden ist. Dadurch hat der von der Gesellschaft ausgelöste emotionale Druck auf die Familie zugenommen. Die Familie soll das bringen und ersetzen, was im gesellschaftlichen Leben nicht (mehr) erreichbar scheint: soziale Bindung und sozialen Rückhalt, Gegenseitigkeit und existentielles Vertrauen. Die Familie ist somit im Zuge der gesellschaftlichen Individualisierung nicht nur zur ‚Aushandlungsfamilie' der Einzelinteressen ihrer Mitglieder geworden (gegenüber der tradierten Hierarchie der Generationsrollenfamilie), sondern unter diesen Umständen auch eine auf sich gegenseitig angewiesene Intimgruppe *Bedürftiger*. Ist diese Bedürftigkeit inner- und außerfamiliär nicht kommunizierbar, sondern tabuisiert, und bestehen keine außerfamilialen Entlastungsmechanismen, dann – so meine These – kann diese Bedürftigkeit in Gewalt umschlagen. Sei es nun körperliche oder psychische Gewalt der Partner untereinander und gegen die Kinder.

Ich habe die Desertion aus der Familie als kausal sichtbares Abweichendes Verhalten in den Mittelpunkt gestellt, weil die zahlreichen Hypothesen zu Kausalbeziehungen zwischen ‚Problemfamilien' und Devianz nur thematisieren können, dass bei

Kindern und Jugendlichen mit Abweichendem Verhalten bestimmte negative familiale Interaktionsmuster, die deviante Anschlussdispositionen zu Abweichendem Verhalten fördern – gewaltnahe Erziehungsstile, Bindungsschwäche im Eltern-Kind-Verhältnis, inkonsistentes Elternverhalten, Ablehnung des Kindes – nachweisbar sind. Warum sie aber nicht bei allen Kindern und Jugendlichen zu Abweichendem Verhalten führen, bedarf einer eigenen Klärung. Hier kann das Konzept der differenziellen Gelegenheiten und Kontakte und der Anschluss an deviante Cliquen weiterhelfen (s.o.). Einigermaßen gesichert ist wohl die Variable ‚selbsterlittene Gewalt‘, wie das eine bayrische Längsschnittstudie aufzeigen konnte: „Die Art der Erziehung und die Gewalt in der Familie beeinflussen das Ausmaß, mit dem Schüler selbst zu Tätern werden. ‚Hart und manchmal ungerecht‘ erzogene Schüler fallen über alle Erhebungszeitpunkte (1994, 1999, 2004) hinweg bei allen Gewaltformen durch die größte Gewaltaktivität in der Schule auf. Wer von seinen Eltern entsprechend erzogen wird, übernimmt diese Praktiken und gibt sie über Interaktionen an andere weiter" (Fuchs u.a. 2005: 157). Fast immer tritt dabei eine Kumulation von Selbstwert- und Anerkennungsstörungen auf. Aus bewältigungstheoretischer Sicht kann man deshalb sagen: Familien, die insgesamt bzw. deren Mitglieder unter hohem Abspaltungsdruck stehen, den sie innerfamilial nicht thematisieren können, bilden eine Hintergrundkonstellation für Abweichendes Verhalten.

Wir müssen also erst einmal formulieren: Aus der Tatsache der strukturellen Überforderungen der Familie und rigider Erziehungsstile entsteht noch kein delinquentes Verhalten (hier: Gewaltverhalten). Nur: Diese Überforderungen müssen alltäglich bewältigt werden. Misslingt aber diese Bewältigung, so kann in der Folge eine innerfamiliale Vermischung von Hilflosigkeit und Bedürftigkeit entstehen. Diese erhält ihre besondere Verstrickung dadurch, dass die Familie ein privater, in vielem scheinbar den öffentlichen Regeln und Normen entzogener Raum ist. Die Familie wird so zum *Ausnahmezustand*, in dem die Grenzen zwischen Liebe und Gewalt, Bedürftigkeit und Ausbeutung, Vertraulichkeit und Abhängigkeit, Nähe und Übergriff verwischen können.

Zum Problem der ambivalenten Überforderung der Familie in der industriekapitalistischen Gesellschaft liegt seit den berühmten *„Studien über Autorität und Familie"* des Frankfurter Instituts für Sozialforschung (1936) eine umfangreiche Literatur vor (vgl. im Überblick Rerrich 1988; Böhnisch/Lenz 1999, Böhnisch 2017). Die Familie soll die Arbeitsgesellschaft sozialemotional stützen und reproduzieren, muss aber *gleichzeitig* damit zurechtkommen, dass Konflikte und Belastungen aus der Arbeitsgesellschaft in die Familie hineinreichen und ihre Bindungs- und Regenerationsfähigkeit bedrohen. Sie soll also funktionieren, indem sie Probleme integrieren muss, die immer wieder ihre Funktionsfähigkeit bedrohen. Das Prekäre dabei aber ist, dass sich in solchen Überforderungskonstellationen unterschiedliche Welten vermischen: Die zu bewältigenden und auszugleichenden Probleme kommen aus einer rationalitätsgesteuerten, arbeitsteiligen und normdistinktiven gesellschaftlichen Außenwelt und treffen auf eine emotionale, in Gegenseitigkeit verschmolzene und immer wieder normdiffuse familiale Binnenwelt. Hier werden sie umgewandelt in Bedürftigkeit, Schuldgefühle und Verlustangst. Gesellschaftliche Problematik und familiale Intimität vermischen sich im Subjekt und werden in ihrem Verhältnis zueinander unkenntlich gemacht (vgl. Honig 1986; Brückner 2009). Die damit verbundenen innerfamilialen Abspaltungen von Hilflosigkeit – wenn es dann soweit gekommen ist – sind nicht, wie in der außerfamilialen Welt, auf abstrakte Projektionen verwiesen (z. B. Ausländerhass), sondern suchen ihre Bahn konkret und selbstverständlich in den tradierten Macht- und Gewaltverhältnissen der Männer-Frauen-Eltern-Kinder-Hierarchien in den Familien selbst.

Gleichzeitig wirkt aber der gesellschaftliche Mechanismus der Trennung von öffentlicher und privater Sphäre (als Konsequenz der industriegesellschaftlichen Arbeitsteilung) weiter, der die Familie zum privaten, von den Subjekten nicht selten als normfrei empfundenen Raum macht. Da die familialen Beziehungen auf emotionalen und partikularistischen Kommunikationsformen und natürlich vor allem auf Blutsverwandtschaft aufgebaut sind, vermischt sich die Kategorie des Privaten unversehens mit der subjektiv erlebten und empfundenen Ideologie des Naturhaften. Die Familie wird so auch ideologisch und legitimatorisch – im Mehrheitsbewusstsein der Bevölkerung, aber auch in der Tradition der christlichen Religionen und der bürgerlichen Gesellschaftsphilosophie – dem gesellschaftlich-staatlichen Rationalitätssystem gegenübergestellt, die ‚heile Familie‘ als ein überzeitlich zu erstrebender Naturzustand immer wieder erhofft. In diesem Zusammenhang wird dann auch von einer „Modernisierungsfalle" (Wahl 1989) gesprochen, die einen besonderen Zustand der Anomie in der Familie erzeugen kann: Die Familienmitglieder klammern sich umso stärker an diese Ideologie der ‚heilen Familie‘, je bedrohter und desolater der familiale Zusammenhalt ist. Schuldgefühle und -zuweisungen werden frei, die gesellschaftliche Überforderung der Familie erscheint ihren Mitgliedern als privates Problem. Die in diesem Zusammenhang entstehende anomische Hilflosigkeit kann in gegenseitigen abwertenden Hass und innerfamiliale Ausgrenzung (z. B. das Kind als der Sündenbock) umschlagen. Dabei können Frauen gleichzeitig zu Opfern wie Täterinnen werden (vgl. auch Künzel/Temme 2007).

Wenn dabei die in der Familie eingelassenen Gewaltverhältnisse freigesetzt werden, also Gewalt – vor allem gegen Frauen und Kinder – ausgeübt wird, erscheint dies für die Täter als ‚natürliches‘ Gewalt- und Besitzrecht, das privat ist und deshalb niemanden etwas angeht. Aber auch die betroffenen Frauen und Kinder sind in diesem Bann der ‚natürlichen‘ Gewaltverhältnisse in der Familie gefangen. Sie halten oft still, die Gewalt in der Familie ist so von einer Mauer des Schweigens umgeben. Die gesellschaftliche Öffentlichkeit wollte lange Zeit vom Thema Gewalt in der Familie nichts wissen. Die ‚heile Familie‘ war (und ist zum Teil immer noch) ein öffentliches Tabu. Wir haben an anderer Stelle bei der Klärung des Tabubegriffs deutlich gemacht, dass ein modernes Tabu auf gesellschaftliche Widersprüche hinweist, die nicht geklärt, aber auch nicht hinreichend austragbar sind, weil sie sonst den legitimatorischen Bestand des gesellschaftlichen Systems bedrohen würden. Solche Tabus verkörpern also stillgestellte, ungelöste ‚Fälle‘ der Gesellschaft. Beim ‚Fall Familie‘ liegt es auf der Hand: Alle wissen, wie problematisch die

Familie in ihrer modernen Überforderung ist und dennoch muss man an ihr festhalten, sonst geht der sozialemotionale Rückhalt, den sie zu verkörpern hat, angesichts der anomischen Entwicklung der Gesellschaft verloren. Also muss jeder grundlegende Zweifel an der Familie ruhiggestellt, tabuisiert werden.

Gewalt in der Familie (vgl. auch Kap. 14) ist dann etwas, was nicht sein kann, weil es nicht sein *darf*. So ist ein gespaltener Diskurs entstanden: Gewalt wird zwar in der modernen aufgeklärten (medialen) Öffentlichkeit als Bewältigungsverhalten erkannt und klassifiziert, für den Bereich der Familie wird dieser Zusammenhang aber weiterhin tabuisiert (vgl. Wolff 1990). Allerdings hat der Individualisierungsprozess vielerorts die intime Geschlossenheit der Familie aufgeweicht. Man kann vor der Gewalt in Familien nicht mehr die Augen verschließen, wenn Frauen und Kinder den Bann des Schweigens brechen, LehrerInnen und SozialarbeiterInnen die Symptome anzeigen und damit öffentlich machen. Dennoch entsteht kein offener Diskurs. Es entwickelt sich vielmehr wieder jene verschobene Diskursform des modernen ‚Prangers‘, die einerseits Ventil ist, gleichzeitig aber das Tabu durch die Art seiner schrillen Medialisierung weiterwirken lässt. Alle fühlen sich von den Medienberichten zutiefst angerührt, viele beschleicht aber gleichzeitig die diffuse Angst, dass da auch etwas Abgründiges in ihrem Inneren angesprochen sein könnte und sind froh, dass ihnen das mediale Extrem Distanzierung und Abscheu ermöglicht und so den Glauben an die prinzipiell heile Familie erhält.

Das Tabu ‚Gewalt in der Familie‘ ist also in der Postmoderne brüchig geworden, aber in der Substanz nicht gefährdet. Die Individualisierung hat die Familien auseinandergetrieben, die Einzelinteressen freigesetzt und damit die tradierten innerfamilialen Gewaltverhältnisse erschüttert. Gleichzeitig hat sie aber auch das Angewiesensein auf die Familie neu bestätigt: Die Familie als *der* Zufluchtsort und Rückhalt angesichts einer bedrohlich offenen und unübersichtlichen Risikogesellschaft.

Wenn man vor diesem Hintergrund die Studien über Gewalt in Familien betrachtet, so wird die gesellschaftliche Konstellation, in der solch Abweichendes Verhalten zwangsläufig entsteht, sichtbar. Die in Michael-Sebastian Honigs inzwischen klassischer Studie zur „verhäuslichten Gewalt" (1986) erschlossenen Befunde, nach denen Gewalt in der Familie dann entstehen kann, wenn Hierarchie- und Abhängigkeitsverhältnisse selbstverständlich sind, Gewalt also als subjektiv verfügbares Mittel angesehen wird, und dass Gewaltakte meist Enttäuschungen an der Familie ausdrücken, verweisen auf diesen Kontext. Auch er betont die Problematik der ‚Naturalisierung' der familialen Gewaltverhältnisse und ihre damit entstehende Mystifikation von Gewalt. Hier scheint mir aber der Begriff des Tabus weitergehender, denn in ihm kann der Bezug zwischen mystifizierter Gewalt und gesellschaftlicher Funktion dieser Mystifikation aufgeschlossen werden.

Diese Dimension des Tabus wird von H. Funk (1996) auf die inner- und außerfamiliale Interaktionsebene Abweichenden Verhaltens übertragen. Sie spricht von einem *Schweigen* der Täter wie der Betroffenen, dessen strukturelle Rückbindung darin erkennbar ist, dass das Reden darüber nicht möglich, das Eigene an der Tat für die Täter nicht thematisierbar ist. Die Gesellschaft sieht nur die Tat und isoliert sie als etwas Schreckliches, das außerhalb der Norm steht (vgl. dazu wieder Honig 1986). Die Bedürftigkeiten und Selbstwertzerstörungen, die hinter dem Gewaltakt liegen, können nicht zutage treten, weder für den Täter noch für die gesellschaftliche Öffentlichkeit. Erfahrungen in der Täterberatung zeigen hier wiederum: Gelingt es, die Männer im therapeutischen Gespräch in ihrem Selbst von der Tat, in die es dumpf eingefangen ist, zu lösen, auf ihre Hilflosigkeit und Bedürftigkeit zu stoßen, dann kann auch hier der Verstrickungs- und Verdeckungszusammenhang familialer Gewalt aufgeschlossen werden.

10 Es kommt darauf an, ob es gelingt, Aggressivität in Kreativität umzuwandeln – Kindheit und Devianz

„Der listenreiche Säugling" – so fasste Tilmann Moser (1993) in seiner damaligen Bilanz der modernen Säuglingsforschung die biopsychischen Entdeckungen zusammen, die mit Hilfe mikromedialer Beobachtungsverfahren bei Kleinkindern gemacht wurden. Im Mittelpunkt stand dabei die nun empirisch gefestigte Erkenntnis, dass das Kleinkind – bereits dann, wenn sich die Gehirnfunktionen noch nicht voll eingestellt haben – nach wenigen Tagen sein emotionales Eigenleben entwickelt, Wohlbefinden oder Unwohlsein verspürt und Signale, Botschaften, Wünsche nach Nähe und Distanz, Bewegung und Austausch, Selbstschutz und Bestätigung aussendet (vgl. auch Dornes 1993; Maywald 2002). Diese ersten Gefühle und vorläufigen Fähigkeiten konstituieren sich immer im Wechselbezug zu seiner Umwelt, zuerst vor allem zur Mutter und später auch zum Vater und zu anderen Bezugspersonen:

„Man könnte sogar sagen, dass in der erlebten Wechselseitigkeit die Wurzeln der Menschenwürde liegen. Ein Kind, das mit seinen Signalen nicht ankommt, das erleben muss, wie sie uminterpretiert werden je nach den Bedürfnissen, nach den Ängsten der Eltern, baut kein gutes Selbstgefühl, kein gutes Selbstwertgefühl auf. Es lernt nicht seinen Reaktionen zu trauen. Es muss die Stimmungen der Eltern erschließen lernen, muss auf andere Wege sinnen, sie doch noch zu beeinflussen, wenn seine ursprünglichen Mittel nicht ausreichen" (Moser 1993: 92).

Wie schließlich dieser Austausch zwischen tiefendynamischem Ich und sozialer Umwelt abläuft, wird in der Tiefenanalyse der menschlichen Entwicklung in der Moderne als zentral und entscheidend für die Entwicklung devianter Dispositionen bzw. für die Ausformung antisozialer Tendenzen angesehen. Der

Austausch misslingt, wenn das Kind entweder dauernd über die Maßen angepasst sein muss (und dann in kritischen Lebenssituationen, in denen es auf sein Selbst zurückgeworfen ist, hilflos wird) oder aber in seinem Wunsch(-Selbst) stecken bleibt, das ihm den Zugang und die Auseinandersetzung mit der Realität verwehrt und es – in seiner Omnipotenzillusion – ebenfalls sozial hilflos macht. Zwischen diesen beiden Polen der gleichzeitig triebstrukturierten und sich sozial einstellenden Hilflosigkeit, die ich auch nach meinen Erfahrungen mit Erscheinungen der Gewaltbereitschaft als grundlegend konstitutiv für die Entwicklung devianter Dispositionen halte (ich müsste besser sagen: für Dispositionen, die Menschen in Zonen Abweichenden Verhaltens geraten und Muster von Devianz übernehmen lassen), entwickeln sich allmählich antisoziale Dispositionen. Die Disposition als solche ist noch nicht deviant und auch Winnicot unterscheidet deutlich zwischen der „latenten antisozialen Tendenz" und dem manifesten antisozialen Verhalten. Bei der antisozialen Tendenz liegt zunächst eine Störung des Austauschs und der Balance von sozial ausgerichteter Triebdynamik und ihrer Umweltresonanz vor.

Im frühen emotionalen Erfühlen des Selbst in der Wechselwirkung mit der Umwelt, im Formieren des Selbstschutzes, der körperlichen und seelischen Integrität, bildet sich auch die *Aggressivität* heraus. Aggressive Gefühlsäußerungen zeigen das Unwohlsein, die erlebten Bedrohungen an. Es kommt nun darauf an, wie die Umwelt darauf reagiert, ob sie diese Signale aufnehmen und damit den Spannungszustand ausbalancieren, also zur „fördernden Umwelt" (Winnicott 1984a) werden kann. „Erst wenn die subtilen Verletzungen, Verkennungen, Überfremdungen zunehmen und die aggressiven Reaktionen die Mutter (den Vater) nicht mehr erreichen, reagiert er [der Säugling] wütend, gekränkt, rache- und zerstörungslustig" (Moser 1993: 93).

Wir können hier direkt an den Befunden der psychoanalytisch rückgebundenen Kindheitsforschung (vgl. dazu Gruen 1993, Winnicott 1984a, 1988; Grossmann/Grossmann 2006) anknüpfen. Kinder müssen anerkannt bekommen, dass sie aus sich selbst heraus etwas sind, sie müssen fühlen können, dass das, was aus ihnen kommt, nicht von vornherein abgewertet wird. Sie brauchen die Erfahrung, dass ihre Gefühle aufgenommen werden und außen etwas bewirken, indem auf sie eingegangen wird, wie sie sind. Rigide soziale Anpassung und Abwertung der kindlichen Gefühle erzeugen dagegen innere Hilflosigkeit, die abgespalten, von der abstrahiert werden muss und die sich dann als Hass auf das Schwache in sich selbst und Hass auf alles Hilflose, Schwache, Fremde in der Umwelt äußert (so das Modell nach Gruen). Winnicott (1984a) sieht in ähnlicher Weise die frühe Spannung von Aggressivität und Kreativität: Wenn das Kind spürt, dass es seine Umwelt mit erschaffen kann, indem diese es versteht und seine Impulse aufnimmt und ihm neu (nun in der Interaktion sozial eingebunden) zurückgibt, dann entsteht eine kreative Gefühlsspannung, in der das Aggressive der selbstbezogenen, narzisstischen Äußerung aufgeht. Aggressivität muss ja immer als auf die Wahrung der psychophysischen Integrität des Selbst bezogene Aktivität verstanden werden.

Dieses Aggressionsmotiv durchzieht die gesamte Sozialisation des Kindes- und Jugendalters. Krappmann/Oswald (1995) sehen z. B. das Verhalten von Schulkindern untereinander und in Kindergruppen durch dieses leib-seelische Integritätsprinzip gesteuert und deuten die Aggression in Kindergruppen untereinander in diesem Sinne als Versuche der gegenseitigen Wahrung von räumlichen Integritätszonen. Diese selbstbezogene Aggressivität prägt auch die Bewältigungsmuster in kritischen Lebenssituationen. So wird plausibel, wie eng das Problem der *Handlungsfähigkeit* in solchen Lebenssituationen rückgebunden ist an die triebstrukturell gespeiste Aggressivität als Verteidigung des Selbst, und dass diese einem näher ist als die einzuhaltende Norm. Winnicott hat in diesem Sinne unser pädagogisches Gespür dafür geschärft, dass Aggressivität erst einmal als triebgebundene Aktivität zu verstehen ist und dass es auf die Umwelt ankommt, wie sie diese Aggressivität zulässt und ob es ihr gelingt mitzuhelfen, Aggressivität in Kreativität umzuwandeln.

Antisoziale Tendenzen hingegen treten dann ein, so wurde eingangs bereits ausgeführt, wenn das Kind seine Umwelt als zerstörbar erfährt, das heißt, wenn seiner Aggression nichts entgegengesetzt wird, wenn die aggressiven Impulse für das Kind grenzenlos werden und irgendwann – aus einer nicht mehr überschaubaren Umwelt heraus auf ein nicht mehr beherrschbares

Selbst – zurückschlagen. Verbreitetes Beispiel für solches Kinder-verhalten findet man bei Kindern aus Alkoholikerfamilien (vgl. Gottenströter 1991). Sie gehen in der auf den alkoholkranken Vater fixierten Co-Abhängigkeit in der Familie unter und ma-chen außerhalb der Familie durch Abweichendes Verhalten auf sich aufmerksam. Sie laufen Gefahr, ebenfalls suchtabhängig zu werden, wenn diese Suche nach Anerkennung und Zuwendung nicht erkannt wird. Ähnliche Konflikt- und Ausgrenzungsstruk-turen, die uns auch als „Sündenbockproblem" bekannt sind, können sich bei Jungen in Stiefvaterkonstellationen (s. o.) entwi-ckeln.

Winnicott hat hier, auch das wurde bereits dargelegt, einen komplexen Grundzusammenhang aufgeschlossen, aus dem her-aus sich vieles von der Ambivalenz und Brisanz des pädagogi-schen Umgangs mit delinquenten Kindern aufklären lässt, wobei sich aber auch immer zeigt, wie zwangsläufig (und in dieser fata-len Zwangsläufigkeit plausibel) solche Kinder negative Etikettie-rungsprozesse auf sich ziehen. SozialpädagogInnen aus der Kin-der- und Kinderhausarbeit berichten in diesem Sinne auch von Kindern, die zu Hause als angepasst, unauffällig erscheinen, im Umfeld des Kinderhauses oder des Jugendclubs sich aber de-struktiv verhalten, gegen andere losgehen, zerstören, klauen. Die PädagogInnen spüren – das bekomme ich immer wieder berich-tet –, dass die Kinder auf sich aufmerksam machen wollen, ‚mit Gewalt' Zuwendung suchen. Diese Konstellation führt oft dazu, dass das antisoziale Verhalten der Kinder nun der Kindereinrich-tung angelastet wird (in der Familie und in der Schule fallen die doch gar nicht so auf). Weil eben die dortigen Räume und Päda-gogInnen solche Kinder ‚hoffnungsvoll' anziehen und sich die Hoffnungen, die die Kinder mit ihren antisozialen Taten verbin-den, auch auf sie richten. Dies den Instanzen sozialer Kontrolle verständlich machen zu können, überfordert viele PädagogInnen in der außerschulischen Arbeit mit Kindern. Die Kinder werden als delinquent etikettiert und damit ihre Dispositionslage ver-kannt. Wenn die Kinder dann, wenn sie gestellt oder ertappt werden, auch noch kein Schuldgefühl zeigen (sie haben ja damit ein positives Gefühl gesucht), ist der Kreisel der negativen Zuschreibungen meist geschlossen. Hier wird deutlich, in welcher Ausnahmesituation PädagogInnen in der außerschulischen Jugendarbeit sind, und welche Schwierigkeiten es alltäglich bereitet, die Handlungen der Kinder nicht nur selbst zu verstehen, sondern auch in ihren Intentionen einer verständnislosen Umwelt begreiflich zu machen.

Wir können jetzt auch verstehen, was Kinder bewegt, Gelegenheiten und soziale Gruppierungen Abweichenden Verhaltens attraktiver zu finden als konforme Sozialbezüge. Das Konzept der differentiellen Gelegenheiten (s. o) kann diesen Umstand ja nur beschreiben und lerntheoretisch plausibilisieren. Aus der Kenntnis der tiefenpsychologischen Mechanismen heraus, wie sie im Konzept der ‚antisozialen Tendenz' aufgeschlossen werden, wird uns nun diese differentielle Attraktivität erklärlich. Den betreffenden Kindern erscheint die devianzträchtige Umgebung als „fördernde Umwelt", weil sie ihnen Signale aussendet, die eine neue, unzerstörbare Umwelt verheißen. Wenn die eigene Umwelt zerstört, das heißt die Familien in sich entfremdet und unübersichtlich geworden sind, ist es die abweichende Clique, welche daraus entstehende antisoziale Dispositionen und die damit verbundenen Signale aufnehmen und dem Kind das Gefühl geben kann, trotz des erlittenen Verlusts das eigene Selbst entfalten zu können: Antisoziales Verhalten wird von abweichenden Gruppen *direkt* – und nicht nur als ungewisses Signal wie bei den PädagogInnen – aufgenommen und in Gruppenzusammenhalt und Anerkennung (allerdings bei Unterwerfung unter und Abgabe der überfordernden Selbstkontrolle an die Gruppe) umgesetzt.

Aggressivität und Selbstbehauptung

Die neurotische Struktur kindlicher Aggressivität – als Konflikt zwischen Bedürfnissen des Individuums und Interessen seiner Außenobjekte (vgl. Bittner 1996) – muss aber nicht unbedingt zum sozial destruktiven Verhalten führen. Das neurotische Kind wird, wenn es versucht, mit kleinen (symbolischen) delinquenten Handlungen die im rigiden Über-Ich wirksame Außenkontrolle

94

zu unterlaufen, von Schuldgefühlen heimgesucht. Insofern ist seine aggressive Tendenz immer wieder zurückgehalten, die Chancen sind gegeben, die Spaltung später aufzuheben und auszubalancieren. Gelingt das nicht, wird das Kind von dieser Verhaltenskonstellation abhängig und handelt entsprechend *zwanghaft*, erleben wir das bekannte Phänomen, dass Abweichendes Verhalten in symbolischen Ersatzhandlungen und Ritualen, aber auch im Verborgenen geschieht, oder bei Menschen aufbricht, bei denen man es – angesichts ihrer auf neurotische Schuldgefühle fixierten Selbstkontrolle – im Alltag nicht vermutet.

Neurotische Tendenzen, solange sie nicht zwanghaft werden und sich verselbständigen, gehören ganz allgemein zur Entwicklungsnormalität des Kindes- und Jugendalters. Denn diese ist ja immer wieder neu gekennzeichnet durch Triebschübe, die abrupt ausbrechen und – bevor sie psychosozial verarbeitet, umgewandelt und in einer neuen Entwicklungsstufe integriert werden können – rigide (durch innere Schuld und/oder äußere Unterwerfungsautorität) zurückgewiesen werden. Sie werden verdrängt und suchen sich ihre Ausbruchswege in symbolischen antisozialen Handlungen, wie wir sie von der Trotzphase bis zur Jugenddevianz in den unterschiedlichsten Formen kennen. Hier erklärt sich das scheinbar Motivlose an delinquenten Handlungen von Kindern und Jugendlichen, die in äußerlich geordneten Verhältnissen leben. Hier stoßen wir auch auf die Tiefenstruktur der jugendtypischen Devianz und das Episodenhafte der Jugenddelinquenz wird uns plausibel.

Extrem antisoziale bis gewalttätige Kinder mit deutlichen Bindungsschwächen und extrem niedriger Selbstkontrolle, wie sie z. B. der Jugendhilfe oft von der Schule zugewiesen werden, entstammen dagegen eher ‚psychotisch-aggressiven‘ Familienkonstellationen. Die Verhaltensmerkmale von Kindern aus solchen Familien werden wie folgt gekennzeichnet: „Die Unfähigkeit des Kindes […] zu befriedigendem und dauerhaftem sozialen Kontakt, der völlige Mangel an adäquaten Handlungskontrollen und die mangelnde Toleranz gegenüber Bedürfnisversagungen sowie die erhebliche und scheinbar ziellose Aggressivität, die sich häufig in gewalttätig ausgeführten Delikten niederschlägt" (Herriger

1987: 92). Es sind Kinder von Ich-schwachen Eltern, die selbst mit ihren Familienrollen nicht zurechtkommen, Bindungsschwäche und direkte Aggression in den Familienbeziehungen zeigen und das Kind immer wieder Ablehnung spüren lassen oder es zum ‚Sündenbock' für Konflikte machen. Diese Eltern strafen ihre Kinder deshalb meist in eigener Aggressionsabfuhr. „Solche Kinder haben nie positive Erfahrungen mit den Eltern machen können [und bleiben] auf die aggressiven, strafenden und bedrohlichen Aspekte des Elternbildes beschränkt" (ebd.: 100). Sie scheinen unfähig zur Liebe und bleiben auf einer infantil-narzisstischen Entwicklungsstufe stehen, weil sie in ihrer Umwelt nie erfahren haben, dass es ein ‚Liebesobjekt' gibt, für das es sich lohnen würde, Triebverzicht und -hemmungen auf sich zu nehmen.

Dieses in der kinder- und jugendpsychiatrischen Diskussion immer noch gebräuchliche neurotische und psychotische Modell (vgl. dazu Bittner 1996) verweist auf Familienstrukturen, wie sie Winnicott (1984b) als Hintergrundstruktur antisozialer Tendenz bei Kindern beschrieben hat: Entweder sind die Erwartungen seitens der Erwachsenen, die auf dem Kind lasten, zu rigide, werden zu nicht integrierbaren Belastungen, oder die Familie selbst ist in sich so destruiert, dass sie als unzerstörbare Umwelt ausfällt, die eigenen Affekte ungerichtet und damit für das Kind sehr bedrohlich werden und die familiale Umwelt zur feindlichen Umwelt gerät. In beiden pathogenen Modellen sind die intrafamiliären Ausgangsbedingungen für das Kind von Inkonsistenz und Willkür gekennzeichnet. In beiden Fällen bekommt das Kind seine Gefühle nicht zurückgespiegelt, kann sich kein (sozial akzeptiertes) Bild von sich selbst machen, muss seine Hilflosigkeit entweder zwanghaft unterdrücken (oder in noch höheren Kompensationsanstrengungen sublimieren) oder abspalten und aggressiv auf andere projizieren (Gruen 1993). Aus solchen neurotischen oder psychotischen familialen Hintergrundkonstellationen erhalten auch die Störungen in der Balance von Selbst und Umwelt ihre Fixierung und Zwanghaftigkeit. Hier wird also erst recht deutlich, wie eng die Entwicklung des Selbst und familiale Bindungskonstellationen miteinander verwoben sind.

Was in der familien- und kinderpsychiatrischen Literatur und

zuweilen noch in der Jugendhilfediskussion als ‚Verwahrlosung'
des Kindes erscheint, ist also nichts anderes als eine familien-
strukturell bedingte *Vernachlässigung der Innenwelt des Kindes*:
Es wird von vornherein der äußeren familialen Dynamik ohne
Möglichkeiten zur inneren Gegenwehr und zur Ausbildung eigenen Selbstvertrauens ausgesetzt. Schon Otto Rühle schrieb in
seinem 1929 erschienen Aufsatz über „Kindliche Kriminalität":

„Das kriminelle Kind ist ein entmutigtes Kind. […] Es fürchtet, zu spät zu kommen und die Gelegenheit zu verpassen. Es
traut sich nicht, mit üblichen Mitteln sein Ziel zu erreichen"
(Rühle 1929: 330). „Es ist noch nie ein Kind entlaufen, zum Dieb
geworden und der Kriminalität verfallen, um etwa die Wonnen
des Verachtetseins, der Minderwertigkeit und der Demütigung
zu genießen. Stets war die Kriminalität ein Mittel, sich in Geltung
zu setzen" (ebd.: 329 f.). „Es besteht ein Missverhältnis zwischen
der individuellen und sozialen Wertung" (ebd.: 331).

Strukturell ähnlich, haben es später Winnicott und Gruen formuliert: Antisoziales Verhalten ist ein Mittel, um auf sich aufmerksam zu machen, Teilhabe an dem kindlichen Selbst zu erzwingen.
Von dem ‚Missverhältnis', von dem Rühle spricht und das die
Kinder durch delinquentes Verhalten – vor allem Stehlen, auch
hier wieder die ähnliche Beobachtung wie später bei Winnicott –
ausgleichen wollen, wissen vor allem die SozialpädagogInnen in
der außerschulischen Kinder- und Jugendarbeit zu berichten.
Meist bricht dieses Verhalten der Kinder aus, wenn die trotz aller
neurotischen und psychotischen Störungen – vor denen keine
Familie verschont ist – bestehende und von den Eltern nach außen
hochgehaltene soziale Kontrolle des Familienzusammenhalts zusammenbricht und die Familienstruktur für das Kind nicht mehr
überschaubar ist: Aggressive – offene oder versteckte – Entfremdung der Eltern voneinander, Zurücksetzung des Kindes durch
neue Familienkonstellationen, Projektion von Familienkonflikten
auf das Kind (‚Sündenbock'), Ablehnung des Kindes.

Ihren sozialen Ausbruch findet die so beim Kind geschürte
antisoziale Tendenz vor allem im Freizeitbereich außerhalb von
Familie und Schule. Sicher laufen vernachlässigte Kinder aus
inkonsistenten Familienverhältnissen Gefahr, den Rollenanforde-

rungen einer Schulorganisation, die einen Bedürfnisaufschub fordert und das Selbst weiter nicht zum Zuge kommen lässt (aber es voraussetzt), nicht zu genügen. Da die Schule in ihrer institutionellen Rigidität aber nicht die emotionale Seite des Problems aufnimmt, können sich die Kinder entweder unterwerfen oder stören – beides ist im Rollensystem der Schule vorgesehen. Der ‚Problemschüler‘ wird für die Schule erst sozial auffällig, wenn sein außerschulisches Abweichendes Verhalten auch an die Schule zurückgemeldet wird – bis dato hat ihn die Schule im Griff (es sei denn, sie relegiert).

Ganz im Gegensatz dazu ist die Jugendarbeit ein offenes, sozialräumlich strukturiertes Feld ohne nennenswerte institutionalisierte soziale Kontrolle, in dem sich die emotionale Dynamik des Zurückgesetztseins und der Minderwertigkeit des Kindes entfalten und sich in seiner sozial destruktiven und bindungssuchenden Seite gleichermaßen und gleichzeitig ausdrücken kann. Praxisberichte von SozialarbeiterInnen über delinquente Kinder sprechen immer wieder von dieser Gleichzeitigkeit: Die Kids haben kaum Unrechtsbewusstsein; es hat wenig Wert, sie über ihre Delikte packen zu wollen; sie müssen dort angegangen werden, wo ihr Abweichendes Verhalten seinen Hintergrund hat: in der emotionalen Thematik von fehlender Bindung und erlittenem Selbstwertverlust.

Solche familialen Hypotheken werden also erst in den Räumen antisozial wirksam, die der manifesten (institutionalisierten) sozialen Kontrolle nicht unterworfen sind (vgl. zum Einfluss der Familie auf späteres delinquentes Verhalten in der Peergroup: Rieker 2007). Kein Wunder, dass ‚die Straße‘ in der Kriminologie und der Pädagogik lange Zeit (teilweise bis heute) als Inbegriff der Gefährdung für die Kinder, als ‚Lernort‘ für delinquentes Verhalten galt. Hier bieten sich die differentiellen Gelegenheiten und können sich die subkulturellen Cliquen und Banden formen, hier gelten andere Gesetze als in der Schule und anderen öffentlich geregelten Institutionen, hier ist es möglich, das auszuleben, was einem bisher immer verwehrt war, und dadurch auch Anerkennung und Geltung zu erlangen. In der Winnicottschen Sprache können wir sagen: Die offene Straße und ihre subkulturellen

Möglichkeiten lassen Aggressionen für die Kinder sozial produktiv erscheinen, denn sie schlagen (vorerst) nicht auf sie zurück, sondern stärken den Selbstwert über die Gruppe. Die antisoziale Tendenz bekommt nun eine ambivalente subkulturelle Strukturierung: Sie kann sich ungehemmt nach außen richten; gleichzeitig aber bleibt die autoritäre Unterwerfung (von der Familie her gewohnt) in der Binnenstruktur der Gruppe erhalten, das Kind wird so auf der Straße heimisch. Zudem haben Kindercliquen keine festen Führungsstrukturen, die autoritären Konstellationen wechseln, die Aggressionshemmungen halten sich somit in Grenzen. Kindliche Aggressivität und Delinquenz sind deshalb wesentlich ungerichteter und unvermittelter als Jugenddelinquenz.

Die räumliche Dimension von Devianz im Kindesalter

Dies ist nun die Stelle, an der wir etwas näher auf die Bedeutung des Räumlichen eingehen müssen, denn im Raum ist für die Pädagogik beides enthalten: Zum einen ist er Ermöglichungsraum Abweichenden Verhaltens für Kinder und Jugendliche, zum anderen liegt im Räumlichen auch der pädagogische Schlüssel für Prävention und Korrektur Abweichenden Verhaltens.

Im Räumlichen verlängert sich nicht nur das Geschlechtstypische des antisozialen Verhaltens, es erfährt hier auch seine geschlechtsspezifische Differenzierung und Strukturierung. Das Männliche tritt nun sozial hervor, raumgreifend und raumbesetzend. Die antisoziale Tendenz bekommt ihr räumliches Sozialmuster als geschlechtstypisches ‚Außen' und ‚Innen'. Die familial vernachlässigten Jungen können nun ihre – in der außerhäuslichen Distanz zum Vater – ungerichtete Aggression mit der gesellschaftlich sanktionierten Macht des Männlichen verbinden. Sozialräumlich inszenierte Männlichkeit, Stärke und Gewalt dienen gleichsam als ‚Identitätskrücken', an denen sich das sich nicht sichere und instabile, bindungsschwache oder autoritär zurückgehaltene Selbst aufrichten kann. In den sexistischen Männlichkeitsritualen der Jungencliquen verbergen sich alle unerfüllten Sehnsüchte und Wünsche nach Bindung und konfliktloser Geborgenheit, auf die ‚ein Mann' – da es ihm in der frühkindlichen Beziehung ausgetrieben und verwehrt wurde – nun ein Recht hat. Die vernachlässigten Mädchen dagegen sind in ihrer Aggressivität auf das Innen verwiesen – bis hin zur krankmachenden Autoaggression – oder müssen die männlichen Aggressionsrituale ‚auf ihre Art' mitmachen. Dies spiegelt sich auch in den öffentlichen männlichen und versteckten weiblichen Deliktbildern wider.

Selbstwert und Selbstbehauptung sind also die zentralen tiefenstrukturellen Mechanismen der Sozialisation, die sich – wenn sie nachhaltig gestört sind – geschlechtstypisch als antisoziale Motive in delinquentes Handeln bei Kindern verlängern können. In Delinquenz umgeschlagen werden sie im öffentlich kontrollierten sozialen Raum, in dem sie geschlechtsspezifisch akzentuiert werden, und in dem sich die differentiellen und subkulturellen Gelegenheiten der Kinder entwickeln. Hier liegt auch der Ansatzpunkt für die pädagogische Arbeit der selbstwertvermittelnden funktionalen Äquivalente. Im Raum wird allerdings auch die soziale Benachteiligung der Kinder schonungslos bloßgelegt. Wenn die Familien arm sind, haben die Kinder wenige Chancen, ihr Selbstgefühl in der Konsum- und Ressourcenkonkurrenz mit anderen Kindern zu stärken. Früher, als die Armut noch milieudefiniert und milieubegrenzbar war, waren arme Kinder geschützt, weil sie meist unter ihresgleichen waren. Heute ist Armut biografisiert, nicht mehr strikt milieubegrenzt. Arme Kinder sind der Selbstwertkonkurrenz zu wohlversorgten Kindern ausgesetzt. Das schafft differentiellen und subkulturellen Druck für diese Kinder. Wenn wir bedenken, dass 2017 fast jedes fünfte Kind in Deutschland aus einer armen Familie stammte, so wird deutlich, dass die Thematik des Zusammenhangs zwischen Kriminalität und Sozialstruktur, die in der Kriminalsoziologie gern als historisch vergangene abgetan wird, ausgangs des zwanzigsten Jahrhunderts eine neue Brisanz erhalten hat.

Selbstwert und Selbstbehauptung werden wieder zu fragilen Bezügen, wenn das Kind aus der Familie und der familialen Nahwelt heraustritt und sich gleichermaßen seine ‚zweite' fördernde Umwelt schaffen muss. Gerade weil es als Kind im Alter von 10 bis 14 Jahren schon früh beginnt, sich von der Herkunftsfamilie abzulösen – gleichzeitig aber auf sie immer noch angewiesen bleibt –, gerät es in eine ambivalente Situation. Auch wenn in der Familie die Zuwendungsbalance klappt, kann es passieren, dass das Kind ‚draußen‘ keine emotionale Anerkennung findet. Es ist dann in Familie und Schule unauffällig, gerät aber im außerfamilialen und außerschulischen Bereich in Gefahr, Aufmerksamkeit auf sich durch antisoziales Verhalten und den Anschluss an Kindergruppen, die sich durch Abweichendes Verhalten strukturieren, suchen zu müssen. Bei Kindern aus Familien mit autoritär-neurotischen oder inkonsistent-psychotischen Strukturen hingegen wird die zweite Umwelt zwangsläufig zur entscheidenden Identitätspassage. Finden sie keine, das verschüttete oder das entmutigte Selbst bestärkenden und ermutigenden sozialen Bezüge, sind sie auf Wege angewiesen bzw. von solchen Wegen angezogen, die abseits der sozial legitimen und konformen Zugänge liegen, da ihnen ja diese Wege verschlossen und versagt scheinen, um Aufmerksamkeit und soziale Zuwendung zu erreichen. In der in diesem Alter bereits ausgeprägten Gleichaltrigenkultur finden sich solche von der sozialen Umwelt (vor allem auch der Schule) enttäuschte und entmutigte Kinder dann oft in Cliquen, welche das psychosozial gesuchte Abweichende Verhalten organisieren und ermutigend zurückspielen können. Dies alles wird dadurch verstärkt, dass es sich hier um ein frühpubertäres Alter handelt, in dem der fragile Übergangszustand der körperlich-seelischen Entwicklung den Selbstbehauptungsdrang verstärkt und den biografisch bisher erworbenen Selbstwert schwächt. Der narzisstische Schub in der Pubertät in die Unwirklichkeit des Ichs verfängt sich so in einer bereits aufgebauten antisozialen Tendenz, wodurch das antisoziale und Abweichende Verhalten für diese Kinder ‚unwirklich‘, das heißt den Realitätsprinzipien und Definitionen einer rationalen gesellschaftlichen Umwelt entzogen und daher wenig zugänglich bleibt. Umso fragwürdiger ist es, wenn sich Politiker neuerdings wieder für eine Vorverlegung der Strafmündigkeit ins Kids-Alter stark machen. An Kindern muss das Realitätsprinzip der Strafe vorbeigehen, denn es wird ihnen die Umwelt noch bedrohlicher und liebloser erscheinen lassen, als sie für sie schon ist.

11 Die klassische Definition gilt auch heute noch – Jugend als ‚Phase potentieller Devianz'

Gerade im Jugendalter ist erkennbar, wie schwer es sein kann, entwicklungsbedingtes Risikoverhalten und Devianz oder gar Kriminalität auseinanderzuhalten und wie fließend und verdeckt Übergänge hier sein können. Der israelische Soziologe Shmuel N. Eisenstadt (1956) hat dies in eine bis heute gültige Definition gefasst: Jugend als *Lebensphase ‚potentieller Devianz'*.

Das Jugendalter ist der Tummelplatz wissenschaftlicher Konzepte (vgl. Baier 2005) aber auch von Alltagstheorien zu Abweichendem Verhalten und Devianz. Lässt sich doch auf der einen Seite alles, was man über die Konstitution von Devianz und Kriminalität weiß, an der Jugend durchdeklinieren und bleibt andererseits die Hoffnung, Interventionen und Sanktionen könnten in diesem Alter immer noch deutlich (re-)sozialisierende Effekte zeitigen. So ist die Jugenddelinquenz ein gleichermaßen weites wie diffuses Feld, dessen sich alle auf ihre Weise bedienen: Die Kriminologen benutzen es als konzeptionelles Übungsfeld, die Politik schätzt es als Regulationsbereich, die Polizei als Experimentierraum der Vertrauensbildung und die Pädagogik als Legitimationsbezug der Prävention. Nur: Der Pädagogik ist meist nicht so recht wohl dabei, wenn sie ihre Angebote als Kriminalprävention darstellen bzw. verkaufen muss. Dabei geht es gar nicht so sehr darum, dass es statistisch schwierig ist, den Zusammenhang zwischen pädagogischer Intervention und Senkung der Jugenddelinquenz (z. B. in einem Stadtteil) nachzuweisen. Problematischer ist die Ambivalenz, die in solchen Referenzen steckt. Denn sie provozieren ein pädagogisches Denken und Tun, das nicht an den psychosozialen Vermögen und Stärken der Jugendlichen ansetzt, sondern an Defiziten, ohne dabei die Kontrolle darüber zu haben, wie und in welchem Kontext Defizite den Jugendlichen zugeschrieben werden. Deshalb gilt auch hier – wie oben begründet – als pädagogische Orientierung, dass wir das Abweichende Verhalten Jugendlicher zuvörderst als Bewältigungsverhalten sehen und es erst einmal analytisch von den Delikten ablösen. Wir fragen also danach, was Jugendliche in ihr antisoziales Befindlichkeits-, Orientierungs- und Handlungsdilemma gebracht hat, welche sozialen und interaktiv-kommunikativen Chancen sie (nicht) hatten, um sich aus Zonen Abweichenden Verhaltens herauszuhalten und welchen Kontroll- und Kriminalisierungsprozessen sie im Verlauf der institutionellen Reaktionen auf ihr antisoziales Verhalten ausgesetzt waren. Deswegen sprechen wir im weiteren auch nicht mehr von Jugendkriminalität (ein Begriff, der sich auf das Tatverhalten bezieht), sondern von Jugenddelinquenz, um damit auszudrücken, dass es sich hier um Jugendkonflikte handelt, die für diese Lebensphase von der Anlage her entwicklungstypisch sind.

Wenn wir den Zugang zu dieser entwicklungstypischen Tiefenstruktur Jugendlicher in unserer Kultur finden wollen, können wir wieder der Argumentation Donald Winnicotts folgen. Der von ihm als Ausgangspunkt gesetzte Aggressions- und Selbstbehauptungstrieb – in der mittleren Kindheit eingebunden und mediatisiert in der familialen Umgebung – gerät in der leibseelischen Eruption der Pubertät aus der psychosozialen Balance und erfährt jetzt im Jugendalter eine aggressive Freisetzung und potentiell antisoziale Tendenz. Es spielen sich nun Dinge ab, die wir aus der Aggressionsthematik der frühen Kindheit kennen, die sich aber in der Adoleszenz nicht einfach wiederholen, sondern aus einem Selbst hervorbrechen, das inzwischen – über die Kindheit hinaus – sozial geworden ist. Es kann dieses Gewordensein aber nicht begreifen, für sich in Anspruch nehmen, weil es sich von seiner familialen Form lösen muss. Das Selbst ist nun gezwungen, neu zu werden und – im Übergang von der emotionalen Geborgenheit und Intimität der Familie zur rationalen Welt der gesellschaftlichen Kultur – aus sich selbst heraus eine Lebensperspektive zu finden. Diese Suche richtet sich – im Schwebe- und Isolationszustand des Sich-ablösen-Müssens von einer vorangegangenen Realität (des familialen Selbst) und im Suchen nach einer noch nicht feststehenden oder gekannten Realität (des gesellschaftlich gerichteten Selbst) – an dem eigenen ‚unfertigen‘ Zustand als Jugendliche(r) und damit an einer psychischen und sozialen „Unwirklichkeit" (Winnicott) aus. Dieses Unwirkliche ist aber jetzt die Wirklichkeit des Selbst. Getragen von einem in der Pubertät freigesetzten Aggressions-(Selbstbehauptungs-)trieb entsteht der jugendliche Protest mit potentiell antisozialer Tendenz. Der ungehemmte Narziss wird zum hauptsächlichen Orientierungssinn, das unwirkliche Selbst zum Dreh- und Angelpunkt einer Welt, in die man nicht mehr und noch nicht gehört (vgl. Erdheim 1988). Das von Karl Mannheim (1965) aufgestellte Theorem, die moderne Jugend zeichne sich durch Rücksichtslosigkeit gegenüber dem Alten und durch Bereitschaft für alles Neue aus (egal in welche Richtung es zeigt), hat hier seinen tiefenstrukturellen Grund. Diese Unwirklichkeit des Selbst strukturiert den inneren Protest, der nun aus der Familie heraustritt und sich – nicht mehr nur als Abwehr wie in der Kindheit – in eine potenziell antisoziale *Selbständigkeit* verlängert. Dem innerlich Unwirklichen entspricht äußerlich das von der gesellschaftlichen Wirklichkeit Abweichende, ihr Entgegengesetzte. „Weil alles in der Schwebe ist, fühlen sie sich unwirklich und tun deshalb gewisse Dinge, die sie als wirklich empfinden und die nun allzu wirklich sind im Sinne, dass die Gesellschaft davon betroffen wird" (Winnicott zit. nach Davis/Wallbridge 1983: 132).

Nun entsteht wieder das Problem der Balance, die Frage, wie sich die soziale Umwelt auf den jugenddynamischen Protest aus der Unwirklichkeit des Selbst heraus einstellt. Ich versuche nun auch hier das Winnicottsche Konzept von der fördernden Umwelt anzuwenden. Ist diese Umwelt – nun gesellschaftlich ausgeweitet – in der Lage, die produktive Konfrontation mit dem jugendlichen Protest auszuhalten, oder lässt sie sich ‚zerstören‘, setzt sie keine Standpunkte entgegen, lässt die Jugendlichen ins Leere laufen (durch falsches, weil anbiederndes Verstehen, Ignorieren, Kriminalisieren), so dass der Protest auf sie zurückschlägt, für sie selbst gefährlich wird, weil die Grenzen verschwimmen, mit denen sie experimentieren können? Eine Gesellschaft, die ihre Jugend links liegen lässt, und die Kreativität, die im unwirklichen Protest der Jugend liegt, nicht anerkennt (auch wenn es schwer fällt, den Inhalten des Protests zu folgen), riskiert eine Verstärkung antisozialer Tendenzen bei Jugendlichen und erhöht damit das gesellschaftliche Risiko, dass Jugendliche in devianz-fördernde Zonen geraten, weil sie diese geradezu suchen müssen, um auf sich aufmerksam zu machen, um ihre Wirklichkeit in der Konfrontation des unwirklichen Selbst mit dem Sozialen zu finden.

Bewältigungsprobleme junger Erwachsener in prekären Übergängen

Der Strukturwandel der Arbeitsgesellschaft hat neue Formen des Übergangs ins Erwachsenenleben mit sich gebracht. Die darauf bezogene Forschung (vgl. Stauber/Walther 2013) hat vielfach gezeigt, dass diese durch *Offenheit* und *Ungewissheit* gekenn-zeichnet sind. Dies gilt insbesondere für die Phase des jungen Erwachsenenalters (ca. 18 bis 25 Jahre), die, wenn man den Status der ökonomischen Selbstständigkeit als Maßstab heranzieht, nicht mehr dem Jugendalter, aber auch noch nicht dem Erwach-senenalter zurechenbar ist obwohl sie zeitlich da weit hinein-reicht. In dieser Phase wird der Erreichbarkeitsdruck der Er-werbsarbeit besonders gespürt, gleichzeitig wird Bildung neu biografisch eingebunden, trotzdem sind weiterhin jugendkultu-relle Identifikationen und Zuschreibungen mit beherrschend. Während viele Übergangssituationen über biografische Umwege, verlängerte Statuspassagen und ein familial wie institutionell gestütztes Übergangsmanagement bewältigt werden und entspre-chend absehbar in einen neuen gesicherten Status münden, sind ebenso prekäre Übergangskonstellationen entstanden, deren Ausgang offen und ungewiss ist. Diese sind durch Anerken-nungs- und Aneignungsprobleme gekennzeichnet und die Chan-cen der öffentlichen Thematisierung sinken angesichts aktueller demografischer Perspektiven und allgemein günstiger Arbeits-marktprognosen.

„Die strukturelle Ungewissheit der Lebensphase Jugend führt […] bei vielen jungen Männern stärker als bei jungen Frauen zu

Verunsicherungen" (Deutsche Shell 2010: 44). Für viele junge Männer gehen Identitätsfindung und soziale Integration in dieser Lebensphase längst nicht mehr in eins, obwohl der Beruf weiterhin als Fokus beider Entwicklungsperspektiven gilt. Gleichzeitig zeigen die biografischen Befunde aus unseren früheren Dresdner Projekten zur Übergangsforschung (Arnold u. a. 2004), dass - gerade bei jungen Männern - der verwehrte Zugang zum Arbeitsmarkt auch den Zugang zum Selbst einschränkt, das heißt, dass es eher zur Abspaltung der damit verbundenen Hilflosigkeit und eben zur Freisetzung naturalistisch-maskuliner Durchsetzungsorientierung in der Geschlechterkonkurrenz kommen kann, die angesichts der gleichberechtigten Bildungschancen und der vergleichbaren Bildungsabschlüsse von Jungen und Mädchen schon aufgehoben schien.

Gerade bei Jugendlichen mit prekären Ausbildungs- und Berufsperspektiven sind biografische Orientierungsmuster anzutreffen, die immer noch auf das Normalarbeitsverhältnis mit entsprechend lebenslang gesichertem Lebensstandard fixiert sind, obwohl ihre prekäre aktuelle Lage diese Prognose überhaupt nicht begründet. Wenn sie schließlich dieses Dilemma spüren, entwickeln sie typische männliche Bewältigungsformen: Sie spalten das Problem ab, rationalisieren es als von außen verursacht und positionieren sich über die Abwertung anderer, Schwächerer (vgl. Kreher/Lempp 2013). Aber auch junge Männer, die nicht in solchen prekären Situationen sind, haben es heute schwer, Lebenswunsch und Lebenswirklichkeit rechtzeitig so miteinander in Einklang zu bringen, dass sie mit dem Ende des zwanzigsten Lebensjahres auf ein tragfähiges Fundament für ihre weitere Lebensphase bauen können. Der Strukturwandel der Arbeitsgesellschaft zwingt viele in immer wieder neue Versuche und Abbrüche. Für junge Männer, bei denen ja männliche Identität und Erwerbsarbeit eng miteinander verbunden sind, können länger andauernde kritische Übergangsprobleme zu Krisen der männlichen Identität werden.

Auf der einen Seite gibt es Familien, die genug ökonomisches und kulturelles Kapital besitzen, um ihren Kindern Umwege zu gestatten, damit sie nicht der negativen Dynamik des beruflichen

Scheiterns und der Aussichtslosigkeit von Berufsperspektiven ausgesetzt sind: Sie sollen experimentieren können, Unterschiedliches ausprobieren, bis in die Mitte des zweiten Lebensjahrzehntes oder gar bis zum dreißigsten Lebensjahr sich ein solides und reflexives biografisches Fundament geschaffen haben, von dem aus sie für die zukünftigen Wechselfälle einer flexibilisierten Arbeitsgesellschaft gerüstet sind. Auf der anderen Seite stehen die vielen Familien, die diesen ökonomischen und kulturellen Kapitalstock nicht besitzen und die ihre Jugendlichen früh den neuen Risiken der Arbeitsgesellschaft aussetzen müssen.

Es macht sich also schon in dieser Übergangsphase die soziale Spaltung der Gesellschaft bemerkbar. Auf der einen Seite die gut ausgebildeten jungen Erwachsenen mit ökonomisch unterstützungsfähigen Eltern, auf der anderen Seite die schlecht ausgebildeten ohne entsprechenden elterlichen Support. Für beide ist Offenheit, Unsicherheit und Risiko in dieser Lebensphase zur Normalität geworden. Erstere werden als ‚Generation Y' bezeichnet, als ‚Ego-Taktiker', die sich nach dem Kosten-Nutzen-Kalkül durchlavieren und dabei immer auch ihr Wohlbefinden und nicht nur die Karriere im Auge haben (vgl.: Hurrelmann/ Albrecht 2014). Diese Generation Y (siehe ausführlicher ebd.: 7) taucht selten in den Einrichtungen der sozialpädagogischen Beschäftigungsförderung auf. Hier finden wir eher die ‚Generation Chips' (Finsterer/Fröhlich 2007), die meist aus benachteiligten Milieus kommen und so genannt werden, weil sie durch einseitige Ernährung und hohen passiven Medienkonsum auffallen. Das ist natürlich eine selektive Zuschreibung, welche die soziale Benachteiligung verdeckt, die dahinter liegt.

Der Strukturwandel der Arbeitsgesellschaft zwingt viele in immer wieder neue Versuche und Abbrüche. „In allen Bundesländern haben junge Männer ein deutlich höheres Risiko [...] in einer Warteschleife zu landen. [...] Aber auch wenn eine Berufsausbildung absolviert wird, haben junge Männer ein größeres Risiko, anschließend arbeitslos zu werden" (Matzner 2012: 161). Für junge Männer sind solche frühen Integritätskrisen immer auch Sinnkrisen, da sich viele von ihnen weiterhin in einem möglichst gut dotierten Arbeitsverhältnis und in ihrer männlichen

Verantwortung für eine Familie verwirklichen möchten. Der Sinnbezug, ‚Kinder großzuziehen‘, der jungen Frauen neben dem Beruf offensteht, scheint ihnen dagegen subjektiv wie von den gesellschaftlichen Bedingungen her immer noch verwehrt.

Risikoverhalten

Der Begriff des Risikoverhaltens drückt zweierlei aus (vgl. dazu Franzkowiak 1989; Raithel 2004). Zum einen signalisiert er, dass die Jugendzeit sich von der gesellschaftlich eingerichteten Schonphase Jugend hin zur Risikophase Jugend entwickelt hat. Zum anderen ist damit gemeint, dass sich Jugendliche ‚riskant‘ verhalten, das heißt, vor allem sich selbst (aber auch andere) in ihrer leib-seelischen Integrität gefährden oder diese gar zerstören, weil sie nicht mehr die Grenzen zwischen kulturellem Experiment und sozialem Bewältigungsdruck kalkulieren können und somit Opfer einer fortschreitenden gesellschaftlichen Diffusion der Adoleszenz geworden sind. Dieses widerfährt Jungen und Mädchen gleichermaßen, wobei es geschlechtstypische Unterschiede gibt: Männliches Risikoverhalten zeigt sich stärker in der Selbst- und Fremdgefährdung nach außen (Alkohol- und Verkehrsrausch, Körperverletzung, Randale, Einlassen in Gewaltszenen), weibliches Risikoverhalten richtete sich eher nach innen (Medikamentenmissbrauch, Selbstverletzung, Magersucht). Beide treffen sich in der Drogenkultur (vgl. Raithel 2005).

Risikoverhalten ist also jugendsubkulturell Bewältigungsverhalten in einem Lebensgefühl, in dem Wohlsein und Unwohlsein, Omnipotenzerleben und (dennoch nicht zu verscheuchende) psychosoziale Belastung nebeneinander bestehen. Solange sich – in der jugendkulturellen Dynamik – die Grenzen des Selbsterlebens hinausschieben lassen, so lange überwiegt der Rauschzustand des jugendkulturellen Kicks. Sind solche Grenzen erreicht, wird es kritisch, droht Depression, Leere oder ‚Zwang zur Gewalt‘. Die gesellschaftlichen Individualisierungs- und Biografisierungsschübe haben das Risikoverhalten noch stärker freigesetzt. ‚Das ist mein Leben, ich kann damit machen was ich will‘, hören

Eltern und PädagogInnen, wenn sie Jugendlichen dieses Risiko, ihre Zukunft betreffend, vorhalten. Die pädagogische Verantwortung, aus der erkannt wird, dass das jugendkulturelle Experiment nicht mehr trennbar ist vom sozialen Bewältigungsdruck, ist für diese Jugendlichen nicht begreifbar, sie wird zur Gegnerschaft des unbedingten und sofortigen Erlebenmüssens: ‚Ihr habt die Kohle und wollt uns das einzige nehmen was wir haben: unsere Lebendigkeit und unsere Lust, uns aufs Spiel zu setzen‘.

Inwieweit Risikoverhalten im Jugendalter in seiner jugendkulturellen Ausformung überdehnt wird und in antisoziale Bewältigung umschlägt, das sich dann über die Jugendzeit hinaus verfestigen kann, hängt zum einen davon ab, wie stark das Jugendalter schon durch frühe Deprivations- und Ausgrenzungsverfahren sozialbiografisch belastet ist (vgl. Engel/Hurrelmann 1989; Deutsche Shell 1997, 2006) und gleichzeitig davon, über welche Schutzmechanismen (protektive Faktoren) der Einzelne verfügt, um die Risiken zu bewältigen. Mit dem Begriff der „protektiven Faktoren" (Kolip 1993) werden solche Mechanismen bezeichnet, welche „die Wirksamkeit von Risikofaktoren und die dadurch ausgelöste erhöhte Verletzlichkeit für Abweichungen, Auffälligkeiten und Beeinträchtigungen […] abschwächen können" (Hurrelmann 1994: 141). Solche Schutzmechanismen bildet das Selbst in seiner Befindlichkeit und Betroffenheit aus, sie entwickeln sich in der emotionalen Gegenseitigkeit in den Beziehungen in der Familie, zu engeren Freunden und nahestehenden Erwachsenen und sind schließlich auch im sozialen Stützsystem und Netzwerk der Gleichaltrigengruppe enthalten (wenn sie als solches funktioniert und nicht selbst durch Abweichendes Verhalten zusammengehalten wird).

Wie insgesamt im Problemkreis Abweichenden Verhaltens, so bildet die subjektive Bedeutung des Risikofaktors, das Erleben des Risikoverhaltens im Hinblick auf Selbstwert und soziale Anerkennung auch hier den strategischen Punkt, an dem sich Risikofaktoren und protektive Mechanismen treffen und wo sich entscheidet, ob Ansätze von Risikoverhalten immer wieder abgeschwächt werden und aufgehen können in sozial konformem Verhalten oder ob sie umschlagen in verstetigte riskante Lebensformen. Reichen die biografisch verfügbaren protektiven Faktoren – Selbstvertrauen und soziale Anerkennung im Rahmen sozial konformer Lebensführung – nicht aus, gilt es Unterstützungsangebote zu entwickeln, die ein Erleben von Selbst und sozialem Erfolg vermitteln können, das nicht auf Abweichendes Verhalten angewiesen ist (,funktionale Äquivalente'). Dazu gehört vor allem auch die Perspektive, die sozialen Umweltbeziehungen der Betroffenen neu zu gestalten, ihnen z. B. Zugang zu anderen Netzwerken zu verschaffen.

Erst in der Art des Zusammentreffens und des Zusammenspiels von protektiven Faktoren und Risikofaktoren entscheidet sich, ob und wie die protektiven Faktoren als solche wirken. Anders ausgedrückt: Wenn jemand keine Drogen nimmt, kann man noch lange nicht sagen, dass er immun gegen Drogen ist und deshalb über einen hohen Selbstwert und gute soziale Anerkennung verfügt. Erst mit dem Drogengebrauch, in der kontrollierten oder riskanten Art des Umgangs mit Drogen, wird sichtbar, ob die Selbstwert- und Sozialbezüge, über die Jugendliche (bzw. Erwachsene) verfügen, auch protektive Wirkungen erzeugen können. Man weiß immer erst, wenn Jugendliche drogenabhängig sind, dass es sich dabei in der Mehrzahl um solche handelt, die ein geringes Selbstwertgefühl (bei meist hohem Anspruch auf Selbständigkeit) aufweisen und unübersichtlichen, überfordernden oder auch ausgrenzenden sozialen Erwartungen – vor allem als Deprivationserfahrungen im Vergleich zu anderen Gleichaltrigen – ausgesetzt sind (vgl. Petermann/Roth 2006).

Engel/Hurrelmann (1994) haben eine breite Palette von Dispositionen für den Drogengebrauch von Jugendlichen – im Folgenden unser Beispiel für Risikoverhalten – aufgemacht. Sie reicht von klassischen jugendtypischen Motiven, wie: elterliche Kontroll- und Moralvorstellungen provozieren, Langeweile vertreiben, Zugang zu Cliquen finden (und dies auch positiv ausleben, vgl. Reuband 1992), Überlegenheit gegenüber Erwachsenen demonstrieren, grenzüberschreitende und bewusstseinserweiternde Erfahrungen machen können, bis hin zum generellen Motiv, einen eigenen abweichenden Lebensstil sichtbar machen zu wollen. Drogen werden aber auch genommen, um Ohnmachtserfahrungen und Handlungsunfähigkeit überwinden und psychosoziale Probleme bewältigen zu können. Hier treten also wieder die beiden Dimensionen – die jugendkulturelle und die bewältigungsbezogene – des Risikoverhaltens hervor.

Aufschlussreich ist in diesem Zusammenhang die Beobachtung, dass im mittleren Jugendalter noch die Motive nach sozialem Anschluss, sozialer Darstellung und Erprobung im Vordergrund stehen, im späteren Jugend- und jungem Erwachsenenalter dagegen die subjektiven Bewältigungserwartungen an die Drogen zunehmen (Engel/Hurrelmann 1994). Dies könnte sich verstärken oder gar frühzeitiger auftreten, wenn soziale Belastungen schon zu einer Zeit in das Jugendalter hineinreichen, wo Jugendliche noch mitten in der Entwicklung sind und jugendkulturelle Experimentierlust und sozialer Bewältigungsdruck sich ineinander vermengen. Dann entsteht die Gefahr, dass der Drogengebrauch nicht mit der Jugendzeit ausläuft, sondern zum selbstverständlichen und gesteigerten Bewältigungsmittel und damit zur Lebensform werden kann. Dann ist auch der Wendepunkt erreicht, wo sich Risikoverhalten und Drogengebrauch nicht nur nach innen gegen sich selbst, sondern auch nach außen – als Beschaffungskriminalität – wenden können. Dies ist den Betroffenen gar nicht so bewusst, da sich nun alltägliche Bewältigungsprobleme mit Beschaffungsproblemen mischen, die so eine existenzsichernde Legitimation erhalten (vgl. Kreuzer/Wille 1988).

In dieser Hinsicht hat sich seit den 1990er Jahren in der Gesundheits- und Suchtforschung eine scheinbar paradoxe Argumentation durchgesetzt: Jugendliche müssen selbständig mit Drogen umgehen können, wenn sie nicht in diese Bewältigungsfallen der Drogenabhängigkeit hineingeraten wollen. Das Sichzurechtfinden in der Drogenkultur – überhaupt der Umgang mit riskanten Lebensweisen – wird gar als neu hinzugekommene Entwicklungsaufgabe im Jugendalter gesehen. In den 1990er Jahren galt bereits, dass Jugendliche in einer von Drogen geprägten Lebensumwelt als sozial inkompetent gelten würden, wenn sie ahnungslos gegenüber dem Drogengebrauch wären (vgl. Hurrelmann 1994).

Hier ist natürlich ein Problem entstanden, bei dem es bereits auf die Wirkung protektiver Faktoren ankommt, wenn Drogen versucht, aber noch nicht riskant gebraucht werden. Entsprechend des Wissens über protektive Faktoren ist zu schließen, dass ein Umgang mit Drogen, der nicht abhängig macht, eine soziale Umwelt – vor allem in den Peerbeziehungen – voraussetzt, in der es genug Erlebnis- und Verhaltensalternativen gibt, die die Jugendlichen in ihrem Alltagsleben und ihrer Alltagsbewältigung nicht auf Drogen angewiesen sein lassen.

Generell aber bleibt die anomische Konstellation, dass öffentlich gegen den Drogengebrauch zu Felde gezogen wird, gleichzeitig die Konsumkultur grenzenlose Avancen macht und damit – zumindest klimatisch – suchtfördernd wirkt. Vor allem auch – so berichten JugendarbeiterInnen aus ihrer Alltagspraxis immer wieder – macht sich der frühe Konkurrenzdruck und Mithaltestress mit seinem Ausgrenzungsrisiko bemerkbar, der Jugendliche nach Mitteln des Ausweichens und der Alltagsflucht suchen lässt. Diese anomische Konstellation scheint auch die kognitiv strukturierten Versuche öffentlicher Aufklärung (Antidrogenplakate und TV-Spots mit Stars) weitgehend zu neutralisieren.

Riskant war das Jugendalter zwar vorher auch, denn es müssen ja entwicklungstypisch Grenzen erprobt und Normen in Frage gestellt werden. Aber das Riskante hatte für die meisten einen verlässlichen Schutzraum, der auch die Risikofiguren – ‚Jugendstreiche‘ – selbst in Grenzen hielt. Das ist übrigens bei vielen Jugendlichen heute noch so. Doch – so haben wir bereits dargestellt – ist dieser geschützte Jugendraum nicht mehr selbstverständlich. Jugendliche sind früh Belastungen ausgesetzt, die aus dem Später kommen, obwohl das Später gar nicht so interessieren will, denn sie haben doch eigentlich noch Zeit. Wenn die Shell-Studie Jugend '97 (Deutsche Shell 1997) aufzeigt, dass Jugendliche nicht nur pessimistisch hinsichtlich der allgemeinen Gesellschaftsentwicklung sind – das sind sie sowieso aufgrund ihrer Gegenwartsorientierung, angesichts derer die Zukunft weniger wert sein muss –, sondern auch ihre individuelle Zukunft düster sehen (Furcht vor Arbeitslosigkeit), dann werden wir hellhörig: Der jugendtypische, rücksichtslose Gegenwartsoptimismus scheint dahin. Jugendliche fühlen sich direkt auch ausgesetzt. Die Gegenwart – das, was der Jugend als Jugend gehört – muss erzwungen werden: mit Gewalt, Drogentrips, Rauschzuständen. Nicht so sehr, dass sie es tun, sondern wie es manche erzwingen (sich vornehmen, bis zum Umfallen zu saufen, jemanden platt zu machen, an die Kick-Grenze gehen etc.), macht die Sache heute so problematisch. Was die Gesellschaft der Jugend als Flucht aus der Gegenwart vorhält, ist für diese eine Flucht in die Gegenwart. Das Unwirkliche will Wirklichkeit werden und muss sich diese Wirklichkeit selbst erzwingen. Kein Wunder, dass solche Jugendlichen ,aus der Welt' sind. Ihr destruktives Verhalten findet dann auch keine antisoziale Richtung mehr, sondern wirkt selbstzerstörerisch. Sie werden dann auch in der Gesellschaft abgeschrieben, weil sie sich selbst abschreiben.

So gesehen ist die Szene Jugenddelinquenz gespalten, auch was die Etikettierung anbelangt. Die Delikte werden aufgrund des sozialen Bewältigungsdrucks immer ,erwachsener', aber auch die Selbstzerstörung steigt. Die Unbefangenheit der jugendkulturellen Devianzdiskussion ist dahin. Schon fordern Politiker die Herabsetzung der Strafmündigkeitsgrenze ins Kindesalter hinein; dies ist ein Indiz, aber auch ein Eingeständnis dafür, dass die Gesellschaft immer weniger in der Lage ist, die Bedingungen für einen experimentellen Jugendraum jenseits der Kriminalisierung zu schaffen.

Das Risikoverhalten Jugendlicher wird auch gefördert durch die Struktur des Konsums, der im modernen Jugendalter eine herausragende Rolle spielt. Jugendliche erlangen ihren soziokulturellen Selbständigkeitsstatus vor allem über ihren Konsumstatus. In der parasozialen Welt der Medien und des Konsums können sie ihre ,unwirklichen' Antriebe ,verwirklichen'. Da der Konsum ständig neuen Verbrauch fordert, das Verbrauchte entwertet, ist er grenzenlos; die Konsumumwelt setzt der narzisstischen Triebdynamik nichts entgegen, sie ist permanent zerstörbar und schlägt irgendwann – in der Sucht und der von ihr erzeugten Abhängigkeit – auf Jugendliche zurück. Sind Jugendliche in diese Suchtabhängigkeit so weit hineingeraten, dass sie die Macht über das Selbst gewinnt und zum existentiellen Reproduktionsmittel wird, das nun um seiner Erhaltung willen alles abverlangt, entsteht die neue Form der Devianz: die Beschaffungskriminalität. Sie ist nicht mehr sozial gerichtet, denn in ihr ist der Einzelne aus allen sozialen Bindungen herausgelöst, um nur noch der Erhaltung eines selbst nicht mehr greifbaren Selbst nachzujagen und von sich selbst gejagt zu sein.

Alkoholkonsum gilt in unserer Kultur als legal und damit als normal. Gesteigerter Alkoholkonsum gehört zum Risikoverhalten und – wenn das Trinken zur sozialen Gewohnheit wird – zum Abweichenden Verhalten, dessen Verstetigung vor allem schon in der Jugendzeit pädagogisch entgegengewirkt werden soll. Alkoholverbot und Alkoholkontrolle bilden deshalb seit jeher ein Schlüsselproblem der sozialpädagogischen Arbeit in Jugendzentren. Umso erstaunter und vielleicht sogar verwirrter ist man, wenn man die Ergebnisse einer empirischen Studie „Rausch und Identität – Jugendliche in Alkoholszenen" (Koler 2014) liest, nach der „Alkoholszenen wichtige und verankernde Impulse leisten, die junge Burschen auf ihrem Weg in das Erwachsenenleben als Erfahrungswelt benötigen. Sie sind behilflich, um sich von der Kindheit zu verabschieden und zu einem eigenen Selbst zu kommen. Diese Szenen sind selbstorganisiert und selbstkonstruiert. In ihnen lernen die Beteiligten kompetent mit Schlüsselsituationen umzugehen. Nach einigen Jahren entwickeln sie durch die Beteiligung auch eine kritische Reflexionsfähigkeit und distanzieren sich erneut davon. Ersichtlich wird durch die ausgeprägt vorgefundenen Ambivalenzen allerdings auch, dass die Alkoholszenen Kunstwelten sind und für diesen Übungsraum nicht die optimalen und idealen Orte darstellen. Dass Alkoholszenen diese Funktion trotzdem einnehmen, hat auch damit zu tun, dass sich Erwachsene aus diesem Raum mehr oder weniger verabschiedet haben. Im entgrenzten Raum der Postmoderne greifen keine Rituale und Schulen des Lebens mehr. […] Die nachkommende Generation steht im Prozess des Erwachsenenwerdens zurzeit alleine und ohne großen Unterstützer da (Koler 2014: 155 f.). Risikoverhalten kann in diesem Sinne durchaus auch „als subversive Bewältigungsform universeller Entwicklungsaufgaben" (Litau 2015: 217) gesehen werden.
Natürlich dürfen wir das Wort „Ambivalenzen" nicht überlesen. Es kann auch schiefgehen. Vor allem dann, wenn der Alkoholkonsum seinen jugendkulturellen Experimentiercharakter verliert und umschlägt in die Funktion als Mittel zur Bewältigung psychosozialer Probleme. Man spricht hier von einer Polarisierung der Alkoholszene. Entsprechendes gilt für die Drogenszenen Jugendlicher.

Diese Differenzierung ist zentral für die pädagogische Arbeit. Auf der einen Seite pädagogische Unterstützung beim tendenziell selbstbestimmten „Trinken lernen" (Koler 2014), auf der anderen Seite pädagogische Strategien, die darauf abzielen, dass die Betroffenen mit der Zeit spüren, dass sie nicht mehr auf Alkohol zur Bewältigung ihrer Probleme angewiesen sind.

Die Studie insistiert darauf, dass Verbote, Stigmatisierungen und Verteufelungen nicht weiterhelfen, sogar das Gegenteil bewirken können. Auch die immer wieder diskutierte Heraufsetzung des Konsumalters ins Erwachsenenalter hinein greift nicht. „Was geschieht, wenn man junge Menschen aussperrt? Sie suchen sich ihre eigenen Orte und Konsummuster, was das Risiko für Unfälle eher erhöht als vermindert. Dafür gibt es im Alltag immer wieder Beispiele: Immer dann, wenn der öffentliche Raum zur kontrollierten Verbotszone erklärt wird, ziehen sich Jugendliche in Parks zurück, in private Keller und Dachgeschosse, in den Wald oder in Bunker" (ebd.: 172). Kolers Fazit: Wir brauchen eine „Kompetenzkultur" statt einer „Verbotskultur" (ebd.: 170).

12 Ob Abweichendes Verhalten zum kriminellen Verhalten wird, hängt von verschiedenen sozialen und institutionellen Faktoren ab – Jugendkriminalität

Wir haben bisher erfahren, dass Abweichendes Verhalten in der Jugendzeit lebensphasentypisch sein kann (Jugend als Phase ‚potenzieller Devianz') und dass es darauf ankommt, sowohl eine Verfestigung dieses Verhaltens als auch einen Übergang in die Kriminalität zu verhindern. In der Jugendkriminalität verbergen sich nicht nur jugendkulturelle Devianzmuster, sondern auch Formen der biografischen Lebensbewältigung, wie wir das schon im vorangegangenen Kapitel über das Risikoverhalten thematisiert haben. Auch Hurrelmann/Palentien (1995) sehen in der Jugendkriminalität eine „deviante Form der Problemverarbeitung", die vor allem sozialstrukturell zu verorten ist:

„Das kriminelle Verhalten bildet vielfach den Endpunkt einer langen Kette von Belastungen durch ungünstige Sozialisationsbedingungen in der Familie, geringen Schulerfolg, fehlenden Schulabschluss, mangelhafte oder fehlende Berufsausbildung und Arbeitslosigkeit. [...] Der hohe Anteil von Jugendlichen an der Gesamtzahl der Tatverdächtigen ist ein ernster Indikator für die zunehmende soziale und psychische Desintegration einer Minderheit von Jugendlichen. [...] Dabei handelt es sich mehrheitlich um Jugendliche, welche die herrschenden Werte von Prestige und Erfolg in der Gesellschaft teilen, sie aber nicht erreichen können bzw. auf dem Wege dahin scheitern. Sie versuchen deshalb, Erfolg und Prestige mit kriminellen Mitteln zu erreichen" (Hurrelmann 1995: 202 f.). „Jugendkriminalität kommt in allen Gesellschaften vor, besitzt stets einen deutlich höheren Anteil an der Gesamtkriminalität als die Erwachsenenkriminalität und verweist auf Entwicklungsprobleme vor allem männlicher Jugendlicher. Kulturübergreifend lassen Jugendkriminalität und speziell Gewalt sich als Übergangsphänomene begreifen" (von Wolffersdorff 2016: 630).

Wir haben es also bei der Jugendkriminalität meist mit anomischen Konstellationen und Bewältigungsproblemen zu tun. Für den sozialpädagogischen Zugang zur Jugendkriminalität lassen sich drei Dimensionen unterscheiden, über die kriminelles Verhalten bei Jugendlichen vermittelt ist:

- die *jugendkulturelle Dimension*,
- der *institutionelle Umgang* mit Abweichendem Verhalten (institutionelle Etikettierung), der viel zur Verfestigung beitragen kann,
- die *Bewältigungsdimension*, die sich vor allem in spezifischen Kristallisationspunkten des delinquenten Gruppenverhaltens zeigt.

Den jugendkulturellen Aspekt Abweichenden Verhaltens Jugendlicher möchte ich an einem Beispiel illustrieren. Jugendliche betreten ein Kaufhaus, lassen sich von den visuell-sinnlichen Waren anregen und klauen etwas. In diesem einfachen kleinkriminellen Akt stecken verschiedene jugendkulturelle Aspekte: Es ist eine lustvolle Handlung, stellt risikoreiche Action dar, zeigt eigene Geschicklichkeit und Kompetenz und bringt einen hohen Status in der Gleichaltrigengruppe. Deshalb sind Jugenddelikte auch meist Gruppendelikte. Dieser lustvolle, risikoreiche, gruppenbetonte und experimentelle Aspekt bei solchen Eigentumsdelikten zeigt, dass es nicht darum geht, dass man unbedingt etwas stiehlt um des betreffenden Gegenstands willen. Dies wird auch angesichts der scheinbar unsinnigen Gegenstände, die geklaut werden, plausibel. Das Klauen selbst ist also das Experiment, das Risiko, das Lustvolle, das die Situation Verdichtende.

Wenn solch Abweichendes Verhalten institutionell etikettiert und kriminalisiert wird, dann verliert die Situation ihren jugendkulturellen Ursprung. Jugendliche müssen sich nun mit polizeilichen und gerichtlichen Instanzen auseinandersetzen. Es entsteht eine neue Bewältigungsszenerie, auf die sie nicht vorbereitet sind und die sie möglicherweise weiter in Abweichendes Verhalten drängen kann. Deshalb gibt es in der Jugendberatung und Mobilen Jugendarbeit inzwischen Projekte, die versuchen, Deliktverhalten Jugendlicher unterhalb der gerichtlichen Schwelle einvernehmlich zu regeln (Diversion). Ob Abweichendes Verhalten als kriminell gilt, ob es sanktioniert oder nicht sanktioniert wird, hängt viel von den sozialen Umständen ab, in denen sich der Jugendliche befindet. Wenn – wie beschrieben – ein Jugendlicher in einem bürgerlichen Wohnviertel in einem Supermarkt stiehlt und der Supermarktsleiter sieht, dass dies der Sohn von dem Beamten oder Abteilungsleiter X ist, und der Vater oder die Mutter kommen vorbei oder rufen an, dass man wegen dieses ‚Streichs' kein großes Theater machen soll und die Sache doch regeln kann, dann verhält sich das anders als in dem Supermarkt in einem Trabantenviertel. Dort kennt man sich kaum, dort leben viele Unterschichtfamilien und die Eltern sind sozial kaum ansprechbar. Vielmehr wird sofort die Polizei verständigt, wenn gestohlen wird. Dasselbe Verhalten wird also aus Gründen der unterschiedlichen sozialen Herkunft unterschiedlich bewertet. Es gibt auch andere Gründe: So wird das Abweichende Verhalten von Mädchen und Jungen ebenfalls unterschiedlich etikettiert. Schon der 6. Jugendbericht (1984) hat uns darauf aufmerksam gemacht, dass bei Mädchen sexualmoralische Etikettierungen (z. B. Herumtreiben, Weglaufen, sexuelle Auffälligkeit) über die Hälfte der Gründe für eine fürsorgerische Sanktion ausmachen, während dies bei den Jungen nur zu einem Viertel der Fall ist.

Wenn sich jemand abweichend verhält und aus einem sozial benachteiligten Milieu stammt, wird oft gesagt, dass man eigentlich von ihm nichts anderes erwarten kann. Dies ist der erste Vorgang im Etikettierungsprozess. Damit werden ihm Eigenschaften aufgrund seines Verhaltens zugeschrieben, die in dieser Dichte und Etikettierung in dem Verhalten selbst oft gar nicht vorhanden sind. Was bei dem einen ein Ausrutscher ist, ist bei dem anderen ein milieugebundenes und damit folgerichtiges kriminelles Verhalten. Wenn sich dieses Abweichende Verhalten – egal ob aus anderen Anlässen oder in unterschiedlichen Situationen – wiederholt, werden die betreffenden Jugendlichen bald auffällig und schließlich aktenkundig. Sie können jetzt tun, was sie wollen, ihr Verhalten wird negativ registriert und etikettiert. Die Reaktionsweisen, die

Jugendliche darauf zeigen, bestehen dann nicht selten darin, dass sie dieses Etikett annehmen, sich diesen negativen Erwartungen gegenüber konform verhalten. Aus sozialpädagogischer Sicht heißt das: Sie versuchen, die konflikthafte Situation zu bewältigen, handlungsfähig zu bleiben, indem sie die Etikettierung übernehmen. Auch, dass sie sich Gruppen anschließen, in denen ihr Verhalten positiv bewertet wird (z. B. in einer Jugendbande), ist unter dem Bewältigungsaspekt plausibel. In Jugendgerichtsakten kann man nachvollziehen, dass und wie solche Jugendliche die unterschiedlichen Stationen der Etikettierung und Stigmatisierung durchlaufen haben, der Jugendstrafvollzug ist für sie dann die vorläufig letzte Station einer ,kriminellen Karriere' (vgl. zum Etikettierungsprozess auch Janssen/Peters 1997).

Die Betrachtung jugendlicher krimineller Karrieren unter dem Etikettierungsaspekt hat gezeigt, dass Abweichendes Verhalten Jugendlicher und Jugendkriminalität nicht von vornherein identisch sind und dass das Wissen um die jugendkulturelle und die Stigmatisierungs-Komponente zum Grundrepertoire einer sozialpädagogischen Praxis gehören müssen. Ihre Aufgabe soll es zuvörderst sein, Abweichendes Verhalten Jugendlicher nicht vorschnell zu kriminalisieren und in kriminalisierende Verfestigungsprozesse einmünden zu lassen.

So allgemein die jugendkulturelle Potenzialität Abweichenden Verhaltens aber auch ist, so sind es doch benachteiligende Sozialisationsbedingungen und Problembelastungen – also sozialisatorische Bewältigungsdilemmata –, die dazu führen, dass ein (vergleichsweise kleiner) Teil der Jugendlichen in die Zone der Jugendkriminalität gerät. Delinquentes Verhalten als Bewältigungsmuster verweist auf sozial restriktive biografische Erfahrungen (und damit einhergehende eingeschränkte Handlungsfähigkeit), ausgehend von der jeweiligen Herkunftsfamilie und in der Gleichaltrigenkultur.

Dass in der jugendkriminologischen Diskussion seit den 1990er Jahren wieder viel auf die Familie zurückgeführt wird, ist wohl auf die Biografisierung von Kindheit und Jugend und die damit verbundene frühe Verhaltenspositionierung der Jugendlichen im Spannungsfeld der Familie zurückzuführen. Familiale

Desorganisation und soziale Desintegration der Familie fordern desintegrative Abwehr- und Selbstbehauptungsmuster und, damit verbunden, regressive und reduzierte soziale Beziehungsmuster heraus. Auch SozialarbeiterInnen aus der Jugendgerichtshilfe und Krisenintervention berichten, dass dann, wenn es gelingt, die Persönlichkeit der Jugendlichen vom begangenen Delikt zu trennen, der familiale Hintergrund mit erfahrenen Verlustängsten, zurückgewiesener Bindungssehnsucht und Unüberschaubarkeit der familialen Verhältnisse aufscheint.

Auch der Anschluss an Jugendbanden wird als Suche nach einem Ersatz für die fehlende Befriedigung von sozialemotionalen Bedürfnissen in der Familie gedeutet. Das kann in sozial benachteiligten Familien ebenso vorkommen wie in Mittelschichtsfamilien. Denn auch eine autoritäre Erziehung, die durch eine starke Verhaltenskontrolle seitens der Eltern gekennzeichnet ist, kann in diesem Zusammenhang eine Rolle spielen. Der Verhaltensspielraum des Kindes wird mangels der Möglichkeit, neue alternative Erfahrungen zu sammeln, eingeschränkt, die Erprobung anderer Verhaltensweisen werden nach und nach aufgegeben, so dass das Kind in neuen Situationen nicht mehr unbefangen reagieren kann. Solche Kinder tun sich schwer, neue soziale Rollen zu übernehmen, bei ihnen wächst die Unfähigkeit, soziale Bindungen einzugehen. Der Anschluss an eine Bande wird dann als Kompensation für biografische Entwicklung genutzt. Abweichendes und delinquentes Verhalten wird auch auf familiale Konstellationen zurückgeführt, in denen Eltern von ihren Kindern viel erwarten, aber ihnen nicht die Möglichkeiten und die Unterstützung geben können, diese Erwartungen einzulösen. Auch die Art und Weise, wie innerfamiliale Konflikte stetig auf die Kinder abgeleitet werden, wird zu den Belastungsfaktoren gezählt, die bei Abweichendem Verhalten von Kindern und Jugendlichen eine Rolle spielen können.

Im Grunde handelt es sich immer um Überforderungssituationen in den Familien, die je nach sozialer Schicht unterschiedlich bewältigt werden, welche die Kinder belasten, sie in der Folge an den Rand drängen (marginalisieren) und zu erheblichen Selbstwert- und sozialen Kontaktproblemen führen können.

Neben der Familie ist es die Gleichaltrigengruppe, die Jugendclique, in der Jugendliche ihr Bewältigungsrepertoire erlernen. Auch hier können weitere Weichen in Richtung negativen Sozial- und Bewältigungsverhaltens gestellt werden. Mit dem Begriff ‚Bandendelinquenz‘ wird ein entsprechendes abweichendes Gruppenverhalten charakterisiert. W. Miller (1968) hat in diesem Zusammenhang klassisch herausgearbeitet, dass delinquentes Gruppenverhalten vor allem auch Bewältigungsverhalten ist, in dem sich das Bewältigungsrepertoire der sozialen Milieus – hier meist Unterschichtmilieus –, aus denen die Jugendlichen kommen, widerspiegelt. Er führt uns typische ‚Kristallisationspunkte‘ für schichttypisches Abweichendes Verhalten vor. So bringt er das Beispiel, dass sich Jugendliche aus der Unterschicht in konfliktträchtigen Situationen nicht normativ, sondern so verhalten, dass sie praktisch handlungsfähig bleiben können – ganz im Sinne unseres Bewältigungskonzepts. Dies verweist auf die von uns typisierte Logik des Bewältigungsverhaltens, das nach Handlungsfähigkeit (und nicht unbedingt nach Normalverhalten) strebt. Gesetzwidriges Verhalten kann zudem zu einem Prestigezuwachs in der Clique führen. Ein weiterer Kristallisationspunkt ist das männliche Dominanzverhalten, das in diesen Gruppen besonders zum Zuge kommt. Diese Reduktion des Sozialverhaltens auf einseitiges männliches Ritualverhalten nach innen und außen engt die sozialen Handlungs- und Reaktionsmöglichkeiten der Gruppe erheblich ein und spitzt sie schnell auf delinquente Verhaltensmuster zu.

Ein dritter wichtiger Kristallisationspunkt – auch wieder in der uns geläufigen Bewältigungslogik – ist schließlich die fast autoritäre Situationsfixiertheit des Handelns. Man reagiert schnell in Konfliktsituationen, ohne sich über alternative und kommunikative Lösungsmöglichkeiten verständigen zu können; unterliegt man oder wird man für sein Verhalten sanktioniert, so trägt man es fatalistisch, schicksalshaft.

Die Mobile Jugendarbeit und die Streetworkprojekte mit gefährdeten Jugendlichen (vgl. Bodenmüller/Piepel 2003), die sich vor allem mit solchen Gruppen beschäftigen, setzen an diesen Kristallisationspunkten an, indem sie versuchen, durch soziale

Erweiterung und Entspannung der Gruppenmilieus, durch Anbieten von Gruppenalternativen, die Selbstwert und Stärke auf sozial nicht gefährdende Art ermöglichen, und durch Initiierung von über die Situation hinausgehenden Kommunikationsformen in der Gruppe die soziale Handlungsfähigkeit des einzelnen und der Gruppe und damit das Bewältigungsrepertoire zu erweitern.

Zusammenfassend stellt sich Jugendkriminalität als ein komplexes Zusammenspiel von belastenden Faktoren aus den sozialen Herkunftsmilieus (Familie und Gleichaltrigengruppe), jugendkultureller Offenheit für Abweichendes Verhalten und institutionellen Etikettierungs- und Stigmatisierungsmustern dar. Der sozialpädagogische Umgang damit kann sich deshalb nicht nur auf die unmittelbare Beziehungsarbeit mit den Jugendlichen in den Gruppen beschränken, sondern erfordert darüber hinaus Aufklärungsarbeit gegenüber den administrativen, polizeilichen und gerichtlichen Instanzen sowie lokale Öffentlichkeitsarbeit. „Ob Kriminalität ein Problem ist, da einige Menschen böswillig handeln (und deshalb ‚hart' bestraft werden sollten) oder da einige Menschen sozial besonders belastet sind (und ihnen deshalb geholfen werden sollte) oder ob Kriminalität etwas ganz anderes ist, wird von der Kriminalpolitik entschieden" (Dollinger/Oelkers 2015: 15).

In Delikten Jugendlicher steckt immer wieder auch ein massiver Hinweis auf Selbst- und Anerkennungsstörungen und soziale Hilflosigkeit. Denn wenn – wie in kritischen Lebenssituationen – die eigenen sozialen Ressourcen versagen, übernehmen die tiefenpsychischen Strebungen das Kommando. Dann überformt der in kritischen Situationen freigesetzte Selbsterhaltungs- und Selbstbehauptungstrieb die biografisch mehr oder weniger entwickelte Selbstkontrolle. Die über das Delikt erreichte Selbstbehauptung verschmilzt mit einer damit einhergehenden psychophysischen Auflösung des Stresszustandes: Wohlbefinden kann sich trotz Normverstoß einstellen.

Dieser Selbstbehauptungsdrang ist mit fortlaufender biografischer Entwicklung bei Kindern, Jugendlichen und jungen Erwachsenen durch die Spannung zwischen *Selbstwertschöpfung* und *Selbstwertstörung* geprägt. Die Betroffenheit im beschädigten

Selbst und ihr sozialer Ausdruck bilden sich dabei *geschlechtsdifferent* aus. Jungen und Männer sind in ihrem Deliktverhalten stärker nach außen gerichtet, Mädchen und Frauen mehr nach innen. Das zeigen auch die Kriminalitätsstatistiken, nach denen außengerichtete Delikte wie Körperverletzungen, Sachbeschädigungen, Randale typisch ‚männliche' Straftaten sind. Bei Mädchen und jungen Frauen ist dagegen eher ein verstecktes Deliktverhalten, aber auch eine höhere Neigung zu autoaggressiven Handlungen festzustellen.

Selbstwertstärkung ist somit das A und O aller pädagogischen Bemühungen im Umgang mit Delinquenz. Diese Reaktivierung des Selbstwerts zielt auf Anteile des Selbst, die bislang verschüttet waren, und deren Öffnung die Jugendlichen ihre Integrität und Akzeptanz als *Menschen* spüren lassen. Aus dem Wissen heraus, dass Kinder und Jugendliche, die sozial auffällig werden, Delikte begehen oder Gewalt gegen Schwächere ausüben, um auf sich aufmerksam zu machen, oder um in devianten Cliquen sozialen Anschluss zu finden, gilt es vertrauensbildende Milieus und pädagogische Bezüge aufzubauen, in denen sich bei den Kindern und Jugendlichen das Gefühl entwickeln kann, dass das, was aus ihnen selbst kommt, in dieser sozialen Umwelt aufgenommen, anerkannt und als soziale Beziehung zurückgegeben wird.

Grundvoraussetzung dieses pädagogischen Bezugs ist, dass die PädagogInnen die subjektiven Bewältigungsseite delinquenten Verhaltens verstehen und dies in der Beziehung zu den Kindern und Jugendlichen deutlich machen können. Dieses Akzeptieren der subjektiven Bedeutung von Delinquenz beinhaltet aber nicht, dass die Tat nun gebilligt wird. Es geht vielmehr darum, dass die betreffenden Kinder und Jugendlichen spüren, dass sie nicht fallen gelassen werden, sondern dass die Bewältigungssignale, die in der Tat enthalten sind, angenommen und zurückgespiegelt werden. Wenn dies gelingt, dann können die SozialpädagogInnen auch ihren Standpunkt deutlich machen, indem sie zeigen, dass sie das Delikt – vor allem auch aus ihrer personalen Stellungnahme heraus – missbilligen, dennoch aber eine vertrauensvolle Beziehung zu den Jugendlichen aufzubauen in der Lage sind. Gleichzeitig bedarf es jedoch der Angebote der Kinder- und

Jugendhilfe, die eine *differenzielle Attraktivität* gegenüber Devianz fördernde Gelegenheitsstrukturen entfalten können.

Eng verbunden mit solchen Aktivierungen ist die Perspektive der *Deeskalation*, die gerade bei auffällig geworden und gewaltbereiten Cliquen wichtig ist. Hier gilt es, durch symbolische Intervention und Vermittlung zur sozialen Umwelt den Stress bei den Jugendlichen einzudämmen und Gewaltbereitschaft über z.B. erlebnis- und sportpädagogische Projekte zu kanalisieren, ,umzuleiten'. Dieses Prinzip der Umleitung findet seine entwicklungstypische Begründung im Prinzip der Umformung von Aggressivität in Kreativität und entfaltet sich pädagogisch in der Perspektive der *funktionalen Äquivalente*: Jugendlichen sollten Angebote gemacht werden, in denen sie ähnliche Selbstwerterlebnisse und Gefühle des Wohlbefindens haben können, wie in der Risikosituation der kriminellen Aktion, die ja nicht nur durch Stress, sondern vor allem auch durch Selbstbestätigung und Lust geprägt ist. So wird der pädagogische Zugang zum Inneren des Selbst ermöglicht. Dies hat sich als Grundprinzip der Krisenintervention bei delinquenten Jugendlichen (vgl. Enke 2013), aber auch in anderen Praktiken der *Diversion* bewährt.

Verstetigung

Entwicklungen hin zur Persistenz, zur Verstetigung Abweichenden Verhaltens, hin zu kriminellen Karrieren zeigen sich als langjährige Verläufe „geprägt durch Rückfälle und meist institutionelle Kontakte. Justizielle Sanktionen werden aufgrund der damit verbundenen Folgen (Stigma, Ausgrenzung, Marginalisierung) eher in Bezug auf eine Verlängerung der kriminellen Karriere diskutiert" (Matt 2015: 81). Dies kann durchbrochen werden und das geschieht auch vielfach, vor allem nach der Jugendphase. K. F. Schumann u. a. haben in ihrer Bremer Längsschnittstudie (2003) gezeigt, dass im Bereich der Übergänge von der Jugendphase in die berufs- und partnerschaftsgeprägte Erwachsenenphase Konformitätsdynamiken wirken: Devianz ist demnach ‚keine Einbahnstraße'. Lebensereignisse im weiteren Lebenslauf können solchen aus Kindheit und Jugend entgegenwirken [...]. Es gibt ‚turning points' im Leben wie Partnerschaft und Berufserfolg, die den Verlauf verändern können. Nicht die Tatsache solcher Ereignisse, sondern ihre Intensität und damit soziale Bindekraft sind dabei entscheidend" (Schumann 2003: 113; vgl. auch Schumann 2010). Damit geht auch meist ein Ausstieg aus jenen Cliquen einher, in deren Mitgliedsrahmen sich deviante Jugendbiografien herausbilden. In diesem Übergangsmodell liegt der Schwerpunkt der Betrachtung auf den neuen sozialen Verpflichtungen und Vernetzungen, die für junge Erwachsene nun lebensbestimmend werden.

Nun sind solche Übergänge heute offener und riskanter geworden. In solchen Entgrenzungsprozessen tritt die subjektive Bewältigungsperspektive wieder stärker in den Vordergrund, der Grat zwischen Abweichung und Konformität bleibt weiter schmal (vgl. Böhnisch/Lenz/Schröer 2009). Vor allem die jungen Leute, deren deviantes Verhalten in der späteren Jugendzeit nicht mehr jugendkulturell-experimentell begrenzbar, sondern schon durch soziale Belastungen in Risikozonen geraten war, kommen schwerer aus den devianten Verhaltensmustern heraus. Wenn man z. B. die allwöchentlichen Krawalle in Fußballstadien und um sie herum betrachtet, so stößt man gerade in den gewaltnahen Kernen auf (männliche) junge Erwachsene, die über Auffälligkeit Aufmerksamkeit erregen und sich so ihre ‚Anerkennung' holen. Hier springt der Zusammenhang von biografischen Ausgangsdispositionen, fragilen sozialen Unterstützungssystemen und der ‚Suche' nach devianten Gelegenheiten besonders ins Auge.

13 Wenn die virtuelle und die reale Welt auseinanderfallen – Medien und Devianz

Die digitalen Medien liefern eine Fülle von Projektionen und Abspaltungsreizen. In den Diskussionen um die Wirkungen von Internet sowie Computer- und Videospielen – vor allem auf Jugendliche – finden wir entsprechende Befunde und Bewertungen, die von der Betonung handlungserweiternder Möglichkeiten bis zur Warnung vor gefährdenden Risiken reichen. „Das Internet ermöglicht, soziale Ängste und ganze Konfliktgeschehen auf lange Zeit affektiv abzuspalten" (Wenzel 2013: 86). „Der virtuelle Andere in den sozialen Foren wird oft als Projektionsfläche für eigene Wünsche und Sehnsüchte benutzt [...] Das Prozess-Denken, das als wesentlich für soziale Beziehungen gilt und soziale Kompetenzen stärkt – z.B. Spannungen aushalten, Konflikte lösen, Sich Einfühlen – weicht einem Programm-Denken" (ebd.: 83). Die Gefahr der Abstraktion, des Ausblendens virtuell wahrgenommener Leiden und eine damit einhergehende Abstumpfung in der Wirklichkeit sei durchaus gegeben (vgl. Kämper 1999).

Von den Ergebnissen der Wirkungsforschung hängt es ab, inwieweit und wie wir die *virtuelle Welt der Medien* als devianzfördernd einschätzen können. Zumal es sich hier um eine ‚parasoziale' Welt handelt, eine Welt also, die für sich sozial unwirklich ist, aber durch die Rezeption von und Interaktion mit den Nutzern eine eigene soziale Wirklichkeit erhält. In den virtuellen Räumen wird ohne Zweifel Anerkennung und Selbstwirksamkeit gesucht. Schon von daher haben sie ihre bewältigungskulturelle Relevanz. Inwieweit dies aber in das soziale Handeln des real life eingehen kann, ist nicht eindeutig bestimmbar.

Helga Theunert hat in ihrer Kritik der medialen Wirkungsforschung generell aufmerksam gemacht, dass das Medium „als lebenslanger Sozialisationsfaktor" in seiner Wechselwirkung mit anderen Sozialisationsfaktoren „zu betrachten [sei] und [...]

deshalb immer im Gesamtrahmen von Sozialisation aufgehend analysiert werden" muss (Theunert 1996: 52). Das bedeutet vor allem auch, dass die soziale Umgebung der Rezeption und die soziale Lage der Rezipienten die Mediennutzung deutlich beeinflussen. So bietet zwar das Internet mit seinen interaktiven Möglichkeiten vielfältige Beziehungs- und Teilhabechancen, welche die realen sozialen Verfügungskontexte erweitern und ergänzen können (vgl. Tillmann 2008). Sie können aber nicht die Grenzen der realen sozialen Lage überwinden. „Die ungleiche Verfügbarkeit von Ressourcen im ‚real life' hat auch Implikationen für die Mediennutzung [...]. Dies zeigt sich beispielsweise in der verfügbaren Variationsbreite an Strategien für die Aneignung unbekannter Angebotsstrukturen, am Grade des reflexiven Umgangs mit Informationen und Identitäten, aber auch im Ausmaß bzw. der räumlichen Ausdifferenzierung von Beteiligungsformen" (Kutscher/Otto 2006: 98). Insgesamt kann davon ausgegangen werden, dass unter den NutzerInnen des Internets „die klassischen Variablen sozialer Ungleichheit mit Unterschieden in der Nutzung des Internets" korrespondieren (Iske u.a. 2007: 54). Das betrifft sowohl die Nutzung unterschiedlicher Angebote als auch die unterschiedliche Nutzungsweise gleicher Angebote. Und: „In sozialen Milieus existieren unterschiedliche Vorstellungen von dem, was jeweils als Gewalt zu interpretieren ist, und wie darauf angemessen zu reagieren ist" (Vollbrecht 2015: 75).

Mit dieser Erkenntnis der Verbindung von Lebens- und Medienthemen sowie der sozialen Hintergrundbedingungen der Mediennutzung wird auch plausibel, warum gerade jene Jugendliche durch mediale Vorbilder in Abweichendem Verhalten stimuliert oder bestärkt werden, deren Alltags- und Sozialverhalten durch antisoziale und devianzfördernde Sozialbezüge strukturiert ist. Wir haben im Kapitel über „subkulturelle Dynamiken" (vgl. Kapitel 7) bereits darauf hingewiesen, dass Gleichaltrigencliquen dann in die Devianz ‚kippen' können, wenn die Clique in ihrem inneren Zusammenhalt und ihrer Abgrenzung nach außen auf Abweichendes Verhalten angewiesen ist. Dann werden entsprechende gewalttätige und aggressive Medieninhalte in das Cliquenverhalten integriert, stilbildend ritualisiert und auch von

Einzelnen übernommen. Insofern bestätigt sich auch hier wieder die allgemeine These, dass die Art der Medienrezeption abhängig ist von der Art der sozialen Einbettung der Rezipienten. Dabei ist – in dieser interaktiven Sichtweise – rückzufragen, wie gesteigerte antisoziale Medieninhalte die schon bestehende antisoziale Aktivitätsstruktur der Clique stimulativ intensivieren und variieren können.

Bevor man gewalthaltige Filme oder Spiele vorschnell als negativ etikettiert, sollte man sich zurücklehnen und den Ort des Mediums erst einmal undramatisch einschätzen: „Gewalt als Unterhaltungsmedium scheint deshalb so attraktiv zu sein, weil sie mit dem sicheren Wissen verbunden ist, dass es um Fiktion geht und gerade nicht um Realität [...] Auch ein grausamer Filmmord bleibt eine schauspielerische Darstellung. Dafür müssen die Zuschauer aber auch verstanden haben, was ein Schauspieler ist" (Vollbrecht 2015: 74).

Die Problematik gewalthaltiger Computerspiele liegt vor allem darin, dass die Art und Weise, wie menschenfeindliche und gewaltkriminelle Handlungen inszeniert sind, technisch immer detailgenauer geworden ist. „Es erfordert vom Spieler größere kognitive Anstrengungen zwischen virtueller und realer Welt zu differenzieren" und es drängt sich zwangsläufig die Frage auf, ob etwas von dem, „das seinen Ort in der virtuellen Welt hat, transferiert werden könnte in die reale Welt" (Fritz/Fehr 2003: 50). Hier ist der Punkt, an dem der Diskurs zu den Bedingungen und Formen medialer Produktion Abweichenden Verhaltens ansetzt. Geht virtuelle Gewalt irgendwie in reale Gewalt über? Virtuelle Gewalt ist „medial vermittelte Gewalt" (ebd.: 49), wobei die Ausübung und Durchsetzung von Macht im Mittelpunkt steht. In den Ego-Shooter bzw. Killer-Spielen, in denen das Geschehen auf die Ich-Perspektive zentriert und die Vernichtung anderer programmiert ist, lässt sich der Kitzel an der Waffe und die Lust an der Macht besonders intensiv erleben. Gewalt ist in Computerspielen nicht zweckgerichtet und in die virtuelle Welt eingebettet. Es bedarf also der kognitiven und emotionalen Konstruktionsleistung der NutzerInnen, um die zwar ähnlichen aber doch auseinanderliegenden Inhalte der virtuellen und realen Welt aufeinander zu beziehen. Es liegt also insgesamt an den sozialen und kulturellen Milieus, aus denen heraus Gewaltspiele konsumiert werden, ob bestimmte Wirkungen angenommen werden können. Unbestritten ist wohl, dass Ego-Shooter-Spiele „Macht durch Entfaltung aggressiver Impulse" erleben lassen können (ebd.: 50).

An dieser Stelle gehen die Wirkungseinschätzungen auseinander. Auf der einen Seite wird davon gesprochen, dass real vorhandene Gewaltdispositionen in der virtuellen Welt kanalisiert, in ihr abreagiert werden können. Andererseits wird davor gewarnt, dass die alltägliche Gewöhnung an virtuelle Gewaltinszenierungen die Schwelle der Gewaltbereitschaft in der realen Welt sinken lassen kann. So erzeugen sie bei Kindern eher Angst, als dass sie zur Nachahmung verleiten (vgl. dazu Kunczik/Zipfel 2002).

Ein Blick in die Computer-Spiel-Forschung zeigt, dass zwar keine kausalen Gewaltübertragungen festgestellt werden konnten, aber immerhin Hinweise darauf, „dass gewalthaltige Spiele aggressives Denken, Fühlen und Verhalten begünstigen. Dabei ist davon auszugehen, dass Mediengewalt eher unterschwellig und über einen längeren Zeitraum hinweg das Aggressionspotenzial der Nutzer erhöht" (Möller 2007). Vor allem macht es die Ego-Zentriertheit solcher Computerspiele aus, dass Identifikationen mit den virtuellen Gewalttätern entstehen können. Insgesamt kann die gewaltmediale Wirkungsforschung aber keine direkten Wirkungen auf die reale Welt feststellen, sondern „allenfalls belegen, dass bei bestimmten Personen mit speziellen sozialen Hintergründen unerwünschte Effekte auftreten können" (Fritz/Fehr 2003: 53).

Dabei muss zwischen kurzfristigen und langfristigen Wirkungen unterschieden werden, wobei die kurzfristigen Effekte eher als emotionale Zustände im Spiel und um das Spiel herum auftreten, während die längerfristigen Wirkungen sich eher als latente Aggressionsbereitschaften einstellen (vgl. Hartmann 2006), die sich vor allem darin äußern, dass Computerspielfreaks Konflikte auch im Alltag meist aggressiver interpretieren als andere Jugendliche.

Vielen Spielern ist bewusst, dass gewaltorientierte Spiele amoralische Inhalte haben, aber das hält sie nicht vom Spielen ab. Dies reiht sich ein in die Befunde zum Risikoverhalten im Jugendalter. Insgesamt wird aber doch angenommen, dass sich Dynamiken der Wechselwirkung aufbauen: „Im Zeitverlauf summieren sich die geringen bis mittelstarken kurzfristigen Effekte der Nutzung gewalthaltiger Computerspiele über die große Anzahl einzelner Spielsitzungen auf und stabilisieren auf diese Weise aggressiv verzerrte Gedankenstrukturen und Gefühle der Nutzer, was wiederum aggressives Verhalten (und eine Minderung prosozialen Verhaltens) begünstigt" (Hartmann 2006: 92).

Wie steht es nun um die Wirkungen des *medialen Pornografiekonsums*, der meist von Männern und in der Internetpornografie inzwischen massenhaft gesucht wird? Vor allem von feministischer Seite wird die männliche Pornografie als Medium der Abwertung bis hin zur (vorgestellten) Gewalt gegenüber Frauen gebrandmarkt. Pornografie gilt als verfügbares parasoziales Medium, das man(n) benutzen kann, ohne in reale Kommunikation mit Mädchen oder Frauen kommen zu müssen. Sexuelle Unterlegenheitsgefühle gegenüber Frauen und sexuelle Überforderungsstereotype aus der Männerwelt der Cliquen- und Stammtischgenossen liegen dabei eng zusammen. Entscheidend ist bei solchen projektiven Vorgängen der Mechanismus der Abstraktion: Es geht gar nicht um die konkreten Frauen, sondern letztlich um die Hilflosigkeit und Bedürftigkeit der Jungen und Männer. Wo diese nicht bewältigt, sondern abgespalten ist, scheint der Drang zur Pornografie wahrscheinlich. Gleichzeitig nehmen Jungen und Männer selbst eine Trennung zwischen dem pornografischen Bild und der Lebens- und Gefühlswirklichkeit von Frauen vor: „Die Ebenen der Phantasie und die ‚Realität' vermischen sich […] durch die Tatsache, dass einige Jungen und Männer Pornohefte als Onaniervorlagen benutzen. Eine klare Trennung zwischen Phantasie, d.h. des dargestellten Szenarios in der Pornografie, und der alltäglichen Begegnung mit Mädchen und Frauen wird […] rational von den meisten Männern vorgenommen" (Engelfried 1997: 200).

In diesem Erkenntniszusammenhang reiht sich der Pornografiekonsum in die Linie männlicher Gespaltenheit und Bedürftigkeit ein, die unterhalb des Skandals männlicher Gewalt verläuft. Der Pornografiekonsum kann zur Bestätigung und Ritualisierung bestehender Selbststereotype der Männlichkeit führen, nicht aber in der Folge zur Gewalt gegen Frauen. Eher wird der innere Konflikt des Mannes immunisiert, abgespalten: Die pornografisch dargestellte Frau ist die abstrakte Frau, die der eigenen Hilflosigkeit nicht zu nahe kommen kann und deshalb zugänglich und verfügbar scheint. Diese Abstraktion ist heute dadurch verstärkt, dass Pornografie zum industriellen, zum Marktprodukt geworden ist. Der Sprung vom tabuisierten Hintertür-Artikel zum offenen und marktgängigen Markenprodukt vollzog sich innerhalb von fünfzehn Jahren in den achtziger und neunziger Jahren des 20. Jahrhunderts. Mit der industriellen Vermarktung der Pornografie ist der moralische Konsens gegen ihre Verbreitung ausgehöhlt. Was marktöffentlich ist, liegt jenseits der Grenzen von Gut und Böse. Die pornografischen Produkte sind auf die gleiche Stufe gehoben wie andere marktgängige Konsumartikel. Mit der Öffnung für den Massenkonsum sind die pornografischen Medien – nach dem ökonomischen Gesetz der modernen Industriegesellschaft – auch den Verfahren und Standards der Massenproduktion unterworfen. Genormte Szenen, gestanzte Figuren mit einer Produktdifferenzierung, die den verschiedenen Sexualpraktiken und ‚Perversionen' folgt, kennzeichnen das Industrieprodukt Pornografie.

In unserer repräsentativen Südtiroler Männerstudie (n=1500) sind 69,5 % der befragten Männer der Auffassung, dass Pornografiekonsum schon immer zum Mann gehörte (vgl. Bernhard/Böhnisch 2015: 73 ff.). Die Zustimmung ist dabei in den jüngeren Altersgruppen und bei den Stadtbewohnern am höchsten. Für uns erstaunlich – aber ins Bild der konsumtiven Transformation des Pornokonsum passend – war das Ergebnis, dass eine knappe Mehrheit der befragten Frauen in der korrektiven Frauenstudie (n=500) der Meinung war, Männer bräuchten Pornografie (ebd.: 123 ff.). Allerdings waren auch 35 % der Frauen der Meinung, dass Männer im Pornografiekonsum die Möglichkeit nutzen, Gefühle der Macht und Gewalt gegenüber Frauen auszuleben, während nur 14,5 % der befragten Männer dieser Ansicht waren.

Die Internetpornografie hat diesen Trend intensiviert und verbreitert. Schon im alltäglichen Arbeitsleben wird der Großteil der funktionellen Computertätigkeiten von Frauen durchgeführt, während die Männer den Hauptanteil der Computerspieler stellen. In der Internetpornografie sind es erst recht die Männer, welche die Nutzerszene beherrschen und auch entsprechend bedient werden. Mit dem *digitalen*, das heißt sozial entbetteten Medium des Netzes und der Möglichkeit, in ihm interaktiv pornografisch zu agieren – im Kontrast zum Passivkonsum der Pornovideos – sind die Grenzen zwischen Verantwortung und Verantwortungslosigkeit nicht nur einfach weiter hinausgeschoben worden, sondern haben eine qualitative Veränderung erfahren. Nun existieren zwei Welten nebeneinander und sind gleichzeitig in der Virtualität vereinbar. Scham und Schamlosigkeit sind hier keine Gegensätze mehr, die alte feministische Pornografiekritik, welche die Pornografie auf die Ebene der sozial eingebetteten Beziehungen stellte und damit den fließenden Übergang zur Vergewaltigung schuf, greift nicht mehr. Das virtuelle Netz und seine Abstraktionen entziehen sich der herkömmlichen Pornografiekritik. Denn in der Internetpornografie wirken ja dieselben Muster digitaler – sozial abstrakter, entbetteter – Vergesellschaftung, wie wir sie im neuen Kapitalismus antreffen: Das Internet ist ein Medium, das geradezu zur Externalisierung zwingt. Es kennt keine Grenzen, nur ‚links‘; der Einzelne wähnt sich in der Mitte des Universums. Es ist eine unendliche Szene von Millionen Egozentrierter, die untereinander ohne sozial-emotional riskante Empathie und antisoziales Abspaltungsrisiko in Kontakt kommen und sich lösen, die andere nach ihren Wünschen nutzen, manipulieren und gebrauchen können. Aber mit dem grundlegenden Unterschied, dass die Begriffe ‚nutzen‘, ‚gebrauchen‘, ‚manipulieren‘ ihre soziale Bindung verloren und damit ihren sozialethischen Sinn eingebüßt haben. Ein neuer Typus Angestellter, der sich am Computer ab und zu ein Pornospiel reinzieht, wird verständnislos reagieren, wenn man ihm vorhält, dass er doch gegenüber seiner Partnerin oder Frau ‚unverantwortlich‘ handelt oder wenn man ihn sexistischer Umtriebe bezichtigt. Er wird vielleicht einwerfen, dass dies ja auch zunehmend Frauen tun und dass die virtuelle Welt doch eine ganz andere sei als die alltäglich reale. Hier gelte es, alles auszuprobieren, was *machbar* sei und da sei doch das Thema zweitrangig: Ob nun Pornografie, Kriegs- oder Börsenspiel, die Inhalte treten doch hinter dem Prinzip der Machbarkeit zurück. Der Mensch (Mann) muss versuchen, an seine Grenzen zu gehen; das kann er nur, wenn er sich von seinen Bindungen löst. Insofern scheint der Pornografiekonsum sein früheres Stigma der Scham- und Verantwortungslosigkeit und damit des Abweichenden Verhaltens fast verloren zu haben.

14 Anomische Konstellationen und Etikettierungsprozesse können im Erwachsenenalter zu existenzbedrohender sozialer Ausgrenzung führen

Während abweichendes bis delinquentes Verhalten im Jugendalter für viele Jugendliche ein passageres Problem darstellt (doch für manche kann es sich verstetigen), kann es im Erwachsenenalter existenzbedrohende Folgen haben. In der Sozialisationsforschung hat sich längst die Auffassung durchgesetzt, dass der erwachsene Mensch beileibe noch nicht ‚fertig' und deshalb einem andauernden Bewältigungsprozess unterworfen ist, da im Strukturwandel der postmodernen Arbeitsgesellschaft immer wieder Umorientierungen erfolgen und neue soziale Gleichgewichte aufgebaut werden müssen. Die soziale Integrationsproblematik bezieht sich nicht mehr nur auf die klassischen Felder sozialer Desintegration – Armut, Arbeitslosigkeit, Trennungen –, sondern geht quer durch den durchschnittlichen Erwachsenenalltag. Erosion des Normalarbeitsverhältnisses, ungewisse soziale Sicherheit und Zwang zum lebenslangen Lernen sind hier die Stichworte. Befunde zu dieser Entgrenzung des Erwachsenenalters kommen vor allem aus der Biografieforschung (vgl. im Überblick Nittel 1999; Marotzki 2002). Dabei werden vor allem die Tendenzen der Auflösung der Kontinuität und Geschlossenheit der Erwachsenen- und Erwerbsphase hervorgehoben: „Phasen der Diskontinuität in der Erwerbsbiografie auf Grund erzwungener Arbeitslosigkeit oder anderer (gewählter) Konstellationen (Sabbatjahr, Umschulung) werden zukünftig nicht die Ausnahme, sondern mit einer an Sicherheit grenzenden Wahrscheinlichkeit den Normalfall darstellen" (Nittel 1999: 309). Damit wird die berufliche Erwerbsarbeit als Strukturkorsett und lineare Entwicklungsachse der Erwachsenensozialisation relativiert. Das heißt, die Erwerbsarbeit wandelt sich für viele in ihrer

Bedeutung vom planbaren Karrieremodell zum schwer kalkulierbaren aber dauernden Bewältigungsproblem. Die Suche nach Handlungsfähigkeit in wechselnden kritischen Lebenssituationen bestimmt die Erwachsenenbiografien stärker als zuvor. Die Matrix von Chance und Risiko, die in Entgrenzungsprozessen besonders prägnant freigesetzt wird, bildet sich nun auch in der Struktur der Erwachsenensozialisation ab: Die Sequenzen der Lebensphase bekommen stärkeren situativen Charakter, was einerseits die Möglichkeiten der Eigendefinitionen und Selbstinszenierung abseits ritualisierter Altersbilder begünstigt (ebd.: 311), andererseits Risiken im Lebenslauf unvorhersehbarer und damit zu Gefahren macht. Die Bewältigungsproblematik der Integrität, die sich in der Diskrepanz zwischen dem Erhofften und dem Erreichten aufschaukelt und die traditionell um die Midlife-Crisis gesetzt wurde, hat sich in diesem Zusammenhang zeitlich pluralisiert.

Ebenso sind die Folgen sozialer Desintegration im Erwachsenenalter einschneidender als im Jugendalter. Soziale Desintegration gilt bei den meisten Jugendlichen als biografisch passager und in gewissem Sinne geradezu als Bewährungsmoment für die spätere gesellschaftliche Integration, während in der Erwachsenen- und Erwerbsphase soziale Ausgrenzung droht. Die Prekarisierung der Lebenslagen bis in die Mitte der Gesellschaft hinein lässt das Erwachsenenalter über die traditionell marginalisierten Gruppen hinaus zur riskanten Lebensphase mit hohem Bewältigungs- und Abspaltungsdruck werden.

Das bedeutet noch nicht, dass daraus zwangsläufig Devianz entstehen muss. Die Abgrenzungen aber treten stärker hervor. Die Mittelschicht, die die Gesellschaft trägt, grenzt sich umso mehr von den sozialen Außenseitern ab, je mehr sie sozialen Abstieg und Prekarisierung fürchtet. Der Abspaltungs- und Etikettierungszwang in der Gesellschaft nimmt zu. Extreme Abspaltungen wie die der häuslichen Gewalt, findet man in allen Schichten.

Ich bin im Kapitel zur Anomie auf das Abspaltungsmuster der Ausländerfeindlichkeit eingegangen, wie es in den Pegida-Gruppen losbricht und habe es auf kollektiv heraufbeschworene Anomie zurückgeführt. Ausländerfeindlichkeit ist antisozial, eine deviante Einstellung, die freilich meist unterhalb der Schwelle strafrechtlicher Sanktion liegt. Trotzdem: Aus der Devianzperspektive sind es also vor allem die anomischen Konstellationen, die Abhängigkeiten, aber auch die unterschiedlichen Etikettierungsprozesse, die Bewältigungsdruck erzeugen und zu Abspaltungszwängen nach außen und innen führen können. Dabei wird die Geschlechtsdifferenz des Verhaltens deutlich. Ich will im Folgenden verschiedene ‚Devianzfiguren‘ entwickeln, mit welchen sich Abweichendes Verhalten im Erwachsenenalter lebensalterspezifisch darstellen lässt.

Das Mann-Frau-Schema der Kriminalität

Männer bevölkern die Gefängnisse, Frauen die Psychiatrie. Dies ist die immer noch gängige Charakteristik der geschlechtstypischen Reaktion der gesellschaftlichen Sanktionsinstanzen auf delinquentes Verhalten. Dem entspricht eine geschlechtstypische Deliktstruktur, in der sich das weibliche Bewältigungsmuster ‚Innen‘ und das männliche Bewältigungsmuster ‚Außen‘ widerspiegeln. Körperverletzung, Randale und Sachbeschädigung finden wir vor allem in den Täterakten. Männer ‚neigen‘ demnach mehr zur nach außen gerichteten Gewalt, Frauen eher zur Gewalt gegen sich selbst. Der autoaggressive Medikamentenmissbrauch ist wohl das bekannteste Beispiel dafür. „Die weiblichen, weichen Fähigkeiten sind also alle [...] auch Ausdruck eines kulturellen sanktionierten Aggressionsverbots. Daher finden sich in psychiatrischen Kliniken autoaggressive, nämlich depressive Patientinnen, und in Gefängnissen männliche Aggressionstäter. Täter und Opfer sind institutionell geschlechtsspezifisch verteilt" (Lamott 1995: 31).

Das deutlich geschlechtsduale Bild der Kriminalität hat aber in dem Maße seine Eindeutigkeit verloren, in dem sich die Geschlechterrollen und Geschlechterbilder im Strukturwandel der Arbeitsgesellschaft entgrenzt haben, Mädchen stärker an jugendkulturellen Räumen partizipieren oder sie für sich erobern und Frauen in der Arbeitswelt und Öffentlichkeit ihren Platz einnehmen und behaupten. Mehr als früher rücken damit auch ‚Täterinnen' ins Blickfeld, auch wenn sie statistisch gegenüber den männlichen Tätern noch weit in der Minderheit sind. Dunkelfeldschätzungen gehen davon aus, dass sich in allen Deliktbereichen die Geschlechtsdifferenzen verringert haben. Immer noch wird jedoch an vielen Stellen delinquentes Verhalten von Frauen übergangen oder bagatellisiert, da man es von ihnen entweder nicht geschlechtstypisch erwartet oder man davon ausgeht, dass aufgrund ihrer Familiengebundenheit und der damit einhergehenden informellen Kontrolle eine günstige Sozialprognose zu erwarten ist (vgl. Prein/Seus 1999).

Auch wenn von Tätern und Opfern die Rede ist, dann rückt ein bestimmtes Mann-Frau-Schema in den Vordergrund. Im Bereich familialer Gewalt ist es immer noch zutreffend, dass Männer vorwiegend die Täter, Frauen eher – aber nicht immer – die Opfer sind. Im Bereich öffentlicher Gewaltdelikte verkehrt sich das Bild. Körperliche Gewalt junger Männer in der Öffentlichkeit richtet sich vor allem gegen andere junge Männer. Dabei sind es nicht nur die von den Tätern als ‚schwächer' Etikettierten – Ausländer, Behinderte, Obdachlose, Schwule – sondern auch wahllos attackierte ‚durchschnittliche' Männer, die gerade aufgrund ihrer ‚Normalität' von den Tätern als abweichend empfunden werden. Die Grunderkenntnisse der Bewältigungsforschung geben hier wieder Aufschluss: Im psychodynamischen Mechanismus der Abspaltung und Projektion der eigenen Hilflosigkeit auf Schwächere beziehungsweise ‚Andersartige' wird diese eigene Ohnmacht im Anderen bekämpft und zu vernichten versucht. Und dies geschieht meist in der aufschaukelnden Gruppendynamik der Clique. Junge Männer, deren biografische Entwicklung meist durchgängig durch Selbstwert- und Anerkennungsprobleme gekennzeichnet ist, treffen hier auf gleichbetroffene Freunde und entdecken, dass Abwertung des Schwachen und aggressive Maskulinität die Gemeinsamkeit einer Gruppe herstellen können, der man sich zwar unterwerfen muss, in der man sich aber auch geborgen und gegenseitig anerkannt fühlt. Gewaltkriminalität als Bewältigungslage ist – vor allem bei jungen Männern – durch massive Anerkennungsstörungen und durch die Abhängigkeit von der devianten Clique gekennzeichnet.

Mangelnde Anerkennung, innerlich lange aufgestaute Wut über stillschweigende oder offene Missachtung oder schwere Gewalterfahrungen in der Herkunftsfamilie bilden auch bei Frauen oft den Hintergrund für Gewalthandeln, der aber immer noch zu wenig ernst genommen wird. Deshalb müssen in den Einrichtungen der Jugendhilfe Anerkennungsformen dergestalt entwickelt werden, dass einerseits akzeptiert werden kann, dass die Frauen ihre Aggressivität herauslassen und gleichzeitig in der nun geschützten Umgebung von Zufluchtsstätten oder des Betreuten Wohnens spüren können, dass sie dennoch nicht fallen gelassen werden. Diese gespürte emotionale Sicherheit gilt als Voraussetzung für die Wiedergewinnung von Selbstwert und Anerkennung.

Nun ist diese Geschlechterdualität Abweichenden Verhaltens zwar statistisch belegt, sie spiegelt aber nur einen Teil der Wirklichkeit wider, denn sie setzt sich aus angezeigtem und auffälligem Abweichenden Verhalten zusammen. Dieser Dualität gegenläufige Delikte und Selbstverletzungen werden oft nicht angezeigt und deshalb auch nicht erfasst: Männer als Opfer häuslicher weiblicher Gewalt, Frauen als Täterinnen (s.u.), Jungen als Betroffene sexueller Gewalt. Deshalb ist es wichtig, immer den historisch-gesellschaftlichen Kontext zu betrachten, in dem geschlechtstypisch interpretiert wird. Solange die Hintergrundstruktur der geschlechtshierarchischen Arbeitsteilung wirkt, werden auch Männern und Frauen von vornherein geschlechtsdifferente Dispositionen und Möglichkeiten Abweichenden Verhaltens zugeschrieben werden.

Patriarchale Dividende und Gewalt

Die Misshandlung von Frauen und Kindern in der Familie ist ein Gewaltphänomen, dass sich in der Regel auf gewalttätig desorganisierte Partner- und Familienstrukturen zurückführen lässt. Im TäterInnenkreis finden sich mehr als sonst Mütter, die selbst in ihrer Kindheit Gewalt erlebt haben und später Gewaltverhältnissen in der Partnerschaft ausgesetzt und Opfer von physischer Misshandlung geworden sind (vgl. Bender/Lösel 2005; Gellert 2007). Dies lässt sich über unser Bewältigungsmodell plausibilisieren: Frauen als häusliche Opfer männlicher Gewalt, die sie nicht thematisieren können, weil sie aus der häuslichen Abhängigkeit nicht herauskommen, müssen diese Gewalterfahrung meist nach innen abspalten. Ihr Selbstwert ist untergraben, Schuldgefühle kommen auf. Sie nehmen sich zurück, warten ab, setzen nicht selten auf die Angst der Männer vor dem Verlassen-Werden. Diese aber spalten ihre Angst in verstärkte Kontrolle und Unterwerfung der Frau ab. Das Schuldgefühl der Frau bindet sie weiter an den Täter. Dieser Zustand ist aber nur zeitlich begrenzt aushaltbar, muss weiter abgespalten werden. Dies geschieht entweder autoaggressiv im Alkohol- oder Medikamentenmissbrauch, oder eben in der Abspaltung und Projektion der eigenen Hilflosigkeit und Ohnmacht auf die Kinder. Der Abstraktionsmechanismus wirkt und die Frauen können ihr Gewaltverhalten an den Kindern meist selbst nicht begreifen. Diese Ablaufmuster verbergen sich hinter dem „cycle of violence", wie ihn Bender und Lösel (2005: 223) beschrieben haben: Danach werden traumatische Erfahrungen aus der Kindheit und Jugendzeit wie Gewalt und fehlende Anerkennung bis hin zur Ablehnung, aber auch sexueller Missbrauch von den Eltern an die nachfolgende Generation weitergegeben. So kommt es zu einem Zusammenhang „zwischen selbsterlebter Kindesmisshandlung und der Misshandlung eigener Kinder. Jedoch muss dabei zwischen einer absoluten und einer relativen Transmission im Elternverhalten unterschieden werden" (ebd.). Es geben also beileibe nicht alle Eltern ihre eigenen Gewalterfahrungen einfach weiter, es kommt immer auch auf die aktuellen Partnerschafts- und Familienverhältnisse an.

Laut einer statistischen Schätzung von Amnesty international von 2017 sind in Deutschland jährlich 40.000 Frauen Opfer häuslicher Gewalt. Der Anteil der Männer als Opfer wird mit 5 % angegeben. Bei letzteren handelt es sich vor allem um psychische Gewalt oder auch ökonomische Gewalt im Sinne der Vorenthaltung finanzieller Mittel. Es handelt sich dabei um angezeigte Gewalt. Da häusliche Gewalt gegen Männer in unserer Gesellschaft noch ein tief sitzendes Tabu ist, wird von einer hohen Dunkelziffer ausgegangen (vgl. Lenz 2007). Für viele betroffene Männer ist es undenkbar und mit hoher Scham behaftet, Gewalt gegen sich, die von Frauen ausgeübt wird, anzuzeigen.

Häusliche oder familiale Gewalt durch Männer bezeichnet vor allem für Frauen und Kinder eine Bewältigungslage, die durch massive Abhängigkeit, zunehmend eingeschränkte Möglichkeiten der Aneignung und komplexe Verwehrungen, die eigene Lage thematisieren zu können, gekennzeichnet ist. Neben der Abhängigkeit ist die schleichende Entwertung, die Frauen spüren müssen, das zentrale Bewältigungsproblem familialer Gewalt. Dass betroffene Frauen immer wieder in die Abhängigkeit vom Partner/Täter zurückkehren wollen, hängt vor allem auch damit zusammen, dass sie sich so stark über Beziehung und Familie definieren. Trotz aller erlittenen Gewalt bleibt bei ihnen die Hoffnung auf Beziehung. Sie machen sich Bilder von schönen Beziehungen und solche Bilder sollen dann für vieles herhalten, was man selbst nicht hinbekommt; alte Verletzungen sollen geheilt, Selbstwerteinbrüche gekittet werden. Oft wird die Beziehungsenttäuschung am Kind gewalttätig ausgelebt. Gerade Frauen, die früh geheiratet haben, suchen über das Kind das hereinzuholen, was sie selbst in ihrer Kindheit nicht bekommen haben, und sind dann immer wieder ob ihrer eigenen Unfähigkeit enttäuscht, diese Beziehungshoffnung den Kindern weiterzugeben und vom Kind eine entsprechende Rückspiegelung zu erhalten.

SozialarbeiterInnen, die in Frauenhäusern arbeiten, machen oft die Erfahrung, dass sich der Abhängigkeitsstatus der Frau bis ins Frauenhaus hinein verlängert. Sie sehen sich immer wieder mit der Tatsache konfrontiert, dass Frauen, auch wenn sie massive Gewalt erlitten haben, Schuld übernehmen, weil sie Familie und Beziehung aufrechterhalten möchten. Durch ihr Weggehen, so reden sie sich ein, hätten sie die Familie zerstört und nicht der Täter durch seine Gewalt. An diesem Zusammenhang kann man erkennen, wie abhängig viele Frauen in den familialen Beziehungsstrukturen sind, und dass dieser Abhängigkeit vor insbesondere von der ökonomischen und sozialen Seite entgegengewirkt werden muss. Vor allem brauchen sie eine eigene Arbeit, zumindest eine außerhäusliche Tätigkeit, um autonom werden zu können. Frauen sollten eigentlich so abgesichert sein, dass sie jederzeit eigenständig die Partnerbeziehung verlassen können. Dann – so wird argumentiert – sind sie erst in der Lage, die Art der Beziehung mitzubestimmen. Damit Frauen autonom werden können, brauchen sie des Weiteren auch *eigene Aneignungsräume als eigene soziale Bezüge.* Die SozialarbeiterInnen in den Frauenhäusern haben es mit Frauen zu tun, die immer wieder nur vom Mann ihre Lebensbestätigung erhalten wollen und deshalb wenig eigene Bezüge zu anderen Frauen entwickeln. Das wirkt sich auch in der Sozialen Arbeit mit Frauen dahingehend aus, dass die Frauen die Abhängigkeit von den Helferinnen direkt suchen. Deshalb ist es notwendig und gehört zum Kern der Frauenarbeit, dass eigene kulturelle und soziale Netzwerke für Frauen geschaffen und gefordert werden. Diese Erweiterung der Frauenhausarbeit in Netzwerke hinein ist vor allem auch deshalb wichtig, weil Frauen nicht selten ihre Situation im Frauenhaus als Entwertung spüren. Denn wenn ihre illusionären Bilder durch die Realität zerstört werden, fühlen diese Frauen die Beziehung und damit sich selbst entwertet und klammern sich noch mehr an das Bild der intakten Familie. Wichtig ist es, die Frauen aus dieser Familienfalle herauszubringen, in die sie geraten, wenn sie sich trotz Krise noch stärker an das Bild der heilen Familien klammern. Deshalb steht in der Beratungsarbeit die Entmystifizierung der Familie und der familialen Beziehungen als Weg zur Selbstständigkeit der Frau im Vordergrund. Das geschieht durch praktische Netzwerkarbeit. Die Frauen müssen aus der familialen Beziehungsenge herauskommen, indem sie Familie als multilokalen Ort erleben können, von dem aus viele Außenbezüge möglich sind. Familien, die solche Netzwerke nicht haben, geraten immer in die Gefahr der Isolation, des In-sich-Zusammenziehens, wenn sie überfordert sind, und das kann in Gewaltverhältnisse umschlagen.

Der männliche Habitus ist nach Connell (1987) an eine gesellschaftlich und kulturell tradierte männliche Dominanz und an die damit verbundene Wirkmächtigkeit einer – freilich oft verdeckten – „patriarchalen Dividende" (ebd.) geknüpft. Mit letzterem Begriff ist die allen Männern gleichsam kulturgenetisch eingeschriebene, in der Entwicklungsdynamik des Kindes- und Jugendalters immer wieder aktivierte und einstellungswirksame Grunddisposition gemeint, dass der Mann ‚im Grunde' doch der Frau überlegen sei, egal ob das der Überprüfung durch die soziale Wirklichkeit auch standhält. Die Erfahrungen in der Beratungspraxis (vgl. Neumann/Süfke 2004) zeigen, dass diese männliche Dividende in kritischen Lebenssituationen quer durch alle Schichten aktiviert wird. Gleichzeitig wird aber auch sichtbar, dass es von den sozialen Spielräumen der jeweiligen Lebenslage abhängt, ob Männer darauf ‚angewiesen' sind, diese männliche Dividende zu aktivieren.

Was nicht thematisierbar ist, wird als ‚naturhaft' gedacht bzw. gefühlt. Immer noch räumen sich Männer im Privaten Rechte gegenüber Frauen ein, naturalisieren sie, sodass Gewalt hinter vorgehaltener Hand zum Recht wird, sich etwas zu holen, was einem doch zusteht. Die ‚einklagbare Liebe' gilt immer noch als Teil einer „patriarchalen Dividende" (Connell 1987), einer traditionellen männlichen Einstellung, trotz aller weiblichen Emanzipation als Mann immer noch über der Frau zu stehen. Wenn der Mann die für ihn selbstverständliche weibliche Bereitschaft nicht bekommt, entsteht für ihn eine gleichsam anomische Situation, die ihn hilflos macht, die er nicht thematisieren kann und die er schließlich gewaltsam abspaltet.

Frauen geraten in ihrer Verletzungsoffenheit, in ihrer minderen familialen Definitions- und Konfliktmacht leicht unter das unsichtbare Diktat der ‚einklagbaren Liebe' und damit immer wieder in neue psychodynamische Drucksituationen. Deshalb ist es ein wesentliches Moment der Frauenberatung, dass Frauen darin Unterstützung brauchen, dass sie ihre Eigendefinitionen entwickeln und in Ansprüche umsetzen können. Nur so kann ein Gegengewicht zur Konstellation der ‚harmonischen Ungleichheit' geschaffen werden, die in manchen Familien herrscht. Diese führt sonst immer wieder dazu, dass Frauen in solchen Situationen schwanken und nicht die Stärke haben, bei ihren Definitionen zu bleiben. Bei Männern dagegen muss die Intervention über die Norm erfolgen, und sie müssen praktisch mit der Norm konfrontiert werden. Dies kann unmittelbar im Prozess der Krisenintervention geschehen, bevor die männlichen Mechanismen der Externalisierung und Rationalisierung einsetzen können. Hier ziehen Männerberatung und Frauenberatung am gleichen Strang. Männer müssen merken, dass die gewalttätige Beanspruchung ‚einklagbarer Liebe‘ ein kriminelles Delikt ist.

Ich habe mich in der bisherigen Argumentation auf männliche Täter festgelegt und bin nur dort auf Täterinnen eingegangen, wo Frauen – Mütter – in der Folge erlittener Partnergewalt gewalttätig gegenüber ihren Kindern werden. Die Frau als ‚eigenständige‘ Täterin in der Familie und der Mann als ihr Opfer kommen im Gewaltdiskurs immer noch wenig vor, obgleich die Statistik und ihre Dunkelziffer inzwischen eine andere Sprache sprechen. „Die Verletzbarkeit von Männern wird bislang kulturell zwischen dominanten Mustern hegemonialer Männlichkeit und [zurückgenommener] Weiblichkeit zerrieben. […] Die Gewalt gegen Männer zu thematisieren, bedeutet den allgegenwärtigen Mythos der Unverletzlichkeit von Jungen und Männern zu dekonstruieren, indem ihre Verletzlichkeit aufgezeigt wird" (Lenz 2007: 45). Viele Männer schämen sich entsprechend zuzugeben oder anzuzeigen, dass sie Opfer weiblicher Gewalt sind. „Männer wissen oft nicht, wohin sie sich wenden sollen, wenn sie von Gewalt im familialen Umfeld betroffen sind. Im Vergleich zu Gewaltdelikten, die im öffentlichen Raum stattfinden, besteht eine wesentlich größere Hemmschwelle, sich direkt an die Polizei zu wenden" (Ingenberg 2007: 184). Dabei handelt es sich oft um Männer, die von ihrem beruflichen Status und ihrem Einkommen her die Partnerin und die Familie verlassen und selbstständig leben könnten. Dass sie es doch nicht tun, wird von der Beratungsseite auf die „Verlustangst" der Männer zurückgeführt (ebd.). Gleichzeitig werden gewaltnahe Übergriffe von Frauen eher bagatellisiert oder angesichts der Focussierung auf das geschlechtstypische Bewältigungsmuster ‚Innen‘ übergangen (vgl. Popp 2002).

Bei Männern – um die soll es im Folgenden gehen – ist die Alkoholsucht meist verbunden mit dem Verlust der Selbstkontrolle und mit der Abspaltung der damit verbundenen inneren Hilflosigkeit. Ihre Frauen nehmen sich meist zurück, scheuen den Konflikt und schlittern deshalb leicht in die häuslich-familiale Konstellation des ‚Co-Alkoholismus' (auch Para-Alkoholismus genannt). Mit diesem Begriff ist der Sachverhalt umschrieben, dass die soziale Umgebung des Betroffenen – vor allem die Familie – auf spezifische Weise in das Suchtspektrum einbezogen ist, indem der Süchtige auch das Verhalten der Personen in seiner näheren sozialen Umgebung beeinflusst und diese vor allem zwingt, ihn weiter zu stützen und nach außen abzuschirmen. Co-Abhängigkeit beginnt, wenn das Sich-Einlassen auf den Alkoholkranken mehr Zeit und psychosoziale Energie als alles andere in Anspruch nimmt und man zunehmend emotional und sozial von dieser Fixierung auf den Alkoholiker abhängig, an ihn gebunden wird. Es entsteht eine unausweichliche Gegenseitigkeit, ein Aufeinander-Angewiesensein, in dem der Abhängige Abschirmung und Entlastung von der eigenen Verantwortung erhält, die Co-Abhängigen aber ihre Autonomie verlieren und dabei ihren Zugang zu sich selbst blockieren.

Die Familie des männlichen Alkoholkranken läuft so Gefahr, in soziale Isolation zu geraten, Selbstwert und Handlungsfähigkeit der Frau werden deutlich beschädigt, Mechanismen der inneren Abspaltung, der weiblichen Zurücknahme (Schuldübernahme) freigesetzt. Vor allem die Kinder leben angesichts des unkalkulierbaren Verhaltens des Abhängigen und der sozialen Isolierung der Familie unter Stress. Lernschwierigkeiten in der Schule, sozialer Rückzug gegenüber der Gleichaltrigenkultur und ritualisierte Unterwerfung unter das Familiendiktat der nach außen abschirmenden Co-Abhängigkeit sind die Folgen.

Für den alkoholkranken Mann stellt der Kontrollverlust den einschneidenden Bruch in seiner Suchtkarriere dar. Aus der Perspektive männlicher Lebensbewältigung bedeutet dies nicht nur, dass das männliche Bewältigungsprinzip Kontrolle versagt, sondern auch, dass es sich nun gegen den Abhängigen selbst wendet, in dem er auch die Kontrolle über sein Trinken verliert. Dieser psychophysische Verlust der Selbstkontrolle ist in der Regel verbunden mit einem sozialen Realitäts- und Kontrollverlust. Auch wenn das soziale Umfeld – Arbeit, Freunde, Selbstrepräsentanz in der kommunalen Öffentlichkeit – längst weggebrochen ist, versuchen Alkoholabhängige durch aggressive Abspaltung Außenkontrolle zu erzwingen. In der Familie ist es dann meist die Co-Abhängigkeit der anderen Familienmitglieder, welche den Schein aufrechterhält und dem Alkoholiker suggeriert, dass er noch sozial oben ist, auch wenn er in den typischen Stimmungsschwankungen und depressiven Tiefs von der dunklen Ahnung des Gegenteils heimgesucht wird. Er hat die Kontrolle über sich und die anderen verloren, muss sie aber dennoch mit allen Mitteln aufrechterhalten. Bis hinein in die stationäre Therapie versuchen die Männer, Kontrollmacht irgendwie zu demonstrieren, indem sie die äußere Kontrolle über sich behalten, das heißt gerade keine Form von Schwäche zeigen wollen. Junge Erwachsene – so wird aus der Therapiepraxis berichtet – legen es in therapeutischen Männergruppen immer wieder krampfhaft darauf an, durch ‚Cliquenklammern‘, das heißt demonstratives männliches Imponier- und Abwertungsgehabe untereinander in der Therapiegruppe, Schwäche und Angst zu unterdrücken. Die Gruppe verstärkt die Abspaltung der Hilflosigkeit nach außen.

Etikettierung von sozialen Außenseitern

Extreme Beispiele für Etikettierungen finden wir in den Szenen der *Obdachlosigkeit/Wohnungslosigkeit* und der Migration. Die Obdachlosigkeit hat ihr typisches Straßenbild und zieht deshalb unweigerlich Zuschreibungen und Stigmatisierungen an. In der Regel sind es obdachlose Männer, die dieses Straßenbild prägen und bestätigen, umso mehr als sie versuchen, ihr Stigma selbst zu regulieren. So entsteht eine gewisse Kollusion, eine gegenseitige Einvernahme von Obdachlosen, die sich auf der Straße aufhalten, und Bürgerpassanten. Was dann im Raum steht, ist eine groteske

Maskulinität, mit der sie sich schützen, niemanden an sich her-
ankommen lassen, als Gruppe mit ihren Trinkritualen zusammenhalten und ihre nahe Straßenumwelt unter Kontrolle bringen
wollen. Obdachlosigkeit als männliche Bewältigungsform? Die
obdachlosen Frauen sind lange in ihren Lebenserfahrungen übergangen worden, sie gelten bestenfalls als Spielball und Haltepunkt
der männlichen Launen und Hilflosigkeiten, schlimmstenfalls als
Provokation im Bild der ‚Schlampe‘.

Beileibe nicht alle Obdachlosen sind auf der Straße. Viele leben auch in Unterkünften oder in der Schwebe der Obdachlosigkeit, wenn sie vom Verlust ihrer Wohnung bereits bedroht sind.
Oft liegt diese am Ende einer Karriere, die in der Familie begonnen hat: Gewalt und sexueller Missbrauch, Aussetzung oder Ausbruch, abgebrochene Ausbildung, Scheitern im Beruf, Scheitern
am ‚gerade so eingerichtetem Leben‘ wegen Arbeitslosigkeit und
danach Zusammenbruch der alltäglichen Lebensführung. Irgendwann ist der Lebensalltag nicht mehr zu bewältigen, die
Fassade eingestürzt. Zahlungsunfähig und mit steigendem sozialem Stigma behaftet, werden die Chancen immer geringer, eine
Wohnung zu bekommen. Das Obdachlosenschicksal ist dann das
Ende einer Ursachenkette, in der personale, biografische und
gesellschaftliche Faktoren zusammenspielen. Obdachlose scheitern an einer Konkurrenzgesellschaft, die sie gern als ihr Strand-
gut bezeichnet, die diese Karrieren aber mit aufbaut und sich erst
um sie kümmert, wenn sie auffällig werden.

Dass mehr obdachlose Männer als Frauen auf der Straße
sichtbar sind, darf nicht dazu verleiten, die Obdachlosigkeit
hauptsächlich als Männerproblem einzuordnen. Hier wirkt der
geschlechtsspezifische Mechanismus des Innen und Außen offensichtlich: Frauen versuchen nicht nur ihre Straßenexistenz zu
verstecken, sie lassen sich auch eher auf neue Abhängigkeits- und
Gewaltbeziehungen mit Männern ein, weil sie nicht auf der Straße landen wollen. Denn die Straße ist in allen Belangen ein
männliches Terrain, schon den Jungen ist die Straße zugänglicher
als den Mädchen. Entscheidend also ist in diesem Zusammenhang: Jungen und Männer können ihre Straßenrolle bis zuletzt
einigermaßen mit ihrer Geschlechterrolle und der Zuschreibung

des männlichen Außen in Einklang bringen. Für Mädchen und vor allem dann für die Frauen gerät die Straßenexistenz in völligen Widerspruch mit dem gängigen Frauenbild und der weiblichen Geschlechterrolle. Sie haben dann auch entsprechende Folgen zu tragen: Straßendasein wird nicht nur als extremes Fehlverhalten gedeutet, es wird vor allem schnell sexualisiert, die Frauen werden moralisch in den Ruch der sexuellen Verfügbarkeit und damit bis in die Ausnahmezone der Prostitution gedrängt. So ist es kein Wunder, dass viele obdachlose oder von Obdachlosigkeit bedrohte Frauen versuchen, ihre prekäre Lage nicht öffentlich werden zu lassen, nicht zu thematisieren. Lieber gehen sie Zwangsbeziehungen mit Männern ein (bis hin zur Prostitution). Das sieht dann nach außen so aus, als hätten die Frauen dieses Gewaltverhältnis selbst gesucht. Dass die Frauen das nicht nur tun, um dem herrschenden Weiblichkeitsbild gerecht zu werden, sondern auch, weil sie die abwertende und sexualisierende Gewalt auf der Straße fürchten, wird dabei übergangen.

MigrantInnen werden wie kaum eine Sozialgruppe in unserer Gesellschaft vor allem über das Geschlecht etikettiert. Die kulturelle Abwertung von Ausländern funktioniert über Geschlechtsbilder. So wird die Figur des Machos relativ stereotyp und im Alltagsbewusstsein präsent auf den ausländischen, meist türkischen, muslimischen Mann übertragen. Auch die Figur der zurückgesetzten, in der Familie versteckten (und damit auch sozial verschleierten) Frau wird auf bestimmte Gruppen von Ausländerinnen projiziert. Diese Männlichkeits- und Weiblichkeitsprojektionen und Abspaltungsmuster taugen den Einheimischen dann meist auch dazu, das eigene Mann-Sein und Frau-Sein dagegen abzugrenzen, und sich besser fühlen zu können, ohne dass man über die konkreten Bedingungen des eigenen Geschlechterstatus nachdenken muss: „Ethnizität als Joker". So bezeichnet Ute Schad diesen Projektionsmechanismus: „Im Mittelpunkt steht die Fixierung der türkischen Frau/der türkischen Mädchen auf den unterlegenen Status von passiven, duldsamen, unterdrückten und rechtlosen Objekten, die der völligen patriarchalischen Kontrolle von (türkischen) Männern/Jungen unterstehen. […] Die Ungleichheit der ‚türkischen Frau', [...] gilt als unabänderliche Tatsache, die den überlegenen Emanzipationsstand der deutschen Frauen [...] beweisen soll. [...] Die [deutschen] Mädchen/jungen Frauen [haben] stets Beweise für die Rechtlosigkeit der türkischen Frauen/Mädchen zur Hand. Im Zweifelsfall greifen sie auf immer extremere Positionen zurück, um ihre Positionen zu verteidigen, [...] sie greifen auf einen durchaus gängigen, naturalisierenden Kulturbegriff zurück und entziehen sich so der argumentativen Auseinandersetzung und kritischen Nachfrage" (Schad 2000: 134 f.). AusländerInnen werden über Geschlechtsstereotype wahrgenommen und kategorisiert. Dies ermöglicht eine Klassifikation, die von den empirischen Erscheinungsbildern her gar nicht möglich ist, denn Migranten und Migrantinnen kommen aus so unterschiedlichen Volksgruppen mit verschiedenartigem Habitus, dass man gar keine einheitliche Kategorie bilden kann. Das Geschlecht wird so zum entscheidenden Zugriff, um jemanden als Ausländer oder als Ausländerin typisieren und darin vereinheitlichen zu können.

15 Wenn Gewalt zum letzten Mittel der Suche nach Anerkennung und Selbstwirksamkeit wird

Im bisherigen Argumentationsverlauf wurde immer wieder auf das Phänomen Gewalt als einem exemplarischen devianten Bewältigungsmuster verwiesen. In den verschiedenen Gewaltformen zeigt sich ja die Ablaufslogik und -dynamik des Bewältigungsmodells am deutlichsten. Physischen wie psychischen Gewalthandlungen gehen Prozesse der Projektion, Abspaltung und Abstraktion voraus, die zu jenem inneren Zwangscharakter wie Kontrollverlust führen, der Gewalthandeln eigen ist. Dabei soll aber noch einmal daran erinnert werden, dass diese Muster nicht nur einen Ausnahmezustand beschreiben, sondern auch bei antisozialem Verhalten im Alltag zu finden sind.

„Gewalttäter haben in ihrer früheren Lebensgeschichte meist selbst Gewalt erfahren. Es sind gerade die Vertrauenspersonen, die Gewalt ausüben. Die Unfähigkeit, eingreifen zu können, schlägt in Wut und Hass um. In einem Akt der Reaktion – nach langjährigen negativen Erfahrungen – wird eines Tages zurückgeschlagen. Dieses Erlebnis der Wiedergewinnung von eigener Handlungsfähigkeit wird oftmals als ein epiphanisches Ereignis beschrieben, es wird zu positiv erlebter Gewalttäterschaft und dieses Hochgefühl will immer wieder erreicht werden" (Matt 2015: 80; vgl. ausf. Sutterlüty 2002). Hier spiegelt sich die Abspaltungsdynamik des Bewältigungsmodells: In dieser Leidenserfahrung ist die Fähigkeit zur Sorge um die anderen verschüttet worden. „Mit dem Verlust dieser Fähigkeit zum Erbarmen geht dem Individuum sowohl die Fähigkeit zur Einfühlung in den anderen als auch die Fähigkeit zum Mitleiden verloren und begünstigt damit eine Enthemmung der Gewalttätigkeit" (Auchter 2002: 599). Diese „Enthemmung" findet in der Bewältigungsdramatik von Abspaltung und Abstraktion ihre handlungsbeschleunigende Bahn.

Von Gewalt wird gesprochen, wenn jemandem ein Verhalten aufgezwungen wird. Dies können psychische wie physische Gewaltmuster sein. Mit dem Gewaltakt geht die Abwertung und Erniedrigung des Opfers einher. Auf diese Interpretation bezieht sich auch der feministische Diskurs, wenn dort von geschlechtshierarchischen Verhältnissen, in denen Frauen abgewertet sind, als von Gewaltverhältnissen gesprochen wird. Gewalt ist keine abseitige Sonderform Abweichenden Verhaltens, sie entsteht meist aus dem Alltag heraus. Wilhelm Heitmeyer (1994; vgl. auch Heitmeyer/Schröttle 2006; KFN 2009) hat in diesem Zusammenhang den Begriff der Anschlussdisposition geprägt: Alltägliche Ohnmachtserfahrungen und damit einhergehende Kontrollverluste – wenn sie nicht thematisiert werden können – bilden demnach oft den Hintergrund von Gewaltakten. Wo Sprache ist, ist keine Gewalt. Sprachlosigkeit aber drängt auf Abspaltung der Ohnmacht und Hilflosigkeit. Sie wird dann auf andere – Schwächere – *projiziert*, an anderen ausgelassen. Für den Täter, die Täterin ist das ein Entspannungsakt, der entsprechende Lustgefühle – während des Gewaltakts – produziert. Deshalb kann sich bei manchen TäterInnen direkt eine ‚Gewaltsucht' entwickeln, das Lustgefühl muss immer wieder gesucht werden. Das steckt dahinter, wenn Täter sagen, sie hätten es wieder einmal ‚gebraucht'. Ich habe am Schluss die männliche Form gewählt, weil gegen Personen und Sachen gerichtete äußere Gewalthandlungen, also vor allem körperliche Gewalt, in der Mehrzahl von männlichen Tätern begangen werden, psychische Gewalt eher bei Mädchen oder Frauen beobachtet wird. Dies verweist wieder auf die tendenzielle Geschlechtstypik Abweichenden Verhaltens.

Dass Gewalt vor allem bei jungen (männlichen) Erwachsenen in der Phase des Übergangs ins Erwachsenenalter auftritt, hat Bernd Stickelmann (2014) auf die These gebracht, dass es dabei auch um Bewältigung offener und riskanter Übergänge und um Initiationsriten hin zum Erwachsenalter geht. „Auf (unsichere) Jugendliche, die in einem biografischen Prozess der Orientie-

rungssuche sind, verstärken Gewalterfahrungen in ihren Lebenszusammen-
hängen das Bedürfnis nach Sicherheit. Dieses Bedürfnis versuchen sie durch
‚eigene‘ Gewaltformen zu befriedigen. Oder sie orientieren sich an Gruppen,
die ihnen diese Sicherheit suggerieren (z. B. rechtsorientierte bis rechtsextreme Gruppierungen). Damit versuchen sie, einem für sie undurchschaubaren Lern- und Erfahrungsprozess auszuweichen und für sich eine Struktur zu
schaffen, die ihnen Halt [...] verspricht" (ebd.: 48). Gleichzeitig suchen sie
über ihr Gewalthandeln Zugang zur und Teilhabe an der Erwachsenenwelt,
von der sie angezogen werden, die ihnen aber außer der Aufforderung, sich
anzupassen, keine Zukunftssignale aussendet. Jugendgewalt wird damit zum
spektakulären Medium der Ansprüche Jugendlicher an die Erwachsenengesellschaft. Stickelmann sieht in diesem Sinne die Gewalt junger Erwachsener
auch „als Form der Partizipation Jugendlicher an den Handlungsformen Erwachsener und [...] im übertragenen Sinn ein Aufnahmeritual in die Welt der
Erwachsenen. [...] Körperlich zugespitzte Formen der Gewalt werden aus der
Erwachsenengesellschaft übernommen, um mit ‚Mannbarkeit‘ und Stärke,
Durchsetzungsvermögen Zeichen für die Zugehörigkeit zu dieser Welt zu setzen" (ebd.: 49).

Gewalt als Bewältigungsmuster wird gebraucht als Mittel zur
Selbstwertsteigerung und -demonstration, um zu zeigen, dass
man da ist und an der Gesellschaft teilhaben will, in dem man
(z. B. nationalistische und autoritäre) Werte hochhält. Es kann
auch ein Versuch sein, die Eindeutigkeit in der sozialen Orientierung in einer unübersichtlich und widersprüchlich gewordenen
sozialen und kulturellen Umwelt wieder herzustellen, indem man
sich situativ zum Herrn der Lage macht bzw. die ‚Rangordnung‘
gegenüber Schwächeren demonstriert. Oft ist es auch eine nach
außen gerichtete Reaktion auf Überforderung in sozialen Beziehungen und gegenüber Problembelastungen, welche die eigene
Hilflosigkeit freisetzen, die dann abgespalten und gewalttätig auf
Schwächere projiziert wird. Nicht selten ist es ‚Umwegverhalten‘
bei sozialer Isolation und Kontaktschwäche; man möchte mangels kommunikativer und sozialemotionaler Kompetenzen soziale Beziehungen im wahrsten Sinne des Wortes ‚mit Gewalt‘ her-
beiführen und tut dies über den Umweg der gewalttätigen
Annäherung und Suche nach sozialem Anschluss an abweichen-

de Gruppierungen, wenn andere sozialintegrative Muster versagen oder nicht zugänglich sind. Schließlich „fungiert Gewalt auch als Integrationsmechanismus: Gewalt(fähigkeit) zeigt in vielen Jugendkulturen nicht nur Abgrenzung, sondern Eingrenzung und Zugehörigkeit an" (Möller 2015: 290) und fördert die kollektive Identitätsbildung in der devianten Gruppe.

Bei Gewalthandlungen ist immer wieder verblüffend, dass die TäterInnen während der Tat den Bezug zum Opfer verlieren, sich gleichsam in einer Blackbox bewegen, null Empathie für das Opfer zeigen. Wie auch, sonst wären sie ja nicht gewalttätig geworden. ‚Es ist über mich gekommen', ‚hat mich übermannt', ‚ich habe mich vergessen', ist dann oft zu hören. Der Vorgang, in der psychotherapeutischen Begrifflichkeit mit Abstraktion umschrieben, verweist zum einen auf die emotionale Dynamik von solchen Abspaltungen, zum anderen darauf, dass es bei diesen Gewaltakten eigentlich nicht um das Opfer, sondern um den Täter/die Täterin selbst geht, um seine/ihre eigene Hilflosigkeit, die durch den Gewaltakt weggedrückt werden soll. Der Bezug zum Opfer, das durchaus auch beliebig sein kann – z.B. wenn jemand auf der Straße, in der Disco ‚angemacht' und ‚aufgemischt' wird – ist dann meist nicht gegeben.

In dem Film „Jung und böse" von Jürgen Leinemann (1993) gibt ein gewalttätiger Junge auf die Frage, wo denn die Grenze sei, an der er von seinem Opfer ablasse, die Antwort: „Bis ich von meinen Kumpels von ihm weggerissen werde." Auch wenn der andere unten liegt, tritt er weiter blindwütig und mit ‚Hass' auf ihn ein, denn der Täter hat ja keine Beziehung zu dem Opfer. Der Hass auf die eigene Hilflosigkeit und seine Projektion auf Andere, Schwächere ist zum abgespaltenen Abstraktum geworden, er beflügelt das Schlagen und Treten, die brutale Gewalt an sich. Deshalb kann er sich nicht in das Opfer hineinfühlen, die Empathie geht ihm in dieser Abspaltung und Abstraktion zwangsläufig verloren. Empathie, das Sich-in-andere-hineinversetzen-Können und das sich so entwickelnde Verständnis für den anderen, die Fähigkeit zur „Anerkennung seiner Andersartigkeit" (Küchenhoff 2002: 234) ist aber Voraussetzung für die Entwicklung eines interaktionsfähigen Selbst, ja für die

Konstitution des Selbst im Sozialen überhaupt. Bei allem sozial destruktiven, die Integrität des anderen verletzenden oder zerstörenden Verhalten, ist dieses Vermögen der Empathie verkümmert oder ausgelöscht.

Auch in intimen Beziehungen, in den Dynamiken häuslicher Gewalt wirkt die Abstraktion, kennen sich die TäterInnen selbst nicht mehr. Das sind unbewusste Vorgänge. Dies entlässt – aus pädagogischer Sicht – die TäterInnen aber keineswegs aus der Verantwortung für ihre Taten, hat aber Konsequenzen für die Intervention. Es gilt Umwege zu beschreiten, denn da es sich um Bewältigungsverhalten handelt, muss dieses erst in der Biografie aufgeklärt werden, bevor man die TäterInnen dahin bringen kann, dass sie ihre Tat erkennen und verantworten können. Eine Ausnahme bildet hier die Intervention bei sexueller Gewalt, bei der es um intime Machtdurchsetzung geht: Hier ist es wichtig, den Abstraktionsvorgang durch direkte polizeiliche Intervention nach der Tat zu durchschneiden und die Täterarbeit hintanzustellen.

Ich habe zwar bisher immer von „TäterInnen" gesprochen, dennoch scheint in meiner Argumentation die männliche Gewaltform der physischen Gewalt deutlich durch. Sie entspricht dem Modell der äußeren Abspaltung bei Jungen und Männern und ist auch in ihrer statistischen Dominanz belegbar. Dennoch zeigt sich seit längerem ein Anstieg der Mädchen- und Frauenkriminalität, die nun auch Delikte aufweist, die über den gängigen Ladendiebstahl hinaus in die Bereiche der physischen Gewalt, vor allem der Körperverletzung reichen. Aber: „Die Tatsache, dass auch Mädchen gewalttätig agieren, Kontrolle ausüben und Machtansprüche geltend machen, scheint sowohl von der Frauen- und Geschlechterforschung als auch von der Jugendgewaltforschung bislang nur widerwillig zur Kenntnis genommen zu werden" (Schröder 2016: 618 f.). Sie seien mit der tradierten Annahme vom aktiven männlichen Täter und dem passiven weiblichen Opfer nicht kompatibel, eine Annahme, die den überkommenen Geschlechterrollen-Verständnis geschuldet sei (vgl. Bereswill 2011). Gewalt von Mädchen und Frauen wird in manchen Interpretationen (z. B. Bruhns/Wittmann 2002) deshalb auch als Ausdruck einer neuen Weiblichkeit im Sinne einer ‚Protestweiblichkeit' begriffen. Kritisiert wird in dem Zusammenhang, dass dadurch, dass weibliche Gewalt unhinterfragt als ‚geschlechtsuntypisch' und lediglich als ‚maskulinisiert' etikettiert wird, der eigenständige weibliche Lebenszusammenhang und die damit verbundenen Konfliktlagen übergangen werden (vgl. dazu Möller 2002). Denn die subjektive Bedeutung, die Gewalt als extreme Form der Bewältigung von kritischen Lebenskonstellationen für die Betroffene hat – so wie ich sie eingangs beschrieben habe –, ist für Männer und Frauen weitgehend die gleiche.

Am Ende steht dennoch Bertolt Brechts berühmter Satz: „Der reißende Fluss wird gewalttätig genannt. Aber das Flussbett, das in einengt, nennt keiner gewalttätig." In diesem Satz werden die sozialen Umstände dafür verantwortlich gemacht, dass Gewalt entsteht. Die Rücksichtslosigkeit des reißenden Wassers gegen die Rücksichtslosigkeit der Umwelt?

Mobbing

Das gruppendynamische Ausgrenzen eines Menschen in schulischen oder arbeitsweltlichen Kontexten ist eine Form ‚alltagsüblicher' Gewalt, die jeden erfassen kann. Der Prozess des Mobbing oder Bullying folgt Gesetzmäßigkeiten, die aus der Zusammenschau von bewältigungs- und gruppendynamischer Perspektive aufschließbar sind. Ausgangspunkt sind in der Regel nicht thematisierte Konflikte in Schule und Betrieb, die zu einem negativen Schul- oder Betriebsklima führen, Unsicherheit und Hilflosigkeit erzeugen, nicht ausgesprochen werden können und deshalb abgespalten, auf Schwächere projiziert werden ‚müssen'.

In solchen prekären Konstellationen grassiert Verunsicherung und Hilflosigkeit bei den Einzelnen. Die Suche nach Gruppenzusammenhang und Gruppenhalt wächst. Diese sind aber nicht kommunikativ erreichbar, weil eben der diffuse Konflikt nicht thematisierbar ist. So bildet sich die Gruppe meist um einen ‚ne-

gativen Kern' aktionsmotivierter und bewegungsaktiver MitschülerInnen bzw. KollegInnen, welche den Druck des Unbehagens
der Gruppe transportieren können. Sie fokussieren das Unbehagen auf einen ‚Sündenbock', einen Mitschüler/eine Mitschülerin
oder einen Kollegen/eine Kollegin, der/die meist auch schon
vorher als irgendwie ‚eigenartig' galt und auf den/die jetzt erst
recht die eigenen Gefühle der Hilflosigkeit abgespalten und projiziert werden können. Der Mechanismus der Abstraktion wirkt,
das Opfer scheint nicht mehr als Freund oder Kollege erkennbar;
es geht um die eigene Hilflosigkeit, zu deren Träger das Opfer
wird.

Gruppendynamische Aufschaukelungsprozesse verstärken
den Sog und die Dramatik des Geschehens. Einzelne, die allein
nicht mitmachen würden, werden in den Sog der Gruppe als
Mitmacher und Mitläufer gezogen, weil sie ja auf die Gruppe und
den Gruppenhalt in der prekären Situation angewiesen sind.
‚Mitmachen' vermittelt Anerkennung. Man ist im Gruppen-
strom, der Prozess der Abstraktion wird nun gruppendynamisch
weiter verstärkt. Das Opfer kommt in einen Etikettierungssog
und damit selbst in eine Zone der Unsicherheit. Es verhält sich
entsprechend unsicher und die Gruppe fühlt sich in ihrem Mobbingverhalten gegenüber dem Opfer bestätigt. In dieser Dynamik
kann die Gruppe kein Unrechtsbewusstsein entwickeln und es ist
hinterher immer schwierig, den Vorgang zusammen kritisch zu
rekonstruieren.

Im Kindes- und Jugendalter – also in der Schulkindheit –
wird von Mobbing vor allem aus den ersten Jahren der Grundschule und beim Übergang in die Pubertät berichtet. Es sind
offene Entwicklungs- und Übergangsphasen, in denen Unsicher-
heiten und Hilflosigkeiten ‚schwelen' und in einem schlechten
Schulklima zu Mobbingkonstellationen gedeihen können. Die
gruppendynamische Aufschaukelung, die Abspaltung und Projektion auf eine(n) Schwächere(n) und die diffuse, die Gruppe
bestätigende Reaktion des Opfers brechen vor allem in den Pausen und um den Schulweg herum auf. LehrerInnen erkennen es
deshalb oft sehr (zu) spät, vor allem wenn die Pausenhofaufsicht
nicht in der Lage ist, auf entsprechende Signale zu achten. Die

TäterInnenprofile zeugen von geringem Selbstwert und wenig Selbstkontrolle bei niedrigem Empathievermögen. Gleichzeitig verfügen aber viele der TäterInnen über cliquengestütze Gruppenmacht und körperliche Stärke. Jungen und Mädchen zeigen dabei ein unterschiedliches Mobbingverhalten, wobei die TäterInnen in der Mehrzahl männlich sind: Jungen mobben mehr körperlich-räumlich, Mädchen eher psychisch und beziehungsaktiv ausgrenzend. Die Opfer sind meist Einzelpersonen; ihnen stehen ein TäterInnenkern von bis zu drei Personen, eine MitläuferInnengruppe und ein passiver Zuschauerkreis gegenüber. Die Mobbingopfer sind meist schon vorher sozial zurückgenommen bis isoliert, haben ein negatives Selbstkonzept, weisen aber meist keine negativen Schulleistungen auf (vgl. Oertel u.a. 2015: 259).

Cybermobbing

Die meisten Opfer von interaktivem Mobbing sind auch Opfer von Cybermobbing. Mit dem Internet ist ein besonderes Mobbing-Mittel eingeführt, das die Ohnmacht der Opfer verstärkt. Die nun grenzenlose Möglichkeit der Verbreitung schafft eine unüberschaubare bedrohliche Öffentlichkeit, die TäterInnen bleiben meist anonym und ein Rückzug aus dem digitalen Geschehen ist kaum möglich (vgl. Sitzer u.a. 2012)

Antimobbing-Strategien (vgl. in der Übersicht: Dambach 2002; Jannan 2008) für die Schule werden – gleichzeitig – auf drei Ebenen empfohlen: Verbesserung des Schulklimas (einschließlich Setzung eindeutiger Regeln für den Umgang miteinander), pädagogisch-konfrontative Projekte mit den TäterInnen, selbstwert- und anerkennungsstärkende Hilfen für die Opfer (vgl. auch Bründel/Simon 2007). Für den Schulalltag werden – niedergelegt in einer übersichtlichen Quartalsplanung – regelmäßige Übungen empfohlen, in denen erfahren und gelernt wird, wie Vertrauen gebildet, Grenzen gesetzt, Konflikte fair ausgetragen, Spannungen gelöst und soziale Kompetenzen gefördert werden können (vgl. Jannan 2008: 39 ff.).

Rechtsextreme Gewalt bzw. Gewaltbereitschaft kann insoweit als besondere Form extremen Bewältigungsverhaltens interpretiert werden, als sich Abspaltung und Projektion nicht nur direkt auf Einzelne oder Gruppen richten, sondern im Magnetfeld eines Programms verortet werden können. Rechtsextremistische Programme bieten eine Projektionsfläche für die Abspaltung von biografisch verfestigten Selbstwert- und Anerkennungsstörungen. Ihre ethnozentristische bis rassistische Programmatik bietet nicht nur die Möglichkeit der Abwertung anderer und damit der Selbsterhöhung der eigenen Person an, sondern offeriert auch ihre kollektive Einbindung und Bestätigung in gleichgesinnten sozialen Gruppen.

Heitmeyer sieht im Rechtsextremismus eine Form der Verarbeitung von Desintegrationserfahrungen. Im Mittelpunkt dieser These steht die Annahme von der Umformung „erfahrener Handlungsunsicherheit in Gewissheitssuche, […] von Ohnmachtserfahrungen und Gewaltakzeptanz, […] von Vereinzelungserfahrungen in die Suche nach leistungsunabhängigen Zugehörigkeitsmöglichkeiten" (1994: 47). Rechtsextremistische Konzepte bieten danach entsprechende ‚Stabilitätsversprechen' in nationalistischen und rassistischen Überlegenheits- und Durchsetzungskonzepten. In der Bewältigungsperspektive lässt sich der Zusammenhang wie folgt formulieren: Jugendliche und junge Erwachsene, die nicht in der Lage sind, Hilflosigkeit und Ohnmacht angesichts erfahrener Desintegrationserscheinungen zu thematisieren, geraten in den Druck der Projektion und Abspaltung dieser Gefühle auf Schwächere. In diesem Kontext bilden sich rassistische und rechtsextremistische Projektions- und Abstraktionsmuster aus. Das scheinbare Paradox, dass man sich dabei einer autoritären Gruppen- und Führerideologie unterwerfen muss, wird dadurch aufgelöst, dass die Unterwerfung unter die Gruppe und die Teilhabe an der Ideologie bzw. Programmatik in ihrer Gleichzeitigkeit einen positiven Effekt erzeugen: Ich unterwerfe mich, dadurch erfahre ich Eindeutigkeit in der Orientierung und kann gleichzeitig mit dieser Teilhabe an der politischen Programmatik auch an der Stärke, die diese verheißt, partizipieren. Diese Macht und Stärke ist für mich erreichbar, da sich im rechtsextremen Programm eben jene tiefenpsychischen Mechanismen der Abspaltung und Projektion auf Schwächere und ihre Abstraktion manifestieren, die mich von meinem Inneren her bewegen (vgl. auch Reinhardt/Rommelspacher 2006).

In der Rechtsextremismusforschung wird die Frage, ob bei Anhängern rechtsextremistischer Ideologien Selbstwertstörungen den psychodynamischen Hintergrund bilden, seit langem kontrovers diskutiert. Zwar werden „Korrelationen zwischen dem Fehlen eines Ausbildungsplatzes, der sozialen Unterstützung in der Familie und bei Gleichaltrigen einerseits und negativen Selbstkonzepten andererseits ermittelt [...], auch gewisse Zusammenhänge zwischen Anomiegefühlen [...] und negativem Selbstwert [...]. Auf der anderen Seite zeigte sich überraschenderweise, daß Jugendliche mit positivem Selbstkonzept (zum Teil mit Selbstüberschätzung) eher noch stärkere autoritär-nationalistische Orientierungen aufweisen, als solche mit negativem Selbstkonzept (zum Teil mit Minderwertigkeitsgefühlen)" (Wahl 1993: 39). Das Bewältigungskonzept kann hier mit der Kategorie Handlungsfähigkeit eine weitergehende Interpretation anbieten. Denn damit können niedrige wie überhöhte Selbstwertniveaus gleichermaßen in ihrer Beziehung zur rechtsextremen Einstellung plausibilisiert werden. Wenn überhöhte Selbstwertrepräsentationen keine soziale Anerkennung finden, auf soziale Ablehnung stoßen und deshalb nicht sozialintegrativ wirksam werden können, entsteht genauso ein inneres Ungleichgewicht und damit Hilflosigkeit, die Projektion und Abspaltung erzeugt, wie wenn sie nicht thematisiert oder in legale Konkurrenzkontexte integriert werden können. Wenn sich männliches Dominanzverhalten nicht sozial im Alltag ausleben kann, sucht es sich soziale Kontexte, in denen gerade dies symbolisch überhöht ist und integrativ wirkt. Rechtsextremistische Gruppierungen signalisieren dominante und gewaltbereite Männlichkeit.

Rechtsextreme männliche Gewalt entsteht meist aus der Gruppe heraus. Diese bezieht ihr Zusammengehörigkeitsgefühl aus der Abgrenzung gegenüber und der Abwertung von Schwächeren, vor allem AusländerInnen. In dieser Dimension der Abwertung gehen Gewalt und Rechtsextremismus ineinander über (vgl. auch Baier/Boehnke 2008). Ausländerfeindlichkeit ist dabei der Dreh- und Angelpunkt des Gruppenprozesses. Sie muss immer wieder verbal und in der öffentlichen Anmache demonstriert werden. Ausländerfeindliche Alltagsflips und Events, meist von Einzelnen aus der Clique heraus angezettelt, steigern das Ansehen in der Gruppe und stärken damit den fragilen Selbstwert. So ist es auch nicht verwunderlich, dass bei vielen gewaltbereiten jungen Männern kein Unrechtsbewusstsein zu erkennen ist. Die Jungs tun es ja für die Gruppe, viele von ihnen sehen im Delikt gar nicht so sehr das Unrecht an anderen, sondern möchten sich vor der Gruppe beweisen. So ist es nicht verwunderlich, dass an die vier Fünftel aller fremdenfeindlichen Akte in Deutschland aus Gruppen heraus begangen wurden (vgl. Landua u.a. 2001). Wir stoßen in dieser rechtsextremen Szene auf Jugendliche und vor allem junge Erwachsene, die von ihrem sozialbiografischen Hintergrund her auf den Cliquenzusammenhalt angewiesen sind und die deshalb die rechtsextrem-deviante Kultur der Clique nicht als abweichend sondern als emotional attraktiv und biografisch funktional empfinden: Selbststärkung, sozialer Rückhalt, Geborgenheit, Zugehörigkeit und Erfahrung der Teilhabe vermitteln ein Statusgefühl, das für sie in der Gesellschaft so nicht erreichbar wäre. Da dies über die Gruppenzugehörigkeit und vor allem über die Unterwerfung unter die Gruppenautorität hergestellt ist, hat es pädagogisch wenig Zweck, die Gruppe zerschlagen zu wollen, denn der Einzelne ist in der Gruppenidentität aufgegangen. Dennoch ist dieses Ungleichgewicht zwischen Gruppendruck und Individualität der strategische Ansatzpunkt für eine pädagogische Intervention, die nicht auf die Zerschlagung der Gruppe, sondern auf die Herauslösung Einzelner abzielt.

Dass Mädchen und Frauen einen wesentlich geringeren – aber doch steigenden – Anteil an rechtsextremen Kreisen ausmachen, weist erst einmal auf das andauernde Vorherrschen der männlichen Dominanzkultur in diesen Gruppierungen hin. Andererseits: „Das hindert die Frauen nicht daran, sich mit den Zielen der rechten Bewegung zu identifizieren, in der sie oftmals ignoriert werden [...]. Zudem kann ein dialektischer Prozess beobachtet werden: Zum einen gehen immer mehr Frauen selbstbewusst in die Szene hinein und bringen ihr Potenzial ein, zum anderen fühlen sich viele durch ihre Zugehörigkeit zur anwachsenden und an Bedeutung gewinnenden rechten Bewegung gestärkt" (Antifaschistisches Frauennetzwerk 2005: 10). Viele Frauen, die der rechtsextremen Szene angehören, unterwerfen sich in der Regel der männlichen Dominanzkultur, ‚delegieren' gleichsam die Gewalt an die Männer. Ihr Rassismus ist eher beziehungsorientiert, die Abwertung auf den Nahbereich bezogen. Rechtsextreme Orientierungen bieten manchen Mädchen und Frauen mit massiven biografischen Erfahrungen der Unterwerfung und verweigerten Anerkennung einen Bewältigungsrahmen, der zwar weiter durch die gewohnte männliche Dominanzkultur geprägt ist, ihnen aber Raum für eigenes Dominanzverhalten gibt. Auch hier wird davon ausgegangen, dass die in rechtsextremen Szenen vorherrschenden Männlichkeits- und Weiblichkeitsstereotypen in ihrer Polarität gerade Mädchen mit massiven Identitätsproblemen anziehen (vgl. Siller 1994; Köttig 2004). Insofern stellt der Rechtsextremismus einen Kontext dar, in dem multiple Bewältigungsprobleme aus der Mitte der Gesellschaft heraus aufeinandertreffen und sich verdichten können. Deshalb ist er beileibe keine Randerscheinung, sondern ein hartnäckiges gesellschaftliches Phänomen, in dem die Übergänge von Normalität und Gewalt fließend sind (vgl. Butterwegge 2008).

16 Für die Opfer ist es meist eine seelische Gratwanderung zwischen abstoßendem Ekel und Angst vor Verlust – sexuelle Gewalt

Im ZDF-Morgenmagazin vom 31.1.2017 schockierte die Nachricht, dass nach Schätzungen der WHO (Weltgesundheitsorganisation) bis zu eine Million Kinder und Jugendliche in Deutschland von Übergriffen sexueller Gewalt betroffen seien. Drei Viertel davon Mädchen.

Sexueller Missbrauch findet dabei vor allem im familialen Nahraum statt, einem Bereich also, der in der Familienideologie der Gesellschaft eigentlich als Schon- und Schutzraum für Kinder gilt. Deshalb ist sexueller Missbrauch immer noch hoch tabubesetzt und die Dunkelziffer entsprechend hoch. Die seelische Katastrophe, die sich aufgrund dieser intimen Verstrickung zwangsläufig anbahnt, wird bindungstheoretisch wie folgt beschrieben: „Die Bindungstheorie nimmt an, Kinder seien evolutionär mit einem Verhaltenssystem ausgestattet, das sie motiviert, bei Bedrohung Schutz bei Bindungspersonen zu suchen und den drohenden Verlust von deren Zugänglichkeit ebenfalls als Bedrohung zu interpretieren. Sexueller Missbrauch wird i. d. R. als verstörend erlebt und aktiviert daher das Bindungssystem. Dies löst dann Hilflosigkeit und Bindungsdesorganisation aus, wenn der Missbrauch von Bindungspersonen ausgeht oder (in der Wahrnehmung des Kindes) von diesen geduldet wird. Mittelfristig verändern sich unter diesen Bedingungen beim Kind die inneren Modelle vom Selbst, den Bindungspersonen und dem Wesen enger Vertrauensbeziehungen" (Kindler 2015: 247).

Sexuelle Übergriffe werden vor allem gegenüber Mädchen aber auch gegenüber Jungen in der Mehrzahl von männlichen Tätern, in der Minderheit von Frauen begangen. Im Mittelpunkt des Geschehens steht die Ausnutzung von kindlicher Abhängigkeit in nahen Beziehungsräumen.

Der Zugriff von Männern auf Mädchen und Jungen stützt

sich meist auf einen patriarchalen Machtanspruch, hinter dem ein – in den Familien oft unwidersprochenes – Selbstverständnis der Täter steht, dass ihnen das Recht auf Erniedrigung und Benutzung des kindlichen Lebens zusteht. Abgeschirmt werden die Taten durch das gesellschaftlich hochgehaltene Bild geschützter Intimität und familialen Zusammenhalts, aber auch durch die Idealisierung der mütterlichen Sorge. So entsteht das Tabu der Undenkbarkeit solcher Übergriffe. Gleichzeitig ermöglichen die Abhängigkeit und das Vertrauen, das Kinder in ihre Eltern haben, die ungehinderte Gewaltanwendung. In diesem Ermöglichungskontext können sich die Strategien der Täter entwickeln. Sie setzen auf eine Spaltung der Familie, Mutter und missbrauchte Tochter werden auseinanderdividiert (vgl. Heiliger 2001). Die Kinder werden unter vielseitigen Drohungen zu Stillschweigen verpflichtet, werden isoliert und gleichzeitig damit eingeschüchtert, dass sie es seien, die die Familie bedrohten, wenn sie darüber redeten. Damit werden vor allem Mädchen verfügbar gemacht und in ein Schuldbewusstsein getrieben, das durch den immer wieder aufkommenden Vorwurf, sie seien es durch ihr Verhalten, die den Missbrauch mit hervorriefen, noch gesteigert wird.

Dies kann bei Mädchen – gerade in den Jahren vor der Pubertät – zu Selbstbeschuldigung, Verwirrung und Selbstzerstörung führen. Die zerstörenden Folgen berühren den Kern des Lebensgefühls, die Beziehung zu anderen, führen in die Isolation des eigenen Erlebens. Das kann zu einer lebenslangen ‚inneren Gefangenschaft‘ führen (vgl. Kavemann 1997). In den äußeren Bewältigungsformen der Mädchen ist dies nicht immer erkennbar. Schutzlosigkeit, zerstörtes Selbstwertgefühl und Unwertgefühle bleiben oftmals verdeckt, machen sich für die Mädchen in vielen Lebenssituationen anders bemerkbar: Immer wieder meinen sie, sie seien schuld, wenn ihnen etwas Unrechtes zustößt, oder sie suchen Aufwertung und Schutz bei sektenähnlichen Gruppierungen; sie verletzen sich selbst und/oder sie brauchen Schlaf- und Beruhigungsmittel, damit sie einschlafen und tagsüber funktionieren können.

Im Falle des Missbrauchs von Jungen liegen die Schwierigkeiten oft auf anderen Ebenen. Jungen werden weniger als Mädchen im familialen Nahraum, sondern eher in familienexternen Milieus missbraucht: In Vereinen, Ministrantenverhältnissen, Internaten – aber hin und wieder auch in der familialen Umgebung. Der Zugang zu ihnen ist nicht einfach: Auf der Suche nach Männlichkeit traut sich der Junge nicht, den Missbrauch zuzugeben, weil er Angst hat, als unmännlich, vielleicht sogar als schwul zu gelten. Missbrauchte Jungen sind doppelte Opfer: zum einen Opfer des Missbrauchs selbst, zum anderen Opfer männlicher Tabuisierung dieses Vergehens. Gestützt wird diese Tabuisierung durch Idolisierung von Männlichkeit und damit zusammenhängende männliche Mythen: Danach ‚schade‘ den Jungen der sexuelle Missbrauch weniger als den Mädchen, da sie doch ganz unemotional damit umgehen könnten und – eher als die Mädchen – über die gleichaltrige Clique stärker davon loskämen. Dies zeige ja auch das rationale Verhalten vieler Strichjungen, bekommt man da immer wieder zu hören. Und schließlich seien es doch homosexuelle Männer, die sich an Jungen vergingen und deshalb sei der Täterkreis – das ‚Problem‘ – eingrenzbar. Dass es vor allem heterosexuelle Männer sind, die Jungen in den Familien missbrauchen, wird auf diese Weise einfach durch das schwule Vorurteil verdrängt (vgl. Bange 2007). So ist es nicht verwunderlich, dass vergleichsweise wenige Hilfen für missbrauchte Jungen angeboten werden. Das Objekt der Interventionen und Beratungen ist eher noch der männliche Täter und nicht das männliche Opfer. In dieses Männermodell passt das Opfersein der missbrauchten Jungen nicht hinein.

Sexueller Missbrauch entwickelt sich meist in fragilen familialen Verhältnissen. Es sind oft Eltern, die unfähig sind, Elternschaft herzustellen. Sie sind eine Ehe eingegangen, weil sie sich von ihr und den Kindern die Zuneigung und Anerkennung versprachen, die sie von ihren Eltern nicht erhalten hatten. Sie sind nun auch nicht in der Lage, diese ihren Kindern weiterzugeben, von denen sie sich eher die Einlösung ihrer Wünsche erhoffen. Es sind also bedürftige Eltern und in dieser Bedürftigkeit vor allem Männer, die dann auf Grund ihrer familialen Machtposition die Nähe zur Tochter missbräuchlich für eigene Bedürfnisse ausnutzen.

Wenn Präventionsprojekte darauf pochen, dass man Kinder relativ früh darin unterstützen muss, dass sie ihr Recht auf Unversehrtheit mit einem ‚Nein‘ verteidigen dürfen, übersehen sie oft die innere Bedürftigkeit der dadurch von Zuneigung ausgeschlossenen Kinder, die auf den Vater, die Mutter oder eine andere nähere Bezugsperson doch so dringend angewiesen sind. Demgegenüber steht aber die ausweglose Bedrohung durch den Vater, Stiefvater oder Großvater, die für ein Kind gerade in den frühen Lebensjahren zu einer undurchschaubaren Verstrickung und Ohnmacht führen kann. Dies verlangt bei kleinen Kindern eine stellvertretende Intervention, bei der die handelnde Person die ganze Verantwortung übernehmen muss und selbst besonderen Halt und Schutz braucht.

Männer, die Kinder missbrauchen, wissen zwar, dass es Unrecht ist, haben aber dennoch kein entsprechendes Gefühl für das Kind. Sie spalten dieses Unrechtsgefühl mit ihrer Bedürftigkeit ab – hier kommt wieder unser Bewältigungsmodell zum Zuge –, neutralisieren es im halbbewussten Rückzug auf eine patriarchale Dividende (‚Das steht mir als männlichem Familienoberhaupt zu.‘) und verschieben dabei in einer psychodynamischen Projektion die eigene Hilflosigkeit und ihre eigene Bedürftigkeit in einen Akt des Übergriffs (vgl. auch Harten 1995). Dadurch entsteht eine Antriebskonstellation, die sich in einem Verhalten manifestiert, das zwar planmäßig aussieht, im Grunde aber losgelöst ist von den Bindungen und der emotionalen, nicht mehr zugänglichen Bedürftigkeit des Täters. Dadurch erhält das Täterverhalten seine scheinbar rationale Ablaufmechanik. Schon deswegen ist bei sexuellem Missbrauch eine sofortige – vor allem auch polizeiliche – Intervention notwendig, weil sie den Mann zugleich mit der Norm und der Verantwortung konfrontiert. Das kann aber nur dann sinnvoll sein, wenn dabei der Schutz der Kinder und der Frau vor zukünftigen, nicht selten gesteigerten, Drohungen gewährleistet ist. David und Bange (2002) haben Regeln dafür aufgestellt, unter welchen Bedingungen und Anforderungen ein Täter überhaupt Zugang zur Familie haben darf bzw. umgekehrt ein Kind in die Familie zurückkehren kann.

Man geht immer noch und immer wieder davon aus, dass Kinder aus desorganisierten Familien – vor allem aus armen Familien – von Missbrauch am ehesten bedroht sind. Schätzungen, dass jedes dritte Heimkind ein Missbrauchskind ist, verfestigen solche Annahmen. Missbrauch ist aber nicht signifikant an prekäre soziale Lebenslagen gebunden, er kommt auch in Mittel- und Oberschichtfamilien und ihren familialen Umwelten vor. Sexueller Missbrauch als Machtmissbrauch ist hier sogar eher abgesichert, weil die Familien nicht so stark kontrolliert werden. Gerade die oben beschriebene Hintergrundkonstellation der Genese von sexuellem Missbrauch zieht sich durch alle Schichten: Der bedürftige Vater ist der, der selbst als Kind seinen Eltern ausgeliefert war und der seine biografisch erfahrene Ohnmacht und Verfügbarkeit auf das Kind abspaltet. Es gibt aber auch die in der Beziehung zum Kind gefühllose Mutter, die von ihrer Lebensgeschichte her nicht fähig ist, mütterlich zu sein und deshalb immer wieder in Übergriffen handelt, weil sie vom Kind das haben will, was sie früher selbst an Zuneigung entbehrt hat.

Aber auch die Frauen von Tätern geraten in hilflose Situationen, die sie oft als ‚Unterstützerinnen‘ erscheinen lässt. Für sie als Mütter bricht eine Welt zusammen, sie schirmen oft das Geschehen ab, weil es doch nicht wahr sein kann. Sie stellen die Aussagen des Kindes infrage, entwickeln gar Eifersuchtsgefühle gegenüber der Tochter, haben Angst vor der Zerstörung der Familie. Diese Angst greift auf alle Beteiligten, auch auf die Opfer über (vgl. Harten 1995). Dem Kind wird Schweigepflicht auferlegt und damit Verantwortung für den Erhalt der Familie übertragen. Das führt bei den missbrauchten Kindern zum Zweifel an der eigenen Wahrnehmung (vgl. Enders 2001: 129). Die Zerrissenheit zwischen dem Ekel vor dem Täter und der Angst, diese vertraute Person zu verlieren, führt schließlich unweigerlich zur Traumatisierung der Opfer.

Sexueller Missbrauch wird vor allem Männern zugerechnet. Dass es auch genug Täterinnen gibt, ist weitgehend immer noch ein Tabu. Vor allem wenn es Mütter sind, wird doch das Bild der ‚guten Mutter‘ in unserer Gesellschaft fast naturgesetzlich hochgehalten. Und: Eine grundlegend andere Form des Missbrauchs durch Frauen – sanfter, subtiler und weniger gewalttätig – wird von den bekannten Untersuchungen nicht bestätigt. „Täterinnen weisen das gesamte Spektrum der Verhaltensweisen von männlichen Tätern auf, das von intimen Berührungen bis zu sadistischen Grausamkeiten reicht […]. Ähnlich wie männliche Täter setzen sie – vor allem im sozialen Nahraum – einen raffinierten Zyklus aus emotionaler Abhängigkeit und Ausbeutung in Gang" (Oestreich/Kendel 2007: 199).

17 Der Gewalt gegen sich selbst geht eine innere Spaltung voraus – Autoaggression

„Wenn Mädchen sich mit Messern, Nadeln oder anderen Gegenständen verletzen, beschreiben sie ihren Zustand oft als psychische Abwesenheit, als emotionale und sensorische Empfindungslosigkeit. [...] Es scheint, als hätten sie vorübergehend die Fähigkeit verloren, sich selbst zu spüren und zu erleben" (Bovensiepen 2002: 60).

Im Falle von Gewalt gegen sich selbst – Selbstverletzung (z. B. Ritzen), Essstörungen oder exzessivem Medikamentenmissbrauch – dreht sich die Bewältigungsdynamik, der Prozess der Abspaltung nach innen. Im psychotherapeutischen Befund zum ‚Ritzen' spiegelt sich der bewältigungstheoretische Ansatz wider. „Der Körper kann durch die Dissoziation wie ein äußeres Objekt verwendet werden [...]. Einerseits tritt er an die Stelle des damals misshandelten Kindes, andererseits kann die schmerzende Hautsensation, auch das warm über die Haut rinnende Blut eine prothetische Ich-Grenze darstellen. [...] Da sich die Aggressivität nur gegen einen abgespaltenen Teil des Selbst richtet, kann das Selbst als Ganzes erhalten bleiben" (Hirsch 2002b: 41).

Dass man Selbstverletzungen bezüglich der Häufigkeit besonders bei Mädchen in der Pubertät und damit einhergehenden aggressiven Mutter-Tochter-Konflikten antrifft verweist auf Zustandsbefindlichkeiten von Ohnmacht und Hilflosigkeit, die nicht thematisierbar sind und denen massive Anerkennungsstörungen vorausgehen. Hier zeigt sich wieder deutlich das Phänomen der Abstraktion, das auch bei der Autoaggression wirkt. Ebenso der nur nach innen gerichtete Projektionsmechanismus: Es findet eine Selbstspaltung statt, die den Betroffenen ‚ermöglicht', die eigene Hilflosigkeit an sich selbst auszulassen, wobei „die nichtkörperlichen Selbstanteile [...] eine Stabilisierung und Spannungsabfuhr [erleben]. Das vitale subjektive Selbst findet über den selbstverletzenden Akt eine vorübergehende Integration in eine an sich selbst vollzogene Tätigkeit" (Koch/Resch 2002: 170). Selbstverletzung wird also von den Betroffenen als positiv-funktional erlebt. „Die Betroffenen beschreiben eine aktuelle innere Anspannung und ein Getriebensein, das, nachdem Blut fließt, einer angenehmen Entspannung und inneren Ruhe weicht" (Subkowski 2015: 207).

Auch die psychogene Essstörung der Magersucht (Anorexia) lässt sich nach diesem Modell rekonstruieren. Hier spielen ebenso massive Selbstwert- und Anerkennungsstörungen eine ausschlaggebende Rolle. „Dabei kann Nahrung bei den Betroffenen nach psychoanalytischem Verständnis auch für Sehnsucht nach Austausch in Beziehungen, Wertschätzung [...] stehen" (Subkowski 2002: 113). Die Anorexia, das aggressive Fasten bis in die Todesnähe, wird in der diagnostischen Grundformel als nach innen gerichteter Bewältigungsmodus interpretiert, mit dem „die in der Pubertät an die junge Frau herangetragenen Erwartungen und Rollenansprüche, aber auch eigene aufkeimende sexuelle Wünsche [...] über die Ablehnung des weiblichen Körpers zurückgewiesen" (ebd.: 114), durch innere Abspaltung abgetötet werden. Dass die Betroffenen eher aus der Mittelschicht stammen, weist darauf hin, dass es die dort vorfindbaren neurotischen Erziehungskonstellationen sein können, die zur Überforderung der Mädchen führen. Gerade wenn die entwicklungstypischen Mutter-Tochter-Konflikte drohen, ausweglos zu werden, kann die Selbstverletzung als unbewusster Racheakt an der überfürsorglich kontrollierenden Mutter interpretiert werden. Auch selbsterlittene sexuelle Gewalt kann der Auslöser in dem Sinne sein, dass man sich den Schmerz zufügt, den man selbst erleiden musste.

Dass inzwischen auch – zu einem wesentlich kleineren Teil – Jungen von solchen Essstörungen heimgesucht werden, lässt darauf schließen, dass die Suche nach Männlichkeit heute in dem Maße fragiler geworden ist, in dem die Männerrolle in unserer Gesellschaft ihre frühere selbstverständliche Dominanz und damit Orientierungssicherheit eingebüßt hat. Gleichzeitig fühlen sich nicht wenige Jungen und junge Männer durch das neue weibliche Selbstbewusstsein ihnen gegenüber irritiert und darin ambivalenten Erwartungen ausgesetzt (gleichzeitig maskulin und beziehungsfähig zu sein), zu deren Erfüllung es keine alltagskonkreten Vorbilder gibt.

Interventionen bei Essstörungen sind in der Regel therapeutisch definiert. Grundlage der Therapie ist dabei die Herstellung von Sicherheit und Vertrauen gewährender Beziehungen. Betont wird die Kunst des Heraushörens der richtigen Botschaft, denn Autoaggression wird als Hilfeappell, als Hinweis auf frühere Missbrauchs- und Vernachlässigungserfahrungen interpretiert. Das heißt nicht, dass man sich in der alltagspädagogischen Arbeit, vor allem in der Jugendarbeit, in der man immer wieder auf autoaggressive Mädchen trifft, dazu nicht in Beziehung setzen kann. Denn genau diese Grundmuster der Intervention sind ja in der Jugendarbeit herstellbar. Dass diese Arbeit aber vernetzt werden, die Kooperation mit einer therapeutischen Betreuung gesucht werden muss, versteht sich von selbst.

18   Man wird zum Fall, der Fall zur Akte –
Hilfe und Kontrolle in der Jugendhilfe

Die Jugendhilfe ist von ihrer Geschichte und gesellschaftlichen Funktion her ein Interventionsbereich, in dem Abweichendes Verhalten bei Familien, Kindern und Jugendlichen präventiv und reaktiv korrigiert oder zumindest befriedet und eine Reintegration in die gesellschaftliche Normalbiografie angestrebt wird. Sie ist somit eine klassische Instanz sozialer Kontrolle, die in ihren Eingriffsmechanismen – z.B. Heimeinweisung, sozialpädagogische Maßnahmen in Verbindung mit der Jugendgerichtsbarkeit – bis in den punitiven Bereich hineinreicht. Gleichzeitig versteht sich die Jugendhilfe als pädagogische Institution – neben Familie, Schule und beruflicher Ausbildung –, die im Sinne einer zunehmend sozialisatorisch (und weniger normorientiert) ausgerichteten Pädagogik an den Entwicklungs- und Bewältigungsproblemen von Kindern und Jugendlichen ansetzen und deshalb ihren Kontrollcharakter möglichst entschärfen und pädagogisch überformen will (vgl. zur Jugendhilfe im Überblick: Otto/Thiersch 2015; Schröer u.a. 2016). Die Entwicklung der rechtlichen Rahmenregelungen vom Reichsjugendwohlfahrtsgesetz der 1920er Jahre bis hin zum Kinder- und Jugendhilfegesetz der 1990er Jahre spiegelt den Trend einer stetigen Pädagogisierung und Entpönalisierung des Jugendhilferechts wider. Dennoch bleibt der Kontrollcharakter letztlich doch als Strukturelement der Jugendhilfe bestehen. Das zeigt sich in der Struktur und Systematik des Gesetzes: Die Pflichtaufgaben der Jugendhilfe sind dort als Muss-Normen formuliert, wo die Maßnahmen eine deutliche Dimension sozialer Kontrolle aufweisen (z.B. bei den Erziehungshilfen nach §§ 27 bis 35 SGB VIII). Dort aber, wo es offensichtlich nicht um Kontrolle geht, vor allem in den Bereichen der Jugendarbeit, handelt es sich um Kann- und bestenfalls Soll-Normen.

Die Spannung zwischen Hilfe und Kontrolle, die Herman Nohls klassische Formel ausdrückt – nicht die Probleme, die der

170

Jugendliche macht, sondern die er hat, müssten Ansatzpunkt sozialpädagogischer Arbeit sein –, ist bis heute in der Jugendhilfe erhalten geblieben. Die Kontrollfunktion wird auch von Öffentlichkeit und Politik immer dann angemahnt, wenn Abweichendes Verhalten Jugendlicher nicht mehr auf jugendkulturelle Räume beschränkt ist, sondern das öffentliche Ordnungsinteresse sowie Symbole gesellschaftlicher Integration tangiert sind. Diese institutionelle Kontrolldimension – in der Spannung von harter Ordnungspolitik und weicher Integrationshilfe – wurde in der jugendhilfekritischen Diskussion der 1970er Jahre in Westdeutschland noch dadurch zusätzlich belastet, dass der Jugendhilfe nicht nur ihre traditionelle Disziplinierungsfunktion vorgehalten wurde, sondern dass man ihr darüber hinaus noch den Vorwurf machte, sie trüge mit ihren Maßnahmen erst recht zur Verfestigung Abweichenden Verhaltens bei. Eine Institution, die angetreten war, Abweichendes Verhalten zu korrigieren und die Abweichler sozial zu reintegrieren, geriet (und gerät bis heute) in den begründeten Verdacht, selbst Abweichendes Verhalten zu verursachen, deviante Karrieren zu formen und somit Familien, Kinder und Jugendliche zu stigmatisieren.

Die Jugendhilfe in ihrer institutionellen Dimension sozialer Kontrolle

Die Wurzeln der Jugendhilfe in Deutschland liegen nicht im Pädagogischen, sondern im Bereich obrigkeitsstaatlicher Kontrolle. Der Jugendhilfe wurden Jugendliche zugewiesen, welche ein Verhalten zeigten, das die öffentliche Ordnung gefährdete und/oder politisch und sozial unerwünscht war. Dieses Abweichende Verhalten war so weit kriminalisiert, dass der Jugendhilfe ausgangs des 19. Jahrhunderts wenig pädagogischer Spielraum blieb. Allerdings ist nicht zu übersehen, dass neben der kriminal- und ordnungspolitischen Funktion die *sozialintegrative* Absicht des Sozialstaates eine Rolle spielte. Da es sich um Jugendliche und somit in der Entwicklung Befindliche handelte, sollte neben der Sanktions- und Abschreckungsfunktion (im Blick auf die Mehrheit der konformen Jugend) auch eine pädagogische Funktion berücksichtigt werden: Es sollte versucht werden, die Jugendlichen wieder auf ‚den rechten Weg' zu bringen (Fürsorgeerziehung als Besserungserziehung), sie in die Gesellschaft wieder einzupassen. Diese pädagogische Dimension gewann mit der Demokratisierung der Gesellschaft und der sozialstaatlichen Zwecksetzung der Jugendhilfe in der Weimarer Republik deutlich an Boden. Sie wurde in der Praxis getragen und gestaltet von SozialpädagogInnen, die aus der Jugendbewegung und aus der bürgerlichen Frauenbewegung kamen und sich im reformpädagogischen Geist an die Ausgestaltung der Jugendhilfe machten. Bis heute kommen gerade aus den sozialen Bewegungen „jene geistigen Energien der Jugendwohlfahrtspflege" (Nohl 1949), welche die Jugendhilfe (periodisch) sozial- und jugendpolitisch immer wieder erneuern. Dadurch – vor allem auch in den 1970er Jahren im Gefolge der Studentenbewegung, Lehrlingsbewegung, der Heimkampagnen und Jugendzentrumsbewegung – entstand fachöffentlich immer wieder der Eindruck, die Jugendhilfe sei seit der Jugendbewegung Teil sozialer Bewegungen und könne sich somit den sozialstaatlichen Kontrollinteressen entziehen. Die deutliche Rückführung der Jugendhilfe auf Kontrollinteressen in den 1990er Jahren belehrt uns eines Besseren: Die institutionelle Dimension sozialer Kontrolle ist der Jugendhilfe in der modernen Industriegesellschaft immanent. Jugendhilfe ist keine soziale Bewegung, sondern eine sozialstaatliche Institution. Als solche richtete sie ihr Augenmerk im letzten Drittel des 19. Jahrhunderts zuerst auf die proletarischen Jugendlichen in der ‚Kontrolllücke zwischen Schule und Kasernentor'. Die Jugendhilfe hatte diese Lücke zu schließen. Denn in den Augen der damaligen Obrigkeit bestand die Gefahr, dass die Jugendlichen unter den Einfluss der sozialistischen Arbeiterbewegung gerieten. Deshalb musste ihr ungebundenes Verhalten auf der Straße kriminalisiert, zumindest aber in die Richtung der ‚Gefährdung' gerückt werden.

In dieser klassischen Kontroll- und Kriminalisierungsdefinition der Jugendhilfe scheint der dahinterliegende Aspekt der Machtdurchsetzung und Herrschaftssicherung deutlich auf. Mit der Entstrukturierung der politischen und sozialen Machtstruk-

turen und der Entkriminalisierung der Straße und ihrer tenden-
ziellen Anerkennung als Lebensort für Kinder und Jugendliche
(allerdings nur, wenn sie nicht aus der Familie desertiert sind) ist
der pädagogische Raum heute breiter und vielfältiger, die Stigma-
tisierungsgefahr geringer und die Kontrollfunktion sekundär
geworden. Im Sinne des Paradigmas Sozialintegration/System-
integration (vgl Habermas 1981) ist heute zu formulieren: Das
öffentliche Kontrollinteresse hat sich in die systemischen Bezüge
verlagert und tritt vor allem bei Verhaltenssymptomen der gesellschaftlichen Bestandsgefährdung (z. B. Jugendgewalt) hervor. Die
sozialintegrativen Bezüge können deshalb stärker von den Jugendlichen her entwickelt und in diesem Sinne pädagogisch definiert werden. Die Jugendhilfe kann sich als „lebensweltorientierte
Jugendhilfe" (vgl. dazu Bundesministerium für Familie, Senioren,
Frauen und Jugend: Achter Jugendbericht 1990) begreifen.

Eine andere historische Wurzel des Kontrollcharakters der
Jugendhilfe liegt im traditionellen Verständnis von Hilfe, wie es
aus der Wohlfahrts- und Fürsorgetradition auch in die Jugend-
wohlfahrt Eingang gefunden hat. Schon der Fürsorgetheoretiker
H. Scherpner (1962) hat in diesem Zusammenhang darauf hingewiesen, dass das Spannungsverhältnis, der pädagogisch kon-
struierte Gegensatz von Hilfe und Kontrolle, wie er in der modernen Reformdiskussion der Sozialpädagogik/Sozialarbeit immer wieder beschworen wird, keinen äußeren Gegensatz,
sondern ein, dem Funktionscharakter der öffentlichen (sozialen)
Hilfe immanentes Strukturproblem darstellt. Hilfe ist gleichzeitig
immer auch Kontrolle. Scherpner leitet dies historisch her, indem
er zeigt, dass die Gewährung sozialer Hilfe in der deutschen Sozi-
algeschichte immer als gesellschaftliches und nicht als individuel-
les Problem definiert war. Individuelle und persönliche Hilfe
unterscheidet sich von sozialer Hilfe dadurch, dass sie im Alltag
unterhalb der gesellschaftlichen Aufmerksamkeit gewährt wird.
Soziale Hilfe als gesellschaftlich verantwortete Hilfe tritt dann auf
den Plan, wenn Einzelne oder Gruppen sich nicht mehr selbst
helfen können, Alltagshilfe zu kurz greift und damit symbolisch
oder materiell das Gleichgewicht der Gesellschaft gefährdet ist.
Anders formuliert: Soziale Hilfe wird gewährt, wenn Einzelne

oder Gruppen nicht in der Lage sind, sich an die Gesellschaft sozial anzupassen. Soziale Hilfen sind also Anpassungshilfen an gesellschaftliche Mindeststandards von Alltagsbewältigung, sozialer Sicherheit und sozialer Teilhabe. Auch sie haben wieder eine gleichermaßen integrierende wie kontrollierende Funktion. Sie sollen der Durchschnittsbevölkerung die Sicherheit geben, dass die Gesellschaft einspringt, wenn sie aus dem sozialen Gleichgewicht gerät, gleichzeitig aber auch symbolisieren, dass die Gesellschaft korrigierend auf den Plan tritt, wenn soziale Abweichungen nicht mehr über das Alltagshandeln geregelt werden können. Diese kontrollierende und integrative Funktion sozialer Hilfe hat sich bis heute nicht nur im System sozialer Unterstützung (Hartz IV-Empfänger sind über das Lohnabstandsgebot planmäßig schlechter gestellt als Lohnempfänger), sondern auch in der Jugendsozialarbeit (Jugendberufshilfe) erhalten. Die Jugendsozialarbeit hat nicht nur den Auftrag der Verbesserung der Vermittlungsbedingungen in den Arbeitsprozess, sondern vor allem auch den der sozialen Stabilisierung und Motivations- und Verhaltenslenkung der Jugendlichen).

Etikettierungsprozesse in der Jugendhilfe

Die moderne Jugendhilfe – auch wenn sie sich längst in ihren sozialintegrativen Bezügen wohlfahrts- und lebenslagenorientiert versteht (vgl. dazu Flösser 1994) – bleibt also weiterhin eine Instanz öffentlicher Kontrolle. Die Erwartung der Gesellschaft, sich präventiv und/oder reaktiv auf Abweichendes Verhalten und Delinquenz Jugendlicher zu beziehen, bricht in den Sonderereignissen von Jugendgewalt und -kriminalität immer wieder hervor. „Wo bleibt die Jugendpflege?", ging als Kanzlerwort nach den Ausschreitungen (gegen eine Asylantenunterkunft) in Rostock 1993 durch die Medien. Die Jugendhilfe ist deshalb bestrebt, sich – zumindest im Alltagsgeschäft – eine fachliche Autonomie zu schaffen, die es ihr erlaubt, ‚neben' dieser hoheitlich-öffentlichen Kontrollerwartung eine Hilfestruktur aufzubauen, die in ihren Aktivitäten an der Lebens- und Bewältigungssituation der Kinder und Jugendlichen anknüpft und für diese Umwege der Integration aufzeigen und organisieren kann, die nicht stigmatisierend und ausgrenzend wirken. Dabei kommt der Jugendhilfe heute zupass, dass sich – zumindest in den soziokulturellen Bezügen der Sozialintegration – die Alltagswelt und die biografischen Wege zur Erreichung der Normalexistenz im Erwachsenenalter pluralisiert haben.

Dennoch ist die Jugendhilfe in Sachen Kontrolle längst nicht aus dem Schneider. Nicht nur die Ereignisse der Jugendgewalt decken das auf, auch der fiskalische Druck und die damit verbundenen organisatorischen Steuerungsauflagen, nach denen die Jugendhilfe sich auf ihre Pflichtaufgaben – und das sind eben nach dem KJHG nach wie vor die manifesten Kontrollaufgaben – zu beschränken hat, zwingen sie verdeckt und offen auf den tradierten ‚geraden' Weg der Kontrolle Abweichenden Verhaltens. Daran wird deutlich, dass sich die Jugendhilfe nicht von ihrer kontrollierenden Grundstruktur verabschieden kann, dass sie – im gesellschaftlichen Funktionszusammenhang – eine Instanz öffentlicher Sozialkontrolle bleibt. Man kann das wieder mit dem Modell der Entkopplung von System- und Sozialintegration beschreiben: In den sozialintegrativen Bezügen kann die Jugendhilfe entstigmatisierend wirken und über die Umwege, die eine pluralisierte Alltagsnormalität zulässt, so arbeiten, dass sie nicht dem Definitionszwang Abweichenden Verhaltens unterliegt. Dies hat aber seine systemintegrativen Grenzen: Dort, wo der systemische Bestand symbolisch oder materiell gefährdet ist, wird sie in die gesellschaftliche Kontroll- und Stigmapflicht genommen. Auch in dieser Spannung ist die Jugendhilfe als Erziehungs- *und* Kontrollinstanz zu thematisieren. Das Wissen um diese Spannung gehört zur institutionellen und professionellen Reflexivität der Jugendhilfe. Ohne diese Reflexivität kann die Jugendhilfe auch nicht den Etikettierungs- und Stigmatisierungstendenzen begegnen, die aus eben dieser ihr eigenen Kontrollstruktur entstehen und sich verselbständigen können.

Ich will im Folgenden diese der Jugendhilfe immanenten Kontroll- und Stigmatisierungstendenzen an Ablaufmodellen darstellen, wie sie seit der Jugendhilfekritik der 1980er Jahre entwickelt wurden (Herriger 1987; Klatetzki 1998; Ader 2005). Dabei soll auch deutlich werden, dass sich der Kontrollcharakter nicht durch einfache pädagogische und therapeutische Verfachlichung aushebeln lässt, sondern auch gesellschaftlich auf die Pädagogik wirkt. Entstigmatisierung ist also nur bedingt eine fachliche, zuvörderst aber eine gesellschaftspolitische Aufgabe.

Herriger weist darauf hin, dass die Jugendhilfe traditionell ihr Klientel nicht selbst rekrutiert, sondern durch andere Institutionen – vor allem die Polizei – zugewiesen bekommt. In diese Zuweisung sind schon Definitionen des Falls eingegangen: Die Jugendlichen kommen nicht als solche, sondern *kategorisiert* als Normverletzer, als polizeilich registrierter Typus, zur Jugendhilfe, von der – diesem Typ entsprechende – Maßnahmen erwartet werden. Dies trifft vor allem Jugendliche, von deren Familien aufgrund ihres sozialen Status angenommen wird, dass sie nicht zur privaten Regulierung des angerichteten Schadens oder überhaupt zur verständigenden Kommunikation über den Tatverdacht ihres Kindes bereit und in der Lage sind. Die Jugendhilfe wird also meist erst eingeschaltet, wenn schon ein wesentlicher Typisierungsvorgang gelaufen ist, in den sie sich mehr oder minder einfädeln, die vorangegangenen Definitionen anerkennen, zumindest sich verbindlich damit auseinandersetzen muss.

Die Reform der deutschen Jugendhilfe in den 1980er und 1990er Jahren lief deshalb vor allem auch darauf hinaus, möglichst früh mit gefährdeten oder delinquenten Jugendlichen in Kontakt zu kommen. In Formen der stadtteilbezogenen aufsuchenden und netzwerkorientierten Arbeit – Streetwork, mobile Jugendarbeit – sollen Jugendliche, wenn sie schon mit der Polizei in Berührung kommen, auch gleich Unterstützung durch die Sozialarbeit erhalten. Diese versucht schon früh, den Definitionsprozess von den Problemen der Jugendlichen her zu beeinflussen. Vor allem bei den Jugendlichen, deren Familien nicht in der Lage sind, regulierend einzugreifen, versteht sich die moderne Jugendhilfe als präventive Regulierungsinstanz. Eine entsprechende Zusammenarbeit zwischen Jugendhilfe und Polizei hat sich an vielen Orten entwickelt, sie wird den Jugendlichen offen dargelegt, so dass sie den Kooperationszweck durchschauen und verstehen können, dass es sich hier um Versuche der Entkriminalisierung handelt.

Allerdings ist es über diese offenen und aufsuchenden Projekte hinaus bis heute schwierig, gerade den eingriffstradierten Instanzen der Jugendhilfe (Familien- und Erziehungshilfen) verständlich zu machen, dass es sich bei der Intervention um einen interaktiven und interpretativen Prozess, aber nicht um ein gesichertes Verfahren handelt: „Die berufliche Interaktion zwischen dem sachbearbeitenden Sozialarbeiter der Jugendhilfebehörde und dem ihm gemeldeten Minderjährigen ist inhaltlich geprägt durch den Handel um eine rechtsverbindlich eindeutige Definition der registrierten ‚problemhaften‘ Geschehnisse […]. Zugleich muss der Fall in einer Akte schriftlich niedergelegt werden, so dass andere möglicherweise beteiligte oder noch zu beteiligende Instanzen bereits auf einen Bestand von bedeutungsvollen Informationen zurückgreifen können, wenn sie ihrerseits über Maßnahmen gegen diese Kinder und Jugendliche zu befinden haben" (Herriger 1987: 181).

Die SozialarbeiterInnen stehen dabei unter dem institutionellen Druck – den sie oft selbst in ihre Haltung übernommen haben –, die Vorgänge in die Indikationen und Verfahrensregeln des Jugendhilfegesetzes und seiner jeweils behördlichen Ausführungstradition einzupassen und greifen dabei auf ihr „berufsbezogenes Alltagswissen" (ebd.) zurück. Dieses ist auf Typisierung angelegt, das heißt, es dient dazu, die behördliche Handlungsfähigkeit der SozialarbeiterInnen aufrecht zu erhalten. An dieser orientiert sich auch die *Berufserfahrung* (wie habe ich in der Vergangenheit etwas gemeistert). So wird von einem verfügbaren Fundus von ‚pragmatischen Persönlichkeitstheorien‘ (Was ist ein anständiger Mensch?), ‚pragmatischen Devianztheorien‘ (Wer gilt landläufig als gefährdet?) und ‚pragmatischen Kontrolltheorien‘ (Was halten wir für solches Klientel üblicherweise bereit?) ausgegangen.

Solche pragmatischen Persönlichkeitstheorien sind eingebettet in ‚praktische Ideologien‘, welche über die fachliche Orientierung hinaus Sinnstiftung im Beruf vermitteln. Als solche organisieren sie das Handeln der MitarbeiterInnen und sind

„Grundlage für Kooperation und professionelle Selbstkontrolle" (Klatetzki 1998: 61). Somit sind die Persönlichkeitstheorien eingebunden in ein Alltagsmilieu beruflicher Identität und Gemeinschaft und deshalb schwer von außen in Frage zu stellen:

„Das Grundproblem praktischer Ideologien besteht nun darin, dass sie Vereinfachungen vornehmen und Eindeutigkeiten herstellen, wo in Wirklichkeit [...] die Verhältnisse unvermeidlich mehrdeutig und komplex sind. Ideologien haben in Organisationen den Charakter von Selbstverständlichkeiten [...] und so wird vergessen, dass es andere Interpretationsmöglichkeiten für soziale Probleme gibt" (ebd.: 62).

Auf den Jugendlichen wird insofern eingegangen, als über den Mechanismus der ‚retrospektiven Interpretation' die Biografie neu aufgearbeitet wird, um dem normabweichenden Verhalten eine verstehbare lebensgeschichtliche Bedeutung zu geben: „Auch für die SozialarbeiterInnen im Jugendamt gehört es zur Berufsroutine, dass sie im unmittelbaren Gespräch mit dem Minderjährigen und/oder seinen Eltern ein retrospektiv gerichtetes Bild der je besonderen Individualität und Entwicklungsgeschichte des ‚Missetäters' entwickeln" (Herriger 1987: 183). So haben die SozialarbeiterInnen das Gefühl, dass sie der biografischen Einzigartigkeit des Jugendlichen und gleichzeitig den Erfordernissen der Institution Jugendhilfe gerecht werden können.

Dass diese institutionelle Gebundenheit des diagnostischen Blicks bei gleichzeitigem persönlichkeitstheoretisch verbrämten Willen, den Kindern und Jugendlichen gerecht zu werden, weiter wirkt, hat Sabine Ader in einer empirischen Studie zur „Wahrnehmung, Deutung und Intervention in der Jugendhilfe" (2005) bestätigt. Es handelt sich um eine gleichsam strukturell eingelassene Resistenz von Etikettierungen, in denen sich die in den Köpfen der professionell Wirkenden institutionellen Grenzziehungen spiegeln: „Personell wie institutionell wird eher eine Vermeidung von Verunsicherungen angestrebt. Dazu zählt auch, dass die ernsthafte Hinwendung der Professionellen zu den Lebensgeschichten, Selbstdeutungen und Erzählungen der AdressatInnen zu Handlungsanforderungen führen könnte, die nicht im entwickelten Repertoire enthalten sind und somit eine Bedrohung für professionelle und methodische Handlungsroutinen darstellen. Zudem impliziert die Annäherung an die individuellen Lebensschicksale der HilfeadressatInnen häufig eine enorme emotionale Belastung, die die individuelle Verantwortung für einen Fall eher noch erhöht und das Erklären der Nicht-Zuständigkeit als Möglichkeit der Distanzierung erschwert" (ebd.: 50).

So führt der Anpassungsdruck an institutionelle Interessen oft dazu, dass diese als Wertorientierung in die persönlichen Vorstellungen der Professionellen eingehen. Da sich institutionelle Orientierungen weniger an dem sozialen Wandel als an der Stabilität des normativen Durchschnitts orientieren, finden sich „in den sozialen Diensten und Entwicklungen unreflektierte normative Vorstellungen darüber, wie Kinder aufwachsen sollen und was ‚gut und richtig' für sie ist. Auffällig ist auch hier die hohe Orientierung am Familienideal, verbunden mit einer Fokussierung tradierter Geschlechterstereotypen (‚die gute Mutter') sowie festgefügter Vorstellungen über die erwünschte Lebensweise […]. Ebenso problematisch wie auf der fachlich-individuellen Ebene ist auch hier, dass diese Vorstellungen nicht systematisch kommuniziert und zur fachlichen Leitidee bzw. zum Standard erhoben werden, der auch für Außenstehende transparent ist, sondern diese Normen sich ‚freischwebend' im System bewegen und die zutreffenden Entscheidungen prägen" (ebd.: 178). Damit kann sich immer wieder eine „unreflektierte Abwertung der Lebensformen und Vorstellungen" (ebd.: 179) der betroffenen Kinder und Jugendlichen und ihrer Familien einschleichen. So ist es nicht verwunderlich, dass man den professionellen Halt wieder an den Symptomen – Auffälligkeiten und störendes Verhalten – sieht und die dahinter liegende Bewältigungslogik und -dynamik nicht erkennen kann.

Dies ist auch die Grundstruktur der meisten Anamnesen. Mit der retrospektiven Interpretation wird der Jugendliche schon in einer devianten *Karriere* gesehen, eine Zuschreibung, die es den SozialarbeiterInnen möglich macht, vergangenes und zukünftig erwartbares Verhalten des/der Jugendlichen aus ihrer Sicht zu plausibilisieren. Somit erhält der/die Jugendliche eine deviante Biografie, die sich an der Entwicklung seiner/ihrer Auffälligkeit

und nicht an seiner/ihrer subjektiven Bewältigungsbiografie ausrichtet. Er/sie kann dann auch in der Jugendhilfe weitergereicht
werden, Überweisungsstation und biografische Station vermischen sich. Schließlich hat der/die Jugendliche in den ‚Kontroll-
Augen' der Jugendhilfeadministration und ihrer SozialarbeiterInnen nicht ein Kinder- und Jugendleben hinter sich, sondern
eine Reihe von Aufgriffen, Überweisungen, Beratungen, Trai-
ningskursen, Heimeinweisungen etc. Er/sie ist dem Jugendhilfe-
system vertraut, man weiß mit sich gegenseitig umzugehen, beide
– der/die Jugendliche und die SozialarbeiterInnen – orientieren
sich nun gegenseitig am typisierenden Karrieremodell. Die Jugendhilfe hat ihre KlientInnen im Griff und diese arrangieren
sich damit, vor allem dann, wenn sie sich davon Vorteile für eine
möglicherweise bevorzugte Behandlung erhoffen. Das Eingehen
auf die Definitionen der SozialarbeiterInnen ist für Jugendliche
oft mehr ein Deal denn eine Stigmaübernahme.

Prinzipien der Entstigmatisierung

Auch und gerade in diesem Bereich hat die Reform der Jugendhilfe – in Fachdiskussionen, in der Praxis und schließlich in der
Gesetzgebung – fachliche und organisatorische Neuorientierun-
gen gebracht, wenngleich nicht vergessen werden darf, dass die
gesellschaftlich intendierte Kontrollfunktion der Jugendhilfe im
Hintergrund immer erhalten blieb. Auch hat die Modernisierung
der Kontrollstrukturen hat diese zwar ihrer früheren Willkür
beraubt, an ihre Stelle sind aber sozialisatorische und professionelle Definitionen getreten, deren negativer Kontrollcharakter
(‚Klientelisierung') hinter ihrer Rationalität versteckt ist. Deshalb
braucht die Jugendhilfe eine reflexive Praxis, in der sie sich dieser
Hintergrundstruktur immer wieder neu und kritisch vergewis-
sert. Von fünf Eckpunkten der Jugendhilfereform der 1980er und
1990er Jahre aus kann aufgezeigt werden, wie verhindert werden
soll, dass in der Jugendhilfe selbst Jugendhilfekarrieren entstehen:
  Die Erziehungshilfen sollen im regionalen Lebensumfeld an-
gesiedelt sein. Das betrifft vor allem die traditionelle überregiona-

le Heimeinweisung: Kinder und Jugendliche sollen nicht zu Heimkindern gemacht und damit in institutionelle Biografien (Heimkarrieren) gezwungen werden. Es wird nun vielmehr versucht, die betreuenden Hilfen in das zentrale Segment ihrer Biografie, das regionale und lokale Herkunfts- und Gleichaltrigenmilieu (z. B. in der Form des Betreuten Wohnens) zu integrieren (vgl. dazu Wolf 1995).

Die Erziehungshilfen sollen ‚integriert', das heißt aufeinander bezogen und ‚aus einer Hand sein' (vgl. Wolff 2000). Die Arbeitsformen sollen entsprechend ‚entspezialisiert' werden, denn zu starke Spezialisierung fördert die Abschottung der Hilfen voneinander. Entsprechend werden spezielle therapeutische Kompetenzen so organisiert, dass sie in der Kommunikation und Evaluation des integrierten Hilfebezugs verbleiben.

Dies verlangt eine flexible, stadtteilbezogene Teamorganisation in der Sozialarbeit. Die Erziehungshilfen werden in einer Einrichtung durch ein Team angeboten. Dabei steht nicht die Anpassung an die vorgegebene Institutionalisierung der Problemlage des Jugendlichen im Mittelpunkt, sondern der erzieherische Bedarf, der in einem Bezug zum lebensweltlichen Umfeld erschlossen werden muss. „Flexible Betreuung [richtet] den Fokus auf den kommunikativen Anteil des Zustandekommens einer Entscheidung. [...] Wir schaffen für jeden Jugendlichen ein einmaliges Betreuungssetting, eine seiner Individualität entsprechende Lebensform" (Klatetzki 1993: 4).

Die kommunikative Praxis des Teams ist durch (institutionalisierte) Reflexivität strukturiert. Die SozialarbeiterInnen müssen erkennen, dass sie es in ihrer Problemsicht nicht mit Tatsachen, sondern mit Deutungen (Klatetzki) zu tun haben. Deshalb ist es wichtig, sich in der Teamkommunikation der eigenen Persönlichkeits-, Devianz- und Kontrollstereotype zu vergewissern. Dies ist aber – so wie wir die Funktion von Stereotypen zur Aufrechterhaltung der eigenen professionellen Handlungsfähigkeit kennengelernt haben – nicht mit rational-kognitiven Programmatiken zu machen, sondern erfordert organisations- und teamnahe Supervision (vgl. dazu Belardi 1993; Buchinger/Klinkhammer 2007), in der diese Funktion für jeden Einzelnen und die Teamgruppe aufgedeckt wird und kommunikativ ausgerichtete funktionale Äquivalente gesucht werden können.

Das Schwierigste bei der ganzen Entstigmatisierung in der Jugendhilfe ist wohl die Beteiligung und Mitwirkung der Jugendlichen an den Maßnahmen, so wie sie in den rechtlichen Regelungen zur Erstellung des Hilfeplans im SGB VIII vorgesehen ist. Sicher erbringt eine lebensweltorientierte Methodik schon einmal die Voraussetzung der ,Niederschwelligkeit', des Abbaus institutioneller, lebensweltfremder Zugangsbarrieren. Damit ist aber noch nicht das Problem gelöst, dass Jugendliche, die zum Klientel der Jugendhilfe werden, nur bedingt über die kommunikative Kompetenz verfügen, die notwendig ist, um in solchen Aushandlungsprozessen nicht nur zu bestehen, sondern auch aktiv mitbestimmend teilzuhaben. Schon R. Bohnsack hatte in seinem Klassiker „Handlungskompetenz und Jugendkriminalität" (1973) differenziert dargestellt, dass Jugendliche aus sozial benachteiligten Familien- und Herkunftsmilieus nicht gelernt haben, von der Milieusprache auf institutionelle Kommunikation umzuschalten, dass ihnen non-direktive Aushandlungskonstellationen fremd sind und dass sie deshalb auch nicht über ,defensive Beschwerdemacht' verfügen. Das heißt, sie haben keine biografischen Erfahrungen darin, der institutionellen Sprachlogik entsprechend entlastende Gegendarstellungen für sich zu konstruieren. Ihre Entgegnungen sind meist direkt und egozentriert und wirken deshalb oft komisch und unlogisch auf die SozialarbeiterInnen: Zum Beispiel wenn ein Jugendlicher sagt, er sei gegen ein Fenster gestoßen worden und dadurch zwangsläufig zum Einsteigen in die Wohnung und zum Klauen gekommen. Oder diese Jugendlichen gelten als ,uneinsichtig': Diese Uneinsichtigkeit rührt aber meist daher, dass für die Jugendlichen das Abweichende Verhalten zuvörderst Bewältigung war, um handlungsfähig im Sinne der Selbstwerterhaltung und der Anerkennung durch die Gruppe bleiben zu können. Hier kommen wir wieder in die pädagogische Dimension des Verstehens von Abweichendem Verhalten. Angesichts dieser Problematik der Handlungskompetenz sind offene aufsuchende Angebote im präventiven Bereich (Streetwork etc.) für die gesamte Jugendhilfe wichtig. Denn hier konstituiert sich die Vertrauens- und Verständigungsbasis zwischen gefährdeten Jugendlichen und Sozialarbeit, ebenso wie eine gemeinsame Sprache, auf die man in kritischen Situationen Abweichenden Verhaltens gegenseitig wieder zurückkommen kann.

19 Die Gewalt springt nicht so einfach von der Straße auf die Schule über – Schulstruktur und Abweichendes Verhalten

Die Schule ist eine Instanz formeller sozialer Kontrolle. Sie ist eine gesellschaftlich legitimierte, hoheitliche Institution mit Zwangsmitgliedschaft, schreibt rigide Verhaltensmodelle vor und hat den (impliziten) sozialerzieherischen Auftrag, die kognitiven Voraussetzungen für Verhaltenskonformität zu schaffen. Ihre Kontrollstile sind sowohl unmittelbar punitiv – Strafen und Ausschluss – als auch sozial mittelbar: Sie kann Sozialchancen verteilen, chancenfördernd oder -verwehrend wirken. In ihrem erzieherischen Hauptgeschäft ist der Kontrollaspekt – neben der Ausrichtung der Schule an gesellschaftliche Konformität – *strukturell* eingelassen. Sie orientiert sich implizit – das heißt den LehrerInnen oft gar nicht bewusst – an herrschenden Normalitätskonstruktionen, nach denen Kinder und Jugendliche in ihrem Verhalten beurteilt, typisiert und etikettiert werden. Dies wirkt vor allem in schicht- und geschlechtsspezifischen, sowie in interkulturellen Bezügen.

Sozialisatorisch betrachtet, geht vom Kontrollcharakter der Schule eine tiefgreifende alltagskulturelle und biografische Wirkung aus. Die Schule strukturiert den Alltag als Schulalltag, die Kindheit als Schulkindheit und die Jugendphase als Bildungsjugend. Scheitern am Schulalltag, wie es sich z. B. im notorischen Schulschwänzen äußert, bedeutet daher in letzter Konsequenz für manche Kinder und Jugendliche eine deviante Etikettierung und Zuweisung zu Institutionen, die um Abweichendes Verhalten gruppiert sind. Scheitern am Schulalltag gehört zu den zentralen Indikatoren der Zuweisung zur Jugendhilfe. Biografisches Scheitern an Schule wiederum – Abbrechen, Abgang ohne Abschluss – verweist in der öffentlichen Meinung auf die Potentialität einer von der Normalbiografie abweichenden Karriere.

Schule muss also alltäglich und biografisch bewältigt werden, soll die gesellschaftliche Integration der Jugendlichen gelingen. Allerdings ist die Selbstverständlichkeit und Verlässlichkeit dieser integrativen Funktion der Schule heute brüchig geworden: Die Schule ist in ein *anomisches* Fahrwasser geraten. Diese anomische Tendenz zeigt sich heute auch dort, wo man es früher nie vermutet hätte: Die Schule scheint nicht mehr der geschlossene soziale Ort mit seiner gewohnten sozialen Verbindlichkeit, Eindeutigkeit und Exklusivität zu sein. Schule ist einem sozialen Entstrukturierungsprozess ausgesetzt, der anomische Tendenzen hervorruft. Wir werden dies mit dem Paradigma ‚zunehmende Freisetzung der Sozialräumlichkeit von Schule' aufzuschließen versuchen.

Typisierungsprozesse in der Schule

Schule als Ort der Leistungskonkurrenz und Auslese setzt *vergleichbare* SchülerInnen voraus. Dies ist der strukturelle Hintergrund, auf den sich Typisierungs- und Etikettierungsprozesse in der Schule beziehen und aus dem sie sich begründen. Im Mittelpunkt des schulischen Unterrichtsgeschehens steht nicht die einzelne Persönlichkeit des Schülers, sondern die *Schülerrolle* als Set von Verhaltenserwartungen und -zumutungen, die aus den funktionalen Erfordernissen des Lehr- und Lernprogramms und der Unterrichtsorganisation resultieren. All das, was die SchülerInnen an individuellen persönlichen Eigenheiten haben, können sie in die Schule nur bedingt einbringen: Entweder sie bekommen die Chance, sich in entsprechenden didaktischen Programmen – z. B. der Kleingruppenarbeit, den Projekttagen etc. – auch persönlich entfalten zu können, oder sie müssen ihrer – in der Pubertätszeit dazu noch stark triebgesteuerten – Dynamik des Selbst nach der Schule freien Lauf lassen. Vieles spielt sich natürlich auch weiterhin ‚unter den Bänken', ‚hinter dem Rücken der Lehrer' und im Pausenhof ab.

Die Schule nimmt mit der Schülerrolle also nur einen Teil, ein Segment der Schülerpersönlichkeit wahr, lässt nur dieses sozial zu. Über die Schülerrolle werden die sonst unterschiedlichen, aus verschiedenen Herkunftsfamilien stammenden SchülerInnen bewertbar im Sinne des Leistungsvergleichs. Alles, was nicht in dieses Segment passt, gilt tendenziell als (schulisch) Abweichendes Verhalten, die SchülerInnen dürfen nicht aus der (Schüler-) Rolle fallen. Der Schülerrolle entsprechend funktional definiert ist die *Lehrerrolle*. Auch die LehrerInnen müssen einen Teil ihrer Persönlichkeit aus der Schule herauslassen, denn die SchülerInnen können ihre standardisierten Schülerrollen nur entsprechend spielen, wenn die an sie gesetzten Erwartungen auch im Schulalltag funktional, institutionell kalkulierbar und symbolisch vermittelt sind. Sie dürfen nicht den unterschiedlichen Persönlichkeitsschwankungen und Launen der verschiedenen LehrerInnen ausgesetzt sein. Auch die LehrerInnen dürfen nicht aus der Rolle fallen. Natürlich gibt es in den Schulen jeden Tag Situationen, in denen SchülerInnen (und auch LehrerInnen) ‚ausrasten'. Dies wird aber nicht gleich als Abweichendes Verhalten definiert, sondern als gleichsam betriebsbedingte Störung des Rollenverhaltens, welches die LehrerInnen zu managen haben. Hier gibt es in der Lehrerschaft ein tradiertes Erfahrungswissen, das selten im Studium erworben, sondern durch Praxiserfahrung und in der Fortbildungskommunikation mit KollegInnen angeeignet wird.

Durch die institutionell verlangte Orientierung an der Schülerrolle/Lehrerrolle ist den meisten LehrerInnen überhaupt nicht bewusst, dass sie typisieren und etikettieren, das heißt die der Schülerrolle nicht gerecht werdenden SchülerInnen zu ‚schlechten SchülerInnen' und damit – angesichts der Alltagsverstrickung der Schule – auch zu negativen Personen hinsichtlich Selbstwert und sozialer Anerkennung machen können. In der inzwischen klassischen Studie zum „Abweichenden Verhalten im Unterricht" von Hargreaves u.a. (1981) heißt es dazu: „Deviante Schüler kristallisieren sich als unterschiedliche Individuen heraus […]. Dennoch sind sie alle Störenfriede" (ebd.: 201). Die unterschiedlichen Bewältigungsbotschaften werden oft nicht erkannt. Die LehrerInnen übersehen diese oft, weil sie bemüht sind, sich so zu verhalten, dass die Schule im Alltag funktionieren kann, ein ‚normaler Schulbetrieb' möglich ist. Der Begriff der Typisierung bezeichnet also den Umstand, dass wir dazu tendieren, um der Selbstverständlichkeit, Vertrautheit und Gewohnheit – also um der ‚Normalität' – willen, dingliche und soziale Phänomene weniger nach ihrer inneren Struktur und Logik (wie im Falle der wissenschaftlichen Typisierung), als vielmehr nach den Bedingungen der Aufrechterhaltung von Normalität (‚des normalen Schulbetriebs') zu bewerten (vgl. dazu Grathoff 1991). Typisierungen machen die Schule funktions-, die LehrerInnen handlungs- und die Kinder und Jugendlichen schulfähig. Typisierungen und Etikettierungen in der Schule können also nicht einfach dadurch abgebaut werden, dass den LehrerInnen mehr Wissen darüber und Kompetenzen im Umgang damit vermittelt werden, sondern dass sich an den Struktur- und Funktionsprinzipien von Schule etwas ändert. Denn sonst kann dieses Wissen die LehrerInnen erst recht handlungsunfähig machen (sie können es ja in der Struktur nicht durchsetzen und schieben dann leicht die Schuld auf sich selbst und werden dadurch neu blockiert). Dass Typisierungsmechanismen mit der Schulorganisation verbunden, ihr geradezu immanent sind, wird nicht zuletzt auch daran deutlich, dass sie – trotz des inzwischen verbreiteten Wissens darüber – immer noch wirksam sind. Allerdings hat sich heute das Magnetfeld der Etikettierung durch die Individualisierung des Schülerverhaltens (SchülerInnen lassen sich nicht mehr alles gefallen) und die sozialräumliche Öffnung der Schule (jugendkulturelle Stile dringen ein) im Schulalltag deutlich entladen. Es bricht dafür in schulischen Konfliktsituationen immer wieder auf (Meier 1997).

Für uns ist also die Erkenntnis wichtig, dass die Schule strukturell eine Hintergrundspannung von Konformitätsdruck und Abweichungsrisiko aufbaut, die auf ihrer funktionalen Logik beruht und an deren Bewältigung Kinder scheitern können. Wir können diesen Zusammenhang in das spannungsreiche Begriffspaar Schülerrolle/Schülersein kleiden. Kinder und Jugendliche werden in ihrer Persönlichkeit und Befindlichkeit – in ihrem Schülersein – von der Schule ergriffen (müssen sie bewältigen), die Schule wirkt in ihren außerschulischen Alltag hinein, aber sie verlässt sich darauf, dass die Kinder und ihre Familien das sozial so regeln, dass das funktionale Schülerrollenverhalten dadurch nicht gefährdet ist. Für Kinder, zumal wenn sie ins Pubertätsalter gekommen sind und sich ihre narzisstischen Antriebe sozial bemerkbar machen wollen, ist diese Zurücknahme in die Rolle wesentlich schwieriger, stressiger (das heißt mit diffusem Unwohlsein verbunden) als für ältere Jugendliche, die in ihrer inzwischen erreichten soziokulturellen Selbständigkeit und Distanzfähigkeit eher lernen, Schulalltag und Schülerrolle zu managen.

Ein weiteres strukturelles Problem der Schule ist immer noch, dass sie in ihrem funktionalen Rollenverständnis glaubt, schicht- und geschlechtsneutral zu sein. Dabei hat die schicht- und geschlechtsspezifische Sozialisationsforschung gezeigt, dass in die Schule, ihre Erziehungsstile und soziale Verkehrsformen Schicht- und Geschlechterstereotype eingelassen sind, oft ohne dass das LehrerInnen so bewusst ist (vgl. dazu Rolff 1996). So reproduziert die Schule in ihren Leistungs- und Verhaltensnormen, in ihrer zentralen Struktur des Bedürfnisaufschubs (heute etwas lernen und etwas leisten, von dem man erst später etwas hat) in ihren elaborierten Sprach- und interpretativen Kommunikationsstilen und ihren Formen der Konfliktaustragung die Lebens- und Sozialwelt der Mittelschicht. Mit Norbert Herrigers früherem Befund kann man in diesem Zusammenhang auch heute noch argumentieren: Für die Kinder aus sozial benachteiligten Familien dagegen stehen „die ihnen in der schulalltäglichen Interaktion nahegebrachten Leistungs- und Verhaltensnormen [...] in keinem einsehbaren Zusammenhang mit ihrem sozialisationsgeschichtlichen Erfahrungshintergrund. Sie sind für sie Bausteine einer neuen normativen Kultur, die als fremd und von den familiären Maßstäben verschieden wahrgenommen werden. Diese immer wieder aufgewiesene Diskrepanz zwischen der unterschichtspezifischen familiären Sozialisation und der mittelschichtspezifisch geprägten schulischen Sozialisation führt so gerade bei Schülern aus gesellschaftlich benachteiligten Schichten zu besonderen Belastungen und Anpassungsproblemen" (Herriger 1987: 162 f.).

An diesem Punkt werden auch die Weichen in Richtung Etikettierung gestellt. Die SchülerInnen aus sozial benachteiligten Familien – die Schichtgrenzen sind heute nicht mehr so milieuhaft starr wie noch in den 1970er Jahren, aber die Schichtindikatoren sind weitgehend geblieben, wenn auch nun biografisiert

(s. o.) – haben mit der, ihrer Lebens- und Sozialwelt ziemlich fremden Schule ein Problem und gleichzeitig machen sie damit in der Schule Probleme. Sind Schule und LehrerInnen in der Lage, zu erkennen, dass den Jugendlichen geholfen werden muss, erst einmal mit der Schule zurechtzukommen, und gibt es schulorganisatorische, lehrstoffliche und didaktische Mittel, um diesen SchülerInnen entgegenzukommen? Oder denkt die Schule strikt systemisch und sieht nur, dass die Jugendlichen Einstellungen und Verhaltensweisen mitbringen, die abweichend sind von den Normalitätsstandards der Schule? Werden die Jugendlichen also als SchülerInnen eingeschätzt, mit denen man sich über Schule verständigen kann, denen man entgegenkommen muss (wird dies auch institutionell als integraler Bestandteil des Schulgeschehens und nicht als Sonder- und Nachhilfe betrachtet) oder gelten sie als ‚Problemschüler‘? Wenn letzteres eintritt, ist der Grundstein für eine deviante Schülerkarriere gelegt. Die Jugendlichen haben ihr Etikett weg und laufen Gefahr, dass ihr zukünftiges Verhalten, wenn es den Schulnormen und -standards zuwiderläuft, immer auf dieses Label rückbezogen wird (während bei anderen Schülern dasselbe Verhalten als ‚Ausrutscher‘ gewertet und nicht auf das allgemeine Persönlichkeitsbild und die schulbiografische Entwicklungsprognose hin definiert wird). So kann eine Problemschülerkarriere entstehen, die selbstläufig wird, das heißt, sich von der Befindlichkeit des Schülers ablöst, das Verhalten anderer ihm gegenüber bestimmt und letztlich dann von ihm selbst übernommen, gelebt und stilisiert wird.

Zudem wird die Schule von einer Gesellschaft unter Druck gesetzt, in der – angesichts des Wandels der Arbeitsgesellschaft – eine gesellschaftlich vorherrschende individualisierte Sozialkonkurrenz als Bildungskonkurrenz in die Schule zurückwirkt. Eltern befürchten, dass die sozial nivellierte Gesamtschule nicht mit den Gymnasien mithalten und bei den SchülerInnen nicht das in der Arbeitsmarktkonkurrenz gestiegene Leistungsniveau und soziale Durchsetzungsvermögen erzeugen könne, weil sie eben ‚zuviel Rücksicht auf die Schwächeren‘ nehmen müsse. Dieser neue gesellschaftliche Druck vermittelt sich vor allem über die Familien, die oft dadurch selbst in eine anomische Situation geraten.

Einerseits möchten sie mit dem Druck erreichen, dass ihre Kinder mithalten und etwas werden können, andererseits spüren sie, dass sie mit diesem Druck die schulischen Bewältigungsprobleme der Kinder nicht ent-, sondern zusätzlich belasten. Was als systemisch abverlangtes Mittel zu Erreichung des Zieles ‚späteres Glück der Kinder' notwendig erscheint, erweist sich im sozialintegrativen Bezug als untauglich. Hier liegen auch die Konfliktherde, die das familiale Hintergrundklima von Devianz, wie wir es bereits kennengelernt haben, weiter anheizen. Dieser gesellschaftlich erzeugte und familial vermittelte Druck bleibt nicht ohne Wirkung auf die Schule: Eltern verlangen, dass ihre Kinder nicht ‚unterfordert' werden, dass der Abstand zu den Schwächeren auch noten- und statusmäßig sichtbar wird und dass das intellektuelle und soziale Durchsetzungs- und Konkurrenzvermögen für die Zwecke der späteren Präsentation im Arbeitsmarktwettbewerb auch ausreichend dokumentiert ist. LehrerInnen, die inzwischen über neue Lehrergenerationen hinweg gelernt haben, sich auf soziale Nivellierung und Stützung im Unterricht einzustellen, geraten nun wieder unter alltäglichen Selektionsdruck.

Ähnlich wie die sozial typisierenden Prozesse in der Schule laufen auch die geschlechtstypisierenden Vorgänge heute – angesichts institutionalisierter Rationalität des Lern- und Professionalität des Lehrgeschehens – nicht mehr offen, sondern latent, den LehrerInnen meist gar nicht bewusst, ab. Denn die moderne koedukative Schule nimmt ja für sich in Anspruch, Geschlechtergleichheit hergestellt zu haben. Und tatsächlich ist es im Durchschnitt auch so, dass die Mädchen längst aufgeholt haben und zum Teil höhere und bessere Bildungsabschlüsse vorweisen können als die Jungen. Allerdings verändert sich dies dann wieder im Übergang von der Schule zur Berufswelt, in der Jungen – aufgrund der geschlechtshierarchischen Arbeitsteilung sowie der biografischen Vereinbarkeitsproblematik bei den Mädchen – die besseren Chancen haben. Dennoch verstärkt die Schule sowohl im Kids- als auch im Jugendalter eher geschlechtstypische Verhaltensweisen, als dass sie sie nivelliert. So wird Jungen im Unterricht mehr Aufmerksamkeit seitens der LehrerInnen geschenkt als Mädchen, Jungen sind auffälliger, Mädchen sind unauffälliger und werden auch so behandelt. Die Jungen erfahren somit in der Schule so gut wie keine Korrektur ihres externalisierten männlichen Verhaltens (vgl. dazu ausf. Böhnisch 2004; Boldt 2008; Guggenbühl 2008). Die Geschlechtstypisierung in der Schule scheint also den Jungen – entgegen der landläufigen Meinung – mehr zum Nachteil zu geraten als den Mädchen. Denn sie werden in ihren außenfixierten Verhaltensritualen – die ja immer auch den sozialisatorischen Hintergrund für soziale Auffälligkeit bei Jungen und Männern abgeben – bestärkt und bestätigt. Damit werden sie bei schulischen Konflikten eher aus der Schule herausgetrieben als die Mädchen (vgl. die Schulabbrüche, die von den Jugendlichen selbst initiiert werden). Dieser Aspekt der geschlechtstypischen Benachteiligung der Jungen war angesichts der offensichtlichen Aufmerksamkeit, die sie in der Schule genießen, in der Geschlechterdiskussion lange kaum thematisiert. Die feministische Schulkritik insistierte vielmehr auf dem Urteil der unbedingten Benachteiligung von Mädchen, hat sie doch deren gesellschaftliche Stellung und nicht ihren Bildungsstatus im Blick.

In diesen schicht- und geschlechtsbezogenen Typisierungsprozessen lässt sich immer noch ein allgemeines Typisierungsmodell erkennen, das F. Lösel in seiner klassischen Arbeit „Prozesse der Stigmatisierung in der Schule" (1975) herausgearbeitet hat. Es wirkt im gesamten Schulalltag, in seinen Sog geraten LehrerInnen bis heute mehr oder minder immer wieder (vgl. Holtappels 1993; Popp 2002). Da sich das Schülersein heute stärker biografisiert hat, ist allerdings das Risiko für SchülerInnen, typisiert zu werden, nicht mehr nur auf bestimmte Sozialgruppen beschränkt, obwohl klassische Sozialzuschreibungen weiter wirken.

Lösels Modell geht davon aus, dass LehrerInnen (weil sie eben an der Schülerrolle ausgebildet und orientiert sind und wenig über das Schülersein und die damit zusammenhängenden Bewältigungsprobleme wissen) zu ‚impliziten' Persönlichkeitstheorien neigen. Solche impliziten Persönlichkeitstheorien konstituieren sich im Wesentlichen aus drei Elementen:

• der Übernahme von ungeprüften (tradierten) Einschätzungen von Personengruppen (Stereotype);

- der Strukturierung des Verhaltens des anderen entsprechend den eigenen Erwartungen an die SchülerInnen und
- einer impliziten Abweichungstheorie (z. B. der Annahme desorganisierter und gestörter Familienverhältnisse), welche den SchülerInnen selbst wenige Korrekturmöglichkeiten lässt.

Wir haben schon darauf aufmerksam gemacht, dass die Typisierung eine bestimmte Funktion hat, indem sie der Aufrechterhaltung und Bestätigung von Normalität der Typisierenden dient. Entsprechend der Logik der ‚Aufrechterhaltung der schulischen Normalität‘ wird in der Schule konformes und Abweichendes Verhalten typisiert. Den *Typisierungsvorgang* selbst sieht Lösel in folgenden Schritten ablaufen:

Nachdem die LehrerInnen die Kinder nach ihren impliziten Persönlichkeitstheorien eingestuft haben, wird meist nur das Verhalten registriert, das man von den SchülerInnen schulisch erwartet (und welches das vorgefasste Bild bestätigt). Nicht erwartetes Verhalten wird nicht bemerkt, übergangen. „Ein Versehen des ‚Verhaltensschwierigen‘ wird eher als böse Absicht aufgefasst, der Streich eines ‚guten Schülers‘ dagegen als netter Scherz kategorisiert" (Lösel 1975: 17).

LehrerInnen erwarten von den als ‚besser‘ und ‚schulkonformer‘ eingestuften SchülerInnen nicht nur bessere Leistungen, sie versuchen auch, „bessere Leistungen zu erhalten" (ebd.: 18), indem sie diese SchülerInnen stärker unterstützen, beloben und ihnen größere Wertschätzung entgegenbringen.

Die Typisierungen der LehrerInnen beeinflussen das Selbstbild der SchülerInnen (Übernahme der negativen Einschätzung: die betroffenen SchülerInnen trauen sich weniger zu), das wiederum in deren Verhalten eingeht und den LehrerInnen erst recht die vermeintliche Richtigkeit ihrer Typisierung bestätigt (Aufschaukelungsprozess). Die betroffenen SchülerInnen können sich dem Stigma meist nicht mehr entziehen, sehen sich in der Folge andauernder sozialer Kontrolle und einem Verdächtigungsdruck ausgesetzt, die sie gegenüber den MitschülerInnen ausgrenzen und isolieren. Allerdings, so müssen wir hinzufügen, ist der Grad der Selbstübernahme auch abhängig vom außerschulischen Status der SchülerInnen (z. B. in der Peergroup). Etikettierungs- und Stigmatisierungsprozesse in der Schule haben zudem geschlechtsdifferente Ausprägungen. Entsprechende Befunde weisen darauf hin, „dass Jungen eher von Etikettierungsprozessen als Mädchen betroffen sind, was wiederum damit zusammenhängt, dass sie sich eher an Gewalthandlungen und Unterrichtsstörungen beteiligen [und] stärker vom Schulversagen betroffen" sind (Popp 2002: 79). Mädchen geraten dagegen nicht so direkt in solche Etikettierungsprozesse, die Konflikte mit der Schule nach sich ziehen. Allerdings scheint es einen Zusammenhang zwischen sexualisierenden Etikettierungen und Gewaltbereitschaften zu geben. So wird in diesem Zusammenhang von Lehrkräften berichtet, die „die Ansicht vertreten, sexuell ‚aufreizende' Erscheinungsbilder von Mädchen könnten Gewalt zwischen Jungen provozieren" (ebd.). „Auch die Schüler-Lehrer-Beziehung könnte für Mädchen, die ein Etikett mit sexualisierendem Charakter zugewiesen bekommen, beeinträchtigt werden" (ebd.: 283).

Schule als anomische Struktur

Die Schule ist traditionell durch die Prinzipien der Leistung und Auslese strukturiert. Wer sie gut absolviert, dem sind gesellschaftliche Chancen verheißen. Man mag einwenden, dass dies heute nicht mehr so stimmt, da schulische Leistungen keine Garantien mehr für selbstverständliche soziale Platzierung darstellen. Trotz dieser prinzipiell anomischen Tendenz bleibt die integrative Funktion der Schule bestehen, nun allerdings in ihrer ‚negativen' Variante: Jugendliche ohne ausreichenden Schulabschluss finden sich überproportional unter den Arbeitslosen wieder. Schule einigermaßen gelungen zu absolvieren, schützt also vor sozialer Deklassierung. SchülerInnen haben biografisch gelernt, Schule in diesem Sinne für sich zu managen.

Sind also die anomischen Tendenzen in der integrativen Dimension von Schule leidlich ausbalanciert, so hat sich in den letzten Jahren ein schulisches Anomieproblem aus einer Richtung entwickelt, aus der es die Schule eigentlich nicht erwartet hätte. Traditionell geht die Schule davon aus, dass ihre soziale Reproduktion durch eine auf sie abgestimmte soziale Umwelt gewährleistet ist. Es gilt als selbstverständlich, dass die Schulfähigkeit jeden Tag in den Familien neu hergestellt wird und dass die Jugendlichen ihre sozialemotionalen Bedürfnisse und jugendkulturellen Interessen – die in der Schule zu kurz kommen oder übergangen werden – in der Gleichaltrigenkultur ausleben können. Heute steht die Schule vor der Situation, dass sich dieses reproduktive Umfeld entstrukturiert hat, in Teilen brüchig geworden ist und deshalb die außerschulische Herstellung von Schulfähigkeit nicht mehr so selbstverständlich und verlässlich geschieht, wie das die Schule lange Zeit vorausgesetzt hat. Familien sind nicht mehr so ohne weiteres in der Lage, SchülerInnen für die Schule vorzubereiten und zu begleiten, Kinder wachsen vereinzelt auf und nicht alle Jugendlichen finden Anschluss oder sozialemotionale Geborgenheit in Gleichaltrigencliquen. Montags merken die LehrerInnen, dass die Kinder aus einer anderen – multimedialen – Welt kommen, in der auch anders gelernt und sich anders verhalten wird als in der Schule. Von der Schule müssen Überbrückungshilfen, in der Schule Übergangsräume geschaffen werden, damit sich die Kinder aus der parasozialen Medienwelt in die institutionell-funktionale Welt der Schule einfinden können.

Schule ist unter der Hand zum *Sozialraum* geworden. Die SchülerInnen selbst haben die Schule als Raum entdeckt, in dem man einen halben Tag lang oder länger als Gruppe zusammen ist und auch Gruppenbedürfnisse befriedigen will, wenn sie außerhalb der Schule nicht mehr erreichbar sind. Schulklasse und Peerkultur wachsen in vielen Schulen immer mehr zusammen. Die Schule erhält für die Kinder Treffpunktcharakter, Verabredungen werden getroffen, man begegnet sich nicht nur als Schüler und Schülerin, sondern auch jugendkulturell. Erlebnis- und Beziehungsdynamiken durchziehen die Schule, und man kann vieles nicht mehr so einfach als Schulverdrossenheit oder Unterrichtsstörung definieren. In dieser Mischkultur nun laufen Typisierungen und Etikettierungen oft ins Leere. Die SchülerInnen können sich heute eher über sie hinwegsetzen bzw. sie unterlaufen, da die Schulen im Inneren offener geworden sind, das heißt Zwischenräume für die Entwicklung von Schülerkulturen zulassen.

Schule hat einen *sozialräumlichen Aufforderungscharakter* erhalten, und die SchülerInnen versuchen auch immer wieder, diese Sozialräumlichkeit in der Schule freizusetzen. Projektwochen und Landschulheimaufenthalte sind zwar gute sozialräumliche Ventile, reichen aber nicht mehr aus, da die sozialräumliche Dynamik der Schule Alltagscharakter bekommen hat. Wenn die Schule diese sozialräumliche Herausforderung nicht mit ihrer funktionalen Struktur ausbalancieren kann, wird sie zum diffusen Sozialraum. Das heißt, SchülerInnen machen sich in einer Art und Weise räumlich bemerkbar, die nicht mehr in die traditionellen Typisierungen der Unterrichtsstörung passen. Das geht bis hin zu Gewaltakten, die man vorher in der Schule so nicht gekannt hatte: Plötzlich wird jemand zusammengeschlagen, kurz vorher war noch alles wie immer, keiner weiß, wie es kam, auch nicht die Beteiligten selbst. Oder: LehrerInnen berichten von ihrem Unbehagen, dass ihnen diese Gewaltakte ‚archaisch' vorkämen, dass sie nicht in unsere Zeit passten, dass sie grundlos wären. Und sie erschrecken vor der Lust der Jugendlichen, etwas zu zerstören oder jemanden fertig zu machen. Solche Aussagen von LehrerInnen, wie ich sie an Fortbildungstagen zum Thema Schule und Gewalt erlebt habe, zielen auf das Unspezifische der neuen Gewalt ab.

Dass es hier vor allem wieder die Jungen sind, die mit körperlicher Gewalt und Randale auffallen, hängt mit ihrem extensivierenden Bewegungsdrang zusammen, den die nun sozialräumlich offene Schule gleichzeitig anregt und blockiert. Schon für die Grundschule wird bilanziert, dass sie als „Lebens- und Erfahrungsraum eher ein Ort für Mädchen als für Jungen ist" (Rohrmann 2008: 112). Es zeigen sich „klare Tendenzen von Benachteiligung und subjektiver Belastung von Jungen" (ebd.). Viele ihrer Auffälligkeiten verweisen deshalb darauf, dass die Schule Jungen geschlechtssensible Anerkennungsmöglichkeiten über die schulische Leistungsbeurteilung hinaus verwehrt (außer Sport, sonst aber kaum eigene Projekte). Die Schule hat zwar als Institution einen koedukativen Anspruch, gleichzeitig aber eben auch eine sozialräumliche Dynamik, die im koedukativen Unterricht „immer wieder Anlässe zur Inszenierung der eigenen Geschlechtszugehörigkeit und zur Zuschreibung geschlechtstypischer Merkmale dem jeweiligen anderen Geschlecht gegenüber" bietet (Boldt 2008: 140; vgl. dazu auch Budde 2005).

Diese unspezifische Gewalt ist kein Verhalten, das in seinen Gründen und Anlässen innerhalb und außerhalb der Schule rekonstruierbar und nachvollziehbar ist. Es wird vielfach durch die Schule selbst sozial freigesetzt. Da sie nicht in der Lage ist, ihren sozialräumlichen Aufforderungscharakter anzunehmen, kommen die Kinder in anomische Situationen: Sie fühlen sich von der Schule gruppendynamisch und emotional angezogen, suchen die LehrerInnen als Persönlichkeiten und werden gleichzeitig durch die funktionalisierten Unterrichtsmauern zurückgestoßen. Wir können annehmen, dass sich solche anomischen Strukturen in der Befindlichkeit des Selbst widerspiegeln. Gleichzeitig wissen wir, dass Gewalthandeln seitens der Kinder und Jugendlichen vor allem auch ein Auf-Sich-Aufmerksam-Machen ist. Die unspezifischen und unverständlichen Gewaltakte brechen also im wahrsten Sinne des Wortes – von den Kindern oft gar nicht gesteuert – aus der nun gestörten Balance zwischen Selbstbefindlichkeit und schulischer Umwelt, die auf diese Selbstbefindlichkeit nicht eingehen kann, heraus. Auch wenn LehrerInnen dies weit von sich weisen: Die Kinder erfahren in Schulen, die ihre eigenen sozialräumlichen Verheißungen blockieren, strukturelle Gewalt und wehren sich durch ungerichtete Akte aggressiver Selbstbehauptung.

Die Grund-, Haupt- und Mittelschulen sind von dieser Problematik stärker betroffen als die Sekundarstufe II. Denn die älteren SchülerInnen versuchen eher, die Balance zwischen sozialräumlicher Schülerkultur und Unterrichtssystem selbst zu managen. Diese Schülerkultur ist nicht mehr abgegrenzt von der außerschulischen Gleichaltrigenszene. Peer- und Schulklassenkultur sind eine Verbindung eingegangen, in der sich von schulischen Funktionserfordernissen geprägte Formen der Lebensführung mit außerschulischen Geselungsformen und Ressourcenmanagement in Rückbindung an die elterlichen Milieus vermischen. Man beobachte nur, wie bei älteren SchülerInnen der ‚Schulweg' im Café, in einem Mischszenario von Hausaufgaben- und Beziehungsabgleich, Schulvorbereitung und nachschulischem Peer- und Friend-Dating beginnt und nachmittags bis in den Abend in die Vermittlung von schulischen und außerschulischen Treff-Interessen reicht. Die Kids und jüngeren Jugendlichen hingegen haben noch nicht diese Selbständigkeit; sie sind noch deutlich den anomischen Zuständen einer sozialräumlich blockierten Schule ausgesetzt. Für sie muss sich die Schule sozialräumlich öffnen können, soll der anomische Druck nicht in innerschulische Devianz umschlagen.

Gravierend für die schulische Anomiehypothese (Schule bringt selbst antisoziale Tendenzen hervor, produziert Abweichungsdruck) ist zudem der Umstand, dass die arbeitsgesellschaftliche Konkurrenzsituation als Bildungskonkurrenz in die Schule zurückwirkt und dort – weil spürbar, aber nicht kalkulierbar – Unbehagen und Stress unter SchülerInnen erzeugen kann. Da die Bildungskonkurrenz über die Medien, den arbeitsgesellschaftlichen Krisendisput und letztlich auch über die Eltern in die Schule hineingetragen wird, sind die Möglichkeiten der Schule begrenzt, aus eigener Kraft diese anomischen Tendenzen zu regulieren. Dennoch gerät sie immer stärker unter sozialen Druck, nicht nur für schulische, sondern auch für soziale Probleme der SchülerInnen zugänglich zu sein, sich als Sozialraum zu öffnen, in dem nicht Rollen und Positionen aufeinander bezogen sind, sondern sich auch Persönlichkeiten begegnen und in ihrem Schülersein und Lehrersein verständigen können.

Gewalt in der Schule

„Die Gewalt springt [...] weder für die Mädchen noch für die Jungen von der Straße auf die Schule über. Es ist nur so, dass die Gewalt dann von der Straße auf die Schule überspringt und dort auch heimisch wird, wenn die Schule selber ein fruchtbarer Boden für Gewalt ist" (Kassis/Artz 2015: 264). Das an einer Minder-

heit von Schülern beobachtete Gewalthandeln ist vor allem gekennzeichnet durch körperliche Gewalt, Vandalismus (mutwilli-
ge Beschädigung von Sachen) und psychische Gewalt. In der
diffusen und fließenden Übergangszone von den antisozialen
Aggressionen zum Gewalthandeln finden wir vor allem Erscheinungsformen von Schülermobbing (wiederholtes ‚Schneiden'
und zunehmendes Ausgrenzen von einzelnen SchülerInnen).
Zum antisozialen Aggressionsverhalten – unterhalb der Ebene
des manifesten Gewalthandelns – werden schließlich körperlich-
räumliche Provokationen, mehrheitlich aber verbale Aggressionen und schließlich psychisches Unter-Druck-Setzen gerechnet.
Ich spreche ausdrücklich von ‚antisozialem' Aggressionsverhalten, weil wir ja in dieser Einführung immer wieder deutlich gemacht haben, dass der sozial gerichtete Aggressionstrieb und das
damit verbundene Verhalten zuerst einmal als Selbstbehauptung
zu betrachten sind. Eine antisoziale Richtung erhalten sie dann,
wenn sich diese Selbstbehauptung nicht mehr mit anderen in der
sozialen Umwelt verständigen kann und/oder wenn es keinen
Raum zum Experimentieren mit Aggressionen gibt. „Um gewalttätig zu werden, müssen Schüler/innen über eine längere Zeit
massiven Belastungsfaktoren ausgesetzt sein. Gewalt durch Schü-
ler/innen ist demnach ein sozial erlerntes dissoziales Verhalten"
(Kassis/Artz 2015: 265).

Abgesehen von diesen fließenden Übergängen lässt sich eine
deutliche Unterscheidung zwischen gewalttätigen und antisozial-
aggressiven Schülern nach der Art ihrer sozial rückgebundenen
Persönlichkeitsstruktur treffen: Gewalttätige Schüler haben
schwache soziale Bindungen an die Schule, aber auch an außerschulische Sozialbezüge (Hurrelmann 1993) und suchen und
stabilisieren ihren Selbstwert und ihre soziale Beachtung über
Abweichendes Verhalten. Schubarth/Ackermann (1997) fassten
die Untersuchungsergebnisse zum familialen Hintergrund solcher gewalttätigen Schüler Ende der 1990er Jahre wie folgt zusammen:

„Zirka zehn Prozent der Kinder und Jugendlichen (sind)
durch mindestens eine Form von Gewaltausübung in schwerer
Ausprägung in der Familie getroffen. [...] Untersuchungen bele-

gen, dass gewalttätige Menschen überdurchschnittlich häufig aus schwierigen Familienverhältnissen kommen und oft selbst Opfer familialer Gewalt gewesen sind ('Kreislauf der Gewalt'). Ursachen für Gewalthandlungen der Eltern gegen ihre Kinder können u. a. Konfliktsituationen, wie die Trennung der Eltern sein, aber auch wirtschaftliche Notlagen, schlechte Wohnbedingungen, ein aggressives Wohnumfeld oder nicht bewältigte emotionale Spannungen zwischen Eltern und Kind" (ebd.: 24).

Die Befunde verweisen vor allem auf solche inkonsistenten Familienkonstellationen, wie wir sie bei bindungsschwachen Familien aufgezeigt haben, aber auch auf sozial überforderte, die Kinder vernachlässigende und verunsichernde familiale Verhältnisse. Die in diesem Zusammenhang von Hurrelmann u. a. (1996) getroffene Aussage, dass diese Kinder im Kindergarten und in der Schule dissozial auffällig werden, weil sie nicht die familialen Voraussetzungen für die Einhaltung von Regeln mitbringen, kann durch die in diesem Buch referierte Grundaussage von Winnicott konkretisiert werden: Die Kinder haben in solchen Familien keine fördernde Umwelt erlebt und das Vertrauen in konforme Mittel der Selbstbehauptung verloren. Sie haben darüber hinaus in der Familie oft selbst Gewalt erlitten, so dass für sie Gewalt als 'zugelassenes' bis selbstverständliches Verhaltensmedium erscheinen musste. Solche gewalttätigen Schüler gehören auch nicht selten außerschulischen Cliquen an, die – so haben wir oben hergeleitet – ihren Zusammenhalt über Abweichendes Verhalten suchen und sich an Gewalt als alltägliches Mittel des sozialen Abgrenzungs- und Durchsetzungsverhaltens der Clique gewöhnt haben.

Bei solchen Kindern und Jugendlichen kann die Schule in ihren Möglichkeiten der Intervention an ihre Grenzen stoßen. Hier sind unbedingt Kooperationen mit Streetworkern und Kriseninterventionsprojekten der Jugendhilfe angezeigt. Dennoch kann die Schule einiges tun: Sei es über deeskalierende Projekte (Sport, Projektwochen, welche auch diese Kinder zum Zuge kommen lassen), sei es über Einzelfallbetreuung in Absprache mit VertrauenslehrerInnen und SozialarbeiterInnen. Generell verweisen diese Zusammenhänge auf die Notwendigkeit, Bindungsverhalten zur Schule über Selbstwertermöglichung außerhalb der Schülerrolle zu erzeugen. Da es sich bei diesen Schülern vor allem um Haupt- und Berufsschüler handelt, läge hier die Erweiterung der ‚fächerbezogenen Schule‘ zur ‚Sozialschule‘ dringend auf der Hand.

Bei dem geschätzten Viertel antisozial aggressiver Kinder und Jugendlicher ist die „sozial verirrte" Aggressivität (Meng, s.u.) vor allem auf jugendkulturell gespeiste Devianz zurückzuführen. Hier sind die Übergänge wiederum fließend in Richtung einer allgemeinen jugendkulturellen Auffälligkeit, die zur Jugendphase gehört und später abklingt. In den verschiedensten Ausprägungen hat sie sich schon immer in der Schule unter den Bänken, in den Pausen und hinter den Rücken der LehrerInnen ihre Ventile gesucht. Dass diese jugendkulturell gespeiste Aggressivität nun offener geworden ist und oft nicht mehr hinter dem Rücken der Lehrer abläuft, ist wiederum auf jene drei Gründe zurückzuführen, die in der sozialen Entstrukturierung von Schule liegen:

Als Problem bleibt, dass die Schule ihren neuen sozialräumlichen Aufforderungscharakter nicht in den schulischen Alltag umsetzen kann und dadurch anomische Konstellationen entstehen, die verstärkt Abweichendes Verhalten freisetzen; dass der jugendgemäße Entwicklungsraum von der Vor- bis zur Nachpubertät enger geworden ist und soziale Probleme schon zu einer Zeit bewältigt werden müssen, in der Jugendliche noch viele Energien für ihre leibseelische Entwicklung brauchen. Auf die Balance von emotionaler Entwicklungsdynamik und rationaler Unterrichtskonstellation war die Schule traditionell einigermaßen eingerichtet. Die nun hinzukommende, diese Balance gefährdende soziale Belastung droht dieses an sich schon prekäre Gleichgewicht für SchülerInnen *und* LehrerInnen aus den Fugen geraten zu lassen. Deshalb werden beide Gruppen – SchülerInnen wie LehrerInnen – von solchen antisozial aggressiven Behauptungstendenzen erfasst, die aus gegenseitiger Hilflosigkeit heraus entstehen können.

Vor diesem Hintergrund entwickeln sich immer wieder unterrichtssituative Gruppendynamiken, die die Lehrkräfte in eine nichtintendierte emotionale Desorientierung und damit in Übertragungsdilemmata bringen können (vgl. Posch 2007).

Gewalt- und antisoziales Aggressionsverhalten in der Schule hat auch eine geschlechtstypische Prägung. Die Jungen sind – vgl. die bisherigen Ausführungen zur männlichen Externalisierung und zum räumlichen Dominanzverhalten – im Bereich des Gewaltverhaltens und des Vandalismus weitaus überrepräsentiert. „Sie sind selbstbewusst, bei Mitschülerinnen eher beliebt, obwohl sie eher leistungsschwach sind und über eine geringe Empathiefähigkeit und Konfliktlösungskompetenz verfügen" (Schubarth 2015: 93).

Fatal wäre es allerdings, wenn man bezüglich der Prävention und Intervention nur diese Jungen beachten würde. Schon die laufende Gewaltforschung macht diesen Fehler. Manifeste Gewalt ist sicher eine männliche Domäne. Aber – so haben wir es bereits im Geschlechterkapitel hergeleitet – die Mädchen sind genauso von anomischen Konstellationen und Problembelastungen betroffen und versuchen sie – allerdings mehr nach innen – zu bewältigen. So entstehen versteckte und vermittelte weibliche Aggressions- und Gewaltdispositionen, deren Wirken im Schulalltag schon von Schubarth/Ackermann (1997) wie folgt beschrieben wurde:

„Wenngleich Mädchen deutlich weniger Gewalt ausüben, bedeutet dies jedoch nicht, dass sie überhaupt nicht ins Gewaltgeschehen verwickelt sind. Zum einen verweisen einige Untersuchungen darauf, dass auch Mädchen ‚aufholen‘ und nicht immer nur ‚brav‘ sind. Zum anderen ist nach typisch weiblichen Ausdrucksformen von Aggression und Gewalt zu fragen. Möglicherweise sind sie anders in Gewalthandlungen verwickelt als Jungen, z.B. als ‚Drahtzieherinnen‘ oder ‚Beifallsbekunderinnen‘. So berichten Lehrer, dass Mädchen bevorzugt gemein, hinterlistig, abwertend, heimtückisch und auf subtile Weise in verbalen Auseinandersetzungen verletzend sind. Unbeliebte Mitschüler werden verpetzt und bei Lehrern angeschwärzt. Mädchencliquen verhöhnen unbeliebte Jungen als ‚Schwächling‘ oder ‚Muttersöhnchen‘ und machen abfällige Bemerkungen über Aussehen und Geschlecht. Während bei Jungen körperliche Gewalt und Aggressionen dominieren, stehen bei Mädchen ‚spitze Bemerkungen‘, ‚Intrigen‘, ‚Bloßstellen‘ und ‚Hinter dem Rücken tuscheln' im Vordergrund, die zuweilen auch körperliche Aggressionen provozieren" (ebd.: 18).

Auch die Alterstypik des Gewalt- und antisozialen Aggressionshandelns ist – unter Einbeziehung des Faktums jugendkultureller ‚potentieller Devianz' – plausibel. Sie entwickeln sich deutlich ab dem 11./12. Lebensjahr, um nach dem 16./17. Lebensjahr wieder zurückzugehen (vgl. dazu Fuchs u.a. 1996). Präventions- und Interventionsverfahren in Schulen sind also vor allem in der Sekundarstufe I und in den Berufsschulen gefragt (vgl. zum Einfluss der Schulform auf gewaltorientiertes Verhalten: Mansel 2001). In den Oberstufen der Gymnasien hat sich dagegen schon eine eigene sozial regulative Schülerkultur entwickelt, die Grundschule wiederum ist noch stark durch familiale Kontrolle und emotionale Rückbindung an die Familie geprägt. Die Grundschulen sind aber insofern als schulische Präventionsräume zu betrachten, weil sich hier sehr früh Schul- und Schülerkulturen zu einer Zeit entwickeln können, in der sich die Kids noch an Erwachsenen orientieren und das für diese Lebensphase typische sozialräumliche Aneignungsverhalten noch organisch in die Schule transformiert werden kann. GrundschülerInnen haben zwar noch eine geringere Sprachkompetenz und Konzentrationsfähigkeit und noch nicht ganz entwickelte soziale Kompetenzen. „Demgegenüber zeigen [sie] einen starken Bewegungsdrang und einen ausgeprägten Spieltrieb sowie einen Drang zum Erkunden, Ausprobieren und Handeln. Grundschüler gehen auch eine stärkere Bindung mit dem Lehrer ein, der für sie neben den Erziehungsberechtigten die wichtigste erwachsene Bezugsperson ist" (Schubarth/Ackermann 1997: 43). Deshalb muss in der Grundschule eine intensive LehrerInnen-SchülerInnen-Kommunikation im verbalen und nonverbalen Bereich gestaltet werden, in der die SchülerInnen Wertschätzung und Anerkennung für solidarisches und empathisches Verhalten erlangen können. Vor allem muss die Grundschule viel Bewegungsraum bieten können:

„‚Bewegte Grundschule' zielt auf eine ganzheitliche fächerübergreifende Bewegungserziehung sowie auf ein Lernen mit allen Sinnen (einschließlich des Bewegungssinns) ab. Bewegung ist für eine optimale Entwicklung elementar notwendig, denn

Langeweile, mangelnde körperliche Aktivität, wie verordnetes stundenlanges Stillsitzen, können aggressive Verhaltensweisen fördern. Über den Schulsport hinaus, das heißt während des Unterrichts, in den Pausen sowie im gesamten Schulleben werden den Kindern Bewegungszeiten und -möglichkeiten eingeräumt. So können Unterrichtsinhalte in Verbindung mit Bewegung vermittelt werden. [...] In der Pause müssen die Kinder Gelegenheit haben zu spielen, zu toben oder kreativ zu werden. [...] Zur Bereicherung des Schullebens (z.B. bei Schulfeiern, Spiel- und Sportfesten) eignen sich besonders konkurrenzfreie Bewegungsspiele, da die Kinder im gemeinsamen Tun Kooperations- und Kommunikationsfähigkeit schulen und verbale Konfliktbewältigung üben" (Schubarth/Ackermann 1997: 46).

Die Diskussion der letzten dreißig Jahre zum Thema Abweichendes Verhalten, Gewalt und Schule ist – wenn wir ein Fazit ziehen – durch zwei Problemkreise geprägt: Zum einen durch die als gemeinhin dramatisch erachtete neue Erkenntnis, es habe sich ein bisher so nie gekannter Typ von Gewalt in der Schule eingenistet, zum anderen die von LehrerInnen viel berichtete Erfahrung, die Aggressionsintensität und -dynamik habe das traditionelle Niveau der Schulstörungen deutlich überschritten, das Gewaltverhalten und der Vandalismus mancher Schüler sei nicht mehr mit den herkömmlichen regulativen und disziplinarischen Mitteln der Schule kontrollierbar und integrierbar.

Abgesehen davon, dass die Schule-Gewalt-Forschung von ihren sozialstatistischen Befunden her vor einer Dramatisierung des Phänomens warnt – häufige und massive Gewalttaten bewegen sich in einer statistischen Zone von 5 % („harter Kern') (vgl. dazu Fuchs/Luedtke 2003a; Schubarth 2015) –, weisen die Differenzierungen nach Schulformen darauf hin, dass die Schulen sozial unter Druck geraten und SchülerInnen das Medium Schule zunehmend gebrauchen, um die Verstrickungen von Identitätsentwicklung und früher sozialer Belastung zu bewältigen.

LehrerInnengewalt

Physische und vor allem psychische Gewaltausübung seitens der Lehrperso-
nen ist im Diskurs zu Schule und Gewalt bisher weniger thematisiert worden.
Dabei gibt es inzwischen Studien, die darauf hinweisen, „dass ein Zusam-
menhang zwischen aggressivem gewaltförmigem Lehrerverhalten und gewaltförmigem Schülerverhalten besteht" (Schubarth 2015: 97, dort auch die
Information über die entsprechenden Studien). Dabei geht es nicht nur um
Handgreiflichkeiten, sondern vor allem auch um abwertende Kränkungen,
Bloßstellungen vor der Klasse oder unfaire Behandlung. Das verweist auf die
Hilflosigkeit von LehrerInnen in innerschulischen Konfliktsituationen. In dieser bewältigungstheoretischen Interpretation wird deutlich, dass dies bei den
meisten dieser LehrerInnen kein planmäßiges Verhalten ist, sondern unter
Abspaltungsdruck freigesetzt wird. Deshalb ist es notwendig, in der LehrerIn-
nenbildung und -fortbildung von der Stoffzentrierung wegzukommen und
mehr sozial-kommunikative Kompetenzen zu vermitteln.

Wenn wir diese allgemeinen Befunde auf die Erkenntnisse aus
unserem Überblickskapitel zu Abweichendem Verhalten und
Schule rückbinden, so zeigen sich vier Problemdimensionen, auf
die sich die Erscheinungsformen von Aggression und Gewalt in
der Schule beziehen lassen:

Es sind mehr Familien als zuvor nicht mehr ausreichend in
der Lage, das Schulleben ihrer Kinder zu begleiten, Schule also
sozial zu reproduzieren. Die Schule selbst wird damit zunehmend
zum Bewältigungsort.

Die Schule hat für Kinder und Jugendliche einen hohen sozialräumlichen Aufforderungscharakter erhalten. Schulklassen-
und Peer-Kultur vermischen sich. Deshalb ist es nicht verwunderlich, wenn sich die Versuche der SchülerInnen mehren, diese
Sozialräumlichkeit auch zu beanspruchen und diesen Anspruch
durchzusetzen. Geht die Schule nicht darauf ein, können für die
SchülerInnen anomische Situationen entstehen, die sie unter
anderem auch mittels antisozialer Aggression und Gewalt zu
bewältigen versuchen.

Die vielfach gestörte Balance zwischen Schule und sozialer
Umwelt – sei es die sozial inkonsistente Familie, die entstruktu-
rierte Gleichaltrigenkultur oder die zur Schule konkurrierende

Lernwelt der Medien, welche die traditionale soziale Flankierung und Entlastung der Schule schwächen – lassen die der Schule immanente Trennung von Schülerrolle und Schülersein nicht mehr so einfach zu. Es sind vor allem die reduzierten Möglichkeiten der Selbstwertschöpfung, die in der Schülerrolle liegen (primär Leistungs- und Anpassungsbereitschaft an schulische Vorgaben), welche Probleme heraufbeschwören. Denn SchülerInnen suchen – aufgrund eben des gestiegenen sozialen Aufforderungscharakters der Schule und der sozialen Entstrukturierungsprozesse im außerschulischen Bereich – auch Selbstwerterlebnisse *in der Schule*.

Die den schulischen Verfahren immanenten Typisierungsprozesse, die traditionell dazu führen, dass einige Kinder und Jugendliche in der Regel ‚sozialtypisch‘ ausgegrenzt werden, lassen sich heute nicht mehr so ohne weiteres innerschulisch kontrollieren, indem man die Betroffenen als ‚ProblemschülerInnen‘ einem Sonderstatus zuführt. LehrerInnen sehen sich auf einmal multiplen abweichenden Problemkonstellationen gegenüber; gleichzeitig wehren sich SchülerInnen gegen Typisierungen oder brechen die Schulkarriere einfach ab (vgl. Mansel 2001).

Konfliktschlichtung, Krisenintervention und Prävention in der Schule

Die Schule reproduziert sich nicht nur über ihr Lern- und Leistungssystem und die damit verbundenen Verfahren, sondern gerade auch über die Schul- und Schülerkultur. Unter Schülerkultur werden die sich im Schulalltag darstellenden Selbstäußerungen und Ausdrucksformen der SchülerInnen verstanden, unter Schulkultur die Anstrengungen der Schule, die Schule *lebbar* zu machen, das heißt, mit der Lebenswelt der Kinder und Jugendlichen zu vermitteln. Als Schulkultur begreift sich die Schule als Sozialraum, in dem die Kinder über den engeren Unterricht hinaus Aneignungs- und Ausdrucksformen entwickeln und darüber eine lebensweltliche Identifikation mit der Schule erlangen können. Wenn wir uns an die Unterscheidung von (institutioneller) Schülerrolle und (personal-ganzheitlichem) Schülersein erinnern, so sehen wir, wie Schulkultur und Schüler-kultur ineinander übergehen können: Die SchülerInnen sollen Selbstwertbezüge und Identifikationen, Beziehungsmuster und Verständigungsformen von sich aus in die Schule einbringen , und die Schule muss sie aufnehmen können. Dies tut sie sicher nicht unmittelbar, sondern durchaus im Sinne einer ‚fördernden Umwelt‘, in der lebensweltliche Akzeptanz, zugelassener Experi-mentierraum und das Setzen von Grenzen eng beieinander liegen und aufeinander bezogen sind. Solche Überlegungen werden in Verbindung mit dem Konzept der „Lebensweltschule" themati-siert: „Entwicklungen im Jugendalter vollziehen sich vor allem durch Mit-Machen, Mit-Erleben und Mit-Fühlen. Die Lebens-weltschule will Erlebnis- und Handlungsfelder schaffen, um den Schüler nicht nur als lernendes Wesen zu behandeln, sondern [...] auch das Fühlen zuzulassen" (Schubarth/Ackermann 1997: 77).

Vor allem scheint mir – neben der Erweiterung des schuli-schen Spektrums der Selbstwertschöpfung und der Identifikati-onsangebote (wir wissen ja, dass deviante SchülerInnen meist keine Bindung an die Schule haben) – wichtig, dass die Schule von sich aus auffordernde Gelegenheiten zur Entwicklung sozia-ler Handlungskompetenzen anbietet: Klassenverträge, Konflikt-training, Rollen- und Planspiele zum Miteinanderleben in der Schule, Coolness-Training und Streitschlichtung durch Peer-Mediation (vgl. Schubarth 2003; Schröder/Merkle 2007).

In diese Richtung gehen auch die Konzepte des „Einander-Helfens", wie sie schon Rixius (1996) formuliert hat. Dabei wird deutlich, dass eine lebensweltlich gespeiste Schulkultur nicht konträr zum Leistungssystem der Schule sein muss, sondern dieses sozial mediatisieren kann. Allerdings – so Rixius – ist das Leistungsstreben in vielen Schulen heute so stark ökonomisiert, dass SchülerInnen befürchten, sie könnten Wissens- und Kon-kurrenzvorsprünge einbüßen, wenn sie einander helfen. Aber auch LehrerInnen fürchten Autoritätseinbußen, wenn sie das schulische Konkurrenzsystem durchbrechen und benachteiligten SchülerInnen besonders helfen wollen. Um hier Vertrauen und

Souveränität zu erlangen, braucht es eine neue Sichtweise der Schule: Sie nicht länger als hierarchisches pädagogisches System zu betrachten, sondern als Sozialraum gegenseitigen Handelns, in dem Kommunikation und Transparenz die Bereitschaft des ‚Einander-Helfens‘ fördern und entwickeln können. Rixius verweist hier vor allem auf den offenen Unterricht, auf Gruppenarbeit, in der SchülerInnen sich Hilfe von PartnerInnen beim Lösen von Aufgaben holen können. Diese merken dann, dass es nicht um Konkurrenzeinbußen, sondern um den Erwerb sozialer Kompetenzen geht. Aber auch die Lehrplan- und Unterrichtsgestaltung kann dazu beitragen, dass Transparenz und Offenheit und damit Gegenseitigkeit in der Schule entwickelt werden können. Indem Unterrichtsinhalte koordiniert werden und Inhalte aus Fächern aufeinander bezogen sind, können Sinnzusammenhänge gestiftet werden. Das verlangt natürlich auch andere Zeitrhythmen als den traditionellen Stundentakt. Rixius spricht in diesem Zusammenhang von „Unterrichtsepochen" und verweist darauf, dass sich auch die LehrerInnen durch solche Formen des Block- und Projektunterrichts verändern, in dem sie über ihre Fachborniertheit hinausschauen und selbst integrativ denken müssen. Dieses integrative Denken im kognitiven Bereich kann bei LehrerInnen und SchülerInnen lebensweltlich und emotional mediatisiert werden. SchülerInnen und LehrerInnen merken in solchen integrativen Zusammenhängen, dass Gefühl und Vernunft nicht auseinanderdividiert werden müssen, dass Fähigkeiten wie „zuhören, vernünftig argumentieren, Gefühle wahrnehmen und ausdrücken, planen und entscheiden, Verantwortung tragen sowie flexibel sein und Konflikte austragen" (Rixius 1996: 146) durchaus zusammengehören. Dann wird auch deutlich, dass das „Einander-Helfen" Struktur- und Handlungsdimension einer lebensweltlich offenen Schule gleichermaßen umfasst und nicht normativ aufgesetzt werden muss.

Diese strukturelle Ausgangslage und die in ihr enthaltene Handlungsaufforderung zur Mediatisierung von lebensweltlichen und systemischen Aspekten der Schule schafft auch die Voraussetzungen dafür, dass sich SchülerInnen mit der Schule identifizieren, gemeinsame Verantwortung entwickeln und so im Sinne einer demokratischen Schule (Oser 1990) auch Konflikte unter der prinzipiellen Wahrung der Integrität der jeweils anderen austragen können:

„Haben solche Elemente einen festen Platz im Schulalltag, lernen die Schüler, für das Klima in der Klasse verantwortlich zu sein. Sie erleben vielfältige Sichtweisen und Interessen, die auch konfliktträchtig sind. Konflikte zu bewältigen, wird auf diese Weise Teil des Schullebens" (Rixius 1996: 147).

All diese Programme rekurrieren auf die schulinternen räumlichen und personalen Ressourcen, welche die Schule selbst aktivieren kann. Mit ihnen wird – mehr oder minder – das gleiche Ziel verfolgt: „Die Entwicklung der Sozialkompetenz bei Kindern und Jugendlichen" (Schubarth 2003: 313). Es gibt aber auch Konfliktkonstellationen, bei denen sich die Schule ihrer eigenen Ressourcen nicht mehr bewusst ist und damit sowohl als Institution überfordert (sie kann die Konflikte nicht mehr mit bisherigen schulischen Mitteln integrieren) als auch als soziale Gruppe nicht mehr handlungsfähig ist. Hier bietet sich die Kooperation mit außerschulischen sozialtherapeutischen und sozialpädagogischen ExpertInnenteams an. Dieses in der Literatur mit dem Begriff der Kriseninvervention umschriebene Verfahren wird bei aktuellen Konfliktfällen eingesetzt, also dann, wenn die kritische Situation gerade frisch, die aktuelle Spannung noch nicht gewichen ist und die Beteiligten noch Betroffenheit zeigen. Kernpunkt der Krisenintervention ist die Bildung von Kleingruppen um den Konflikt herum, in dem sich die Beteiligten aus ihrer Befindlichkeit heraus äußern, ihre alltäglichen Wünsche und Ängste im Schulleben darstellen können. Auch hier ist die Methode der Trennung von Person und Konfliktanlass erst einmal wichtig, denn es soll ja die Gefahr vermieden werden, dass die SchülerInnen (aber auch die LehrerInnen) gleich anfangen zu externalisieren, den Konflikt von sich wegschieben (‚wir waren es nicht') oder die vielfältigsten Gründe dafür finden, dass es so gelaufen ist (Rationalisierung). Die Erfahrung zeigt, dass die SchülerInnen in solchen vertrauensvollen kleinen Gesprächsrunden sich sehr bald wohl fühlen, dass der Stress weicht und mit ihm der Externalisierungs- und Rationalisierungsdruck. Hier passt auch das Modell des „Konflikttrainings" (Gordon 1990) hinein, in dessen Mittelpunkt ein gezielter Austausch von empathischen Botschaften steht (‚wir begegnen uns so und nehmen uns so an, wie wir sind'). Auch hier wird versucht, TäterInnen und Delikt voneinander zu trennen und die Befindlichkeiten der Täterin, des Täters – und der Beteiligten gegenüber der Person der Täterin, des Täters – zum Sprechen zu bringen.

Die SchülerInnen können in solchen Verständigungen *aus sich heraus*, von ihrer wiedererlangten emotionalen Sicherheit her, die Einhaltung von Regeln vornehmen, die LehrerInnen können ihren Unterrichtsstil ändern und sich vornehmen, sich mit den SchülerInnen neu zu verständigen. Der Kern dieses Kriseninterventionsmodells besteht also darin, dass – ganz im begrifflichen Sinne der Krise, die zugleich Crash- wie Wendepunkt bedeutet – das gemeinsame Gefühl erzeugt wird, dass eine Wende und ein gemeinsamer Neubeginn möglich sind und dass diese Vorstellung dem Einzelnen Wohlgefühl und Wohlbefinden vermittelt:

„Es ist […] nicht die konkrete Maßnahme, die zählt, sondern der Stimmungsumschwung, der durch die Maßnahme eingeleitet wird. Durch diesen konkreten Änderungsvorschlag hat die Klasse das Gefühl, selbst etwas gegen die Gewalt zu unternehmen und das stärkt das kollektive Selbstwertgefühl der Klasse. […] Die konkrete Änderung dient als Zeichen dafür, dass die Klasse über Gegenkräfte verfügt, die sie bei Vorfällen mobilisieren kann. Dank dieses Stimmungsumschwungs entwickeln sich vielleicht auch Rituale, die Gewaltausbrüche eindämmen, Gesetze und Regeln, an die sich die Kinder unbewusst halten, wenn Gewalt droht" (Guggenbühl 1995: 59).

Dollase (2010: 83) propagiert hier ein „3-Schritte-Modell Provokation – Bewertung – Reaktion", um eine präventive Grundstimmung in der Schulklasse erzeugen zu können. Subjektive Interessen sollen nicht provozierend geäußert, die Ansprüche der anderen respektiert werden. Die Jugendlichen sollen lernen, sich gegenüber Irritationen zu desensibilisieren, ‚Nehmerqualitäten entwickeln' und sie sollen einüben, ihre Reaktionen zu zivilisieren, Aggressionshemmung für körperliche Gewalt aufbauen, alternatives Verhalten lernen.

Solche Kriseninterventionsmodelle mit Hilfe von externen ExpertInnen erfordern zuerst vertrauensbildende Einzelgespräche zwischen LehrerInnen und SchülerInnen (eventuell auch entsprechende Elternabende). In den Lehrergesprächen versucht man, die LehrerInnen dafür zu sensibilisieren, dass sie vom rituellen Unterrichtsdenken wegkommen und – im pädagogischen Bezug – die SchülerInnen einmal als Persönlichkeiten, das heißt von den Seiten her zu betrachten, die man im Unterrichtsalltag immer wieder verdrängt bzw. verdrängen muss (Reframing). Es gilt also bei den LehrerInnen eine lebensweltliche Neugier auf die SchülerInnen und damit auch auf sich selbst in ihrem Lehrersein zu wecken und damit die für die Krisenintervention notwendige emotionale Beziehung auch bei den LehrerInnen zu aktivieren. Bei der Arbeit mit den SchülerInnen ist es ebenso wichtig, Emotionalität herzustellen. Vor den kleinen Gesprächsrunden gibt es deshalb Angebote der Körperarbeit, das heißt verschiedene Entspannungsübungen, gegenseitige Berührungen und Abstoßungen, Zueinanderfinden und Aus-dem-Wege-Gehen. Im Mittelpunkt von Guggenbühls schulischem Kriseninterventionsmodell stehen in den daran anschließenden Gesprächen vor allem Geschichten von sich selbst, aber auch Geschichten von anderen, Erzählungen von Träumen und Mythen. Wichtig ist ihm dabei, „dass die Geschichten archetypischen Charakter haben, Situationen oder Probleme beschreiben, die als Urmuster unserer kollektiven Psyche vorhanden sind: die Überwindung von Angst, die Konfrontation mit dem Schrecklichen, Missbrauch, Angst vor den Mächtigen, Feigheit etc" (Guggenbühl 1995: 128). Die SchülerInnen fühlen dann schnell, dass solche Situationen nicht fern von ihnen sind, sondern im Schulalltag immer wieder vorkommen. Sie können dann die Geschichten selbst weitererzählen und kommen so, in der Verbindung von Gefühl und Sprache, in jenen emotionalen Zustand, in dem der Stimmungsumschwung zur gemeinsamen Wende vielleicht möglich wird.

Bei all diesen lebensweltlichen – sozialräumlichen, jugendkulturellen und sozialemotionalen – Zugängen zur Schule darf nicht vergessen werden, dass auch die institutionellen Arrangements der Schule Gegenseitigkeit erlauben, die Schulhierarchien also durchbrochen werden müssen. Dies wird – vom hoheitlichen und generationshierarchischen Charakter der Schule her – nie ganz gelingen, kann aber als Tendenz immer wieder neu in Gang gebracht werden. In der Diskussion um die ‚gesunde Schule' finde ich in diesem Zusammenhang bis heute jene Überlegungen interessant, welche „die Schule als lebenswerte[n] Arbeitsplatz für SchülerInnen und LehrerInnen" (Schirp 1993) thematisieren. Von diesem Verständnis her kann auch eine institutionelle Haltung der Gegenseitigkeit und Vertraglichkeit begründet werden. Indem er von „Humanisierung der Schule" spricht, versucht Schirp bewusst, die Schulreformdiskussion an die Diskussion der „Humanisierung der Arbeitswelt" anzubinden. Es geht um den Arbeitsplatz Schule, der sozial und personal verträglich sein muss. Ein „humaner, entwicklungsfördernder Arbeitsplatz" kann für ihn nur dort entstehen, wo sich die Produktivitätsdefinition nicht nur auf unterrichtliche Leistungen, sondern auch auf soziale und sozialräumliche Kompetenzen bezieht, wo Selbstwert multipel vermittelt werden kann und Raum für fachlich-kognitive und emotionale Auseinandersetzungen und Konflikte gleichermaßen gegeben ist.

Die Schule wird so zum Ort, an dem Bewältigung gelernt werden kann. Über diese Bewältigungsdimension kann Schule *im Schulalltag* Anschluss an den Alltag des Schülerseins überhaupt finden. Das neue institutionelle Selbstverständnis des „humanen Arbeitsplatzes Schule" hilft dabei, die Schule als ernsthaften Teil der Biografie betrachten zu können, sich trotzdem dabei wohlzufühlen und die Verantwortung für andere (und damit für die Schule) – auch in der Spannung von jugendkultureller Abgrenzung – als Eigenes zu erfahren. Natürlich ist die Schule in ihrer institutionellen und biografischen Stellung kein Arbeitsplatz wie der Erwerbsarbeitsplatz. Sie steht strukturell – auch wenn sie sich noch so sehr räumlich und emotional öffnet – im Widerspruch zur Jugendkultur und die schulischen Konflikte lassen diese Gegensätzlichkeit immer wieder neu aufbrechen. Dieses neue institutionelle Verständnis kann aber dazu führen, dass die Schule die SchülerInnen nicht länger als ‚Unmündige' betrachtet, sondern ihrer soziokulturellen Selbständigkeit entgegenkommt. Dann können sie sich auch als Jugendliche auf sie einlassen.

20 Die Pädagogik Abweichenden Verhaltens, aber auch die Kriminologie hatten traditionell die TäterInnen im Blick – die Opferperspektive

Die Problematik der Tatopfer – „die lange vergessene Perspektive" (Kirchhoff 1997) – tritt erst richtig in den 1990er Jahren in der kriminologischen Diskussion in den Vordergrund der Betrachtung. Dass die Opferlehre (Viktimologie) heute zum integralen Bestandteil einer Pädagogik und Soziologie Abweichenden Verhaltens geworden ist, lässt sich auf zwei Entwicklungen zurückführen:

Auf den Gewaltdiskurs, indem die Gewalttätigkeit als interaktives Geschehen wahrgenommen und die Fragen des Opferstigmas und der Opferprävention in den Vordergrund treten. Dies bezieht sich sowohl auf Formen körperlicher, sexueller und psychischer Gewalt auf der Straße, in der Familie und schließlich auch in der Schule.

Auf die kriminalpolitische Entstrukturierung des Strafrechts, indem dessen repressive Funktionen zurückgedrängt wurden zugunsten von Wiedergutmachung, sowie auf den Ausgleich zwischen Täter/Täterin und Opfer und auf Diversion gerichtete Verfahren (vgl. Heinz 1993).

Man unterscheidet in diesem Zusammenhang zwischen primärer und sekundärer Viktimisierung. Erstere tritt unmittelbar mit der Tat ein, während die zweite Form sich als indirekte Reaktion seitens der sozial kontrollierenden Umgebung einstellt. Sekundäre Viktimisierungsprozesse sind vor allem bei Verhandlungen und Beurteilungen von Sexualdelikten bekannt, in denen der Opferstatus der Frau durch sexualisierende Neutralisierungen (‚wenn sie so halbnackt und aufreizend herumläuft, braucht sie sich nicht zu wundern') verzerrt und damit weiter – durch die soziale Reaktion – verstärkt und verschärft wird. Aber auch Jungen in der Schule, vor allem wenn sie nicht dem männlichen Bild der Körperstärke und Cliquengeselligkeit entsprechen, ‚ziehen‘ Täter an und geraten dann ebenfalls leicht in die Falle sekundärer Viktimisierung.

Für den pädagogischen Zugang zum Opfer bietet sich ein ähnlich strukturiertes Bewältigungsmodell an, wie wir es bei dem letztlich am Täter orientierten Modell von delinquentem Verhalten entwickelt haben. Auch die neuere Kriminologie stellt beim Opfer nicht nur die äußerlich messbare Schädigung, sondern das Betroffensein in den Vordergrund. Entsprechend ist auch hier die Bewältigungsperspektive – allerdings nur im engeren Sinne des Copings – eingeführt worden (vgl. Hagemann/Sessar 1988). Deshalb sehe ich im Bewältigungskonzept eine bemerkenswerte gemeinsame viktimologische Diskussionslinie von Pädagogik und Kriminologie, die sich auch in die sozialpädagogischen Verfahren der Diversion und des Täter-Opfer-Ausgleichs hineinvermittelt hat. Betroffensein weist auf die Selbstwertdimension im Opfersein hin, auf die Verletzung der persönlichen Integrität und die Destabilisierung der psychosozialen Handlungsfähigkeit. Das bezieht sich nicht nur auf körperliche und psychische Gewalt, sondern auch auf die Zerstörung oder Wegnahme von persönlichem Eigentum, das dem Besitzer oder der Besitzerin etwas bedeutet. Das Opfer gerät in eine plötzliche Krise (vgl. Kirchhoff 1997: 155 ff.), wird durch die Tat abgewertet und fällt dazu noch einer öffentlichen Viktimisierung anheim, die diese Abwertung sichtbar macht. Und, egal ob das Opfer nun weiter stigmatisiert wird oder ob die soziale Umwelt selbstwertunterstützend und stigmaabbrechend wirken will: Die Intimität der/des Betroffenen ist aufgebrochen, die Tat und die öffentliche Tatbehandlung erzeugen Bewältigungsprobleme.

Zum Opfer also braucht man genauso einen pädagogischen Zugang wie zu den TäterInnen: Die Trennung zwischen Person und erlebter Tat und die Perspektive, dass man trotz des Erlittenen wieder zu persönlicher Integrität gelangen kann, sollen den Umgang mit dem Opfer strukturieren.

Für die Pädagogik Abweichenden Verhaltens ist dabei nicht nur von Bedeutung, wie Opfer in Kriseninterventions- und

Diversionsverfahren einbezogen werden können, sondern auch, wie Kinder, Jugendliche und junge Erwachsene in die Opferrolle hineingeraten, geradezu von ihr angezogen werden, ja als ,bestimmter Opfertyp' prädestiniert sind. In der Viktimologie wird dieser Zuschreibungszusammenhang der ,Anfälligkeit' als ,Opfer-Präzipitation' bezeichnet. Dem steht eine interaktionistische Sichtweise gegenüber, welche nach den gegenseitigen Anteilen in der Täter-Opfer-Interaktion fragt (vgl. dazu Jung 1993a). Beide Zugänge sind für uns von Bedeutung. Wenn wir uns z. B. rechtsextremistische Gewaltdelikte anschauen, so ist offensichtlich, wie die Täter auf bestimmte Opfertypen (Schwächere, Nonkonforme) abfahren. Ist man (nicht weißer, sondern) ausländischer Herkunft, gerät man automatisch in ein potentielles Opfersein, wenn man sich in öffentliche Bereiche begibt, in denen auch Skins verkehren. Nun wissen wir aber aus der Kenntnis des Theorems der Abstraktion, dass TäterInnen bei körperlicher und psychischer Gewalt ihre Opfer nicht als konkrete Menschen, sondern als Merkmalsträger (der eigenen Hilflosigkeit, die abgespalten und auf den Schwächeren projektiv abreagiert wird) wahrnehmen. Hier kommt das interaktive Paradigma weniger in Frage, und die Möglichkeiten einer Täter-Opfer-Begegnung müssten je nach Einzelfall sorgfältig abgewogen werden: Verstärkt eine solche Konfrontation die dramatische Betroffenheit des Opfers oder hilft sie ihm, sich in Zukunft verhaltenssicherer zu fühlen?

Im Forschungsdiskurs zur Thematik Gewalt in der Schule (vgl. dazu Schubarth 1998; Mohr 2000) geht man dagegen durchaus davon aus, dass wiederholt betroffene Opfer aus typischen familialen und biografischen Hintergrundmilieus hervorgehen, die Ähnlichkeiten zu denen der Täter aufweisen, aber gleichsam deren Kehrseite abbilden. Solche Spiegelungen findet man vor allem in der Gleichaltrigenkultur Jugendlicher. Dieser Gruppenkontext der „Peer-Viktimisierung" (vgl. Mohr 2003) in Schule und Jugendkultur ist in den letzten Jahren in den Vordergrund der pädagogischen Täter-Opfer-Forschung gerückt. Auf das Beispiel des Mobbing sei hier verwiesen. Neuere Befunde zeigen, dass „die Ablehnung der Gleichaltrigen einen Risikofaktor für das Erleben von Viktimisierung darstellt. Vermutlich ist von wechselseitigen Einflüssen auszugehen. Unabhängig von der angenommenen Einflussrichtung kann vermutet werden, dass bereits allein das Vorliegen von Ablehnung durch die Gleichaltrigen die seelische Gesundheit vermindert, denn die Peer-Gruppe erfüllt im Jugendalter wichtige Funktionen und stellt eine wichtige Ressource dar. Wird ein Jugendlicher von Gleichaltrigen abgelehnt und isoliert, so fehlen diesem Jugendlichen externe Ressourcen, die in der Peer-Gruppe lokalisiert sind" (Mohr 2003: 290).

Haben wir bisher nur zwischen primärer und sekundärer Viktimisierung unterschieden, so tritt nun in problematischer Konsequenz für die Entwicklung der betroffenen Jugendlichen eine tertiäre Form hervor: „Das entscheidende Kriterium einer tertiären Viktimisierung ist die Dominanz der Selbstdefinition als Opfer. Es handelt sich dabei um einen mehr oder weniger langen Prozeß, in dem sich Erfahrungen und Einstellungen derart verfestigen, daß es zu einer Verengung der Sicht- und Erlebnisweisen und einer Reduzierung der Handlungsmöglichkeiten kommt" (Kiefl/Lamneck 1986: 272 f.). Verlust von Selbstwertgefühl stellt sich ein, Hilflosigkeit und Hoffnungslosigkeit im Bezug darauf, dass sich die Situation das nächste Mal bessern könnte, führen zu Ohnmachts- und Hilflosigkeitsempfindungen, die oft entweder nach innen depressiv oder nach außen aggressiv abgespalten werden. Dadurch kann es passieren, dass sich um das Opfer ein Magnetfeld aufbaut, das Tätergruppen immer wieder anzieht. In diesem Zusammenhang wird darauf hingewiesen, dass tertiäre Opfererfahrungen „nicht nur das Selbstbild verändern, sondern auch das Bild von der sozialen Umwelt und die damit verknüpften Erwartungen an Mitmenschen. So ist es denkbar, dass ein Jugendlicher, der im Kontext der Peer-Gruppe gehäuft viktimisiert wird, in seiner Fähigkeit beeinträchtigt wird, anderen Menschen zu vertrauen und sich aus sozialen Interaktionen eher zurückzieht" (Mohr 2003: 291). Pädagogisch kommt es deshalb darauf an, solchen Betroffenen in der Schule oder in der Jugendarbeit gezielt Anerkennung zukommen zu lassen und ihnen in schulischen Projekten Rollen zu vermitteln, aus denen heraus Anerkennung durch Gleichaltrige wieder in Gang gesetzt werden kann.

Der Täter-Opfer-Ausgleich ist ein außergerichtliches Verfahren im Rahmen der Strafprozessordnung für den Umgang mit Straftaten, bei dem Täter und Opfer zusammenwirken, um ihre Motive, Interessen und Befindlichkeiten zu klären. Es wird von einem Mediator/einer Mediatorin geleitet und ist ein freiwilliges Angebot. Es hat sich seit den 1990er Jahren in Deutschland geregelt etabliert und wird vor allem bei (bis zu mittelschweren) Körperverletzungen in Anspruch genommen (vgl. zur Statistik: Rademacher 2015). Es gilt als Möglichkeit, in Gesprächen zwischen Täter/Täterin und Opfer die Geltung von Normen – hier z.B. des Rechts auf körperliche Unversehrtheit – dem Täter/der Täterin deutlich zu machen und dem Opfer zu helfen, das Erlittene zu verarbeiten.

Die Norm wird hier nicht abstrakt und institutionell eingefordert, wie in den formellen Verfahren, sondern ist Bestandteil eines interaktiven, emotionalen Prozesses der „Normaktualisierung" (Rössner 1984). Mit dem Täter-Opfer-Ausgleich wird das Abweichende Verhalten Jugendlicher wie Erwachsener gleichsam wieder an den gesellschaftlichen Alltag rückgebunden. Formelle Verfahren hingegen und damit zusammenhängende Strafverfolgung erhöhen – nach der kriminologischen Erfahrung – die Wahrscheinlichkeit weiterer Ausgrenzungen und damit verbundene Ausprägungen devianter Selbstbilder. Der Täter-Opfer-Ausgleich reiht sich ein in alltägliche Schlichtungsverfahren, wie sie uns aus unserem eigenen sozialen Umgang als auch aus Schulen, Betrieben, Vereinen bekannt sind.

Den MediatorInnen muss es gelingen, den Tatvorwurf in einen beidseitig wahrnehmbaren und akzeptierten Konflikt zu transformieren. Dabei muss sich der Mediator/die Mediatorin ähnlich wie bei der Krisenintervention mit den Übertragungen und Rationalisierungs-/Neutralisierungsversuchen von TäterInnen, aber auch Opfern auseinandersetzen und sie abdrängen können. In der Regel haben die MediatorInnen gute Chancen, da auch die Jugendlichen den Ausgleich suchen, weil er ihnen dann doch der einfachere Weg gegenüber den Mühlen der Justiz erscheint. Auch in der Erfahrung mit Opfern hat sich gezeigt, dass für viele ein solcher Ausgleich – Wiedergutmachung oder Entschuldigung – mehr Entlastung als neue Belastung mit sich bringt, da ja eine solche erlittene Tat immer mit abwertenden Wirkungen und damit mit Selbstwertschädigungen verbunden ist. Der Täter-Opfer-Ausgleich beinhaltet daher auch für das Opfer die Chance, wieder Selbstwert zu gewinnen.

Der Täter-Opfer-Ausgleich wird – wie auch die anderen pädagogischen Diversionsmaßnahmen – nur dann einen erzieherischen Erfolg zeitigen können, wenn er den TäterInnen, vor allem den Jugendlichen, weiterführende Perspektiven, Ansatzpunkte für emotional befriedigende biografische Entwicklungsmöglichkeiten zeigt. Hier wird deutlich, warum die Aufgabe der sozialpädagogischen Moderation vor allem darin besteht, den Normbruch in ein Konfliktproblem zu übersetzen und damit die Bereitschaft bei den Beteiligten zu wecken, auf diese soziale Form der Konfliktregelung einzugehen. Vor allem bei jugendlichen TäterInnen ist dies – angesichts der sonst zu befürchtenden Umstände im Falle eines Strafverfahrens – eher möglich als vielleicht beim Opfer, das ein Wiederaufleben der Opfersituation befürchtet. Aber auch den TäterInnen muss die Angst genommen werden, dass sie während des Ausgleichverfahrens wieder Selbstwertbeschädigung oder Statusverlust erleiden. So müssen die ModeratorInnen den Beteiligten deutlich machen können, dass sie ein faires Ausgleichsverfahren garantieren und dass die Beteiligten eine soziale Konstellation erwartet, in der sie psychosozial nur gewinnen können (vgl. Delattre/Trenczek 2004). Allerdings ist es bei TäterInnen, die mit der Tat sich selbst meinen und ihr Problem nur an anderen auslassen (wenn wir uns an den Mechanismus der ‚Abstraktion‘ aus dem Bewältigungsmodell erinnern), schwierig, einen Zugang zum Opfer zu finden.

21 Devianzpädagogische Programme müssen das Ziel haben, die Menschen hinter der Tat zu finden – Grundprinzipien der Diagnose und Intervention

Durchgängig in der Diagnostik von Devianz ist die nun hinreichend begründete Erkenntnis, dass Abweichendes Verhalten immer auch Bewältigungsverhalten in kritischen Lebenssituationen und -konstellationen ist und dass sich das in der Bewältigungsperspektive enthaltene *Streben nach Handlungsfähigkeit* oft auch ohne Rücksicht auf die Einhaltung der Norm realisiert. Die empirisch rückbeziehbare Wirklichkeit dieses Zusammenhangs ist am deutlichsten beim Gewaltverhalten hervorgetreten und scheint in vielen Studien zur rechtsextremen und familialen Gewalt in den letzten zwanzig Jahren auf: TäterInnen wollen – natürlich nicht geplant, sondern aus dem triebgedrängten Selbst heraus – mit der Gewalttat auf sich aufmerksam machen, Selbstwert gewinnen und soziale Orientierung in Minderwertigkeitsgefühle auslösenden unübersichtlichen Situationen erlangen. Es sind in der Regel TäterInnen, die aus ihrer sozialen Herkunft heraus oder/und im Verlaufe ihrer Biografie nicht die Chance hatten, soziale und kommunikative Fähigkeiten der Empathie und Selbstkontrolle zu erlernen, die sie befähigt hätten, sich in kritischen Lebenskonstellationen prosozial zu verhalten, das heißt in solchen Konstellationen, in denen die eigenen Ressourcen zur normkonformen Problemlösung nicht ausreichen oder blockiert sind und die eigene Ohnmacht und Hilflosigkeit nicht thematisiert werden kann, abgespalten werden ‚muss‘.

Ich will diesen, uns inzwischen geläufigen Zusammenhang, dass Menschen in kritischen Lebenskonstellationen Handlungsfähigkeit um jeden Preis – also gerade auch auf Kosten der Norm – anstreben (müssen), im Folgenden noch einmal anwendungsorientiert systematisieren: Wenn in kritischen Lebenssituationen die eigenen psychosozialen Ressourcen versagen, übernehmen die tiefenphysischen und triebbesetzten Strebungen das Kommando. Im Bereich des Selbst überformt dann der in kritischen Situationen freigesetzte Selbsterhaltungs- und Selbstbehauptungstrieb die biografisch mehr oder weniger entwickelte Selbstkontrolle. Die über die Gewalttat oder das Delikt erreichte Selbstbehauptung verschmilzt mit einer damit einhergehenden biophysischen Auflösung des Stresszustandes. Wohlbefinden trotz Normverstoß ist dann immer wieder das frappierende, im Falle des Gewalthandelns erschreckende Resultat.

Diese triebgedrängte Selbstbehauptung ist mit fortlaufender biografischer Entwicklung bei Kindern, Jugendlichen und jungen Erwachsenen eng mit den Dimensionen des *Selbstwerts*, der *Selbstwirksamkeit* und der *Anerkennung* verknüpft. Wir haben die zentrale Bedeutung eines ausgeglichenen Selbst, das Anerkennung nicht nur auf Grund sozialer Anpassung, sondern vor allem dadurch spürt, dass das, was aus ihm selbst kommt, als eigener Wert erfahren werden kann und sozial bestätigt wird, im Verlaufe der Rekonstruktion Abweichenden Verhaltens immer wieder thematisiert. Dabei ist deutlich geworden, dass sich die Betroffenheit im beschädigten Selbst *geschlechtsdifferent* zeigt. Jungen und Männer sind in ihrem antisozialen Verhalten und ihren abweichenden Verhaltensantrieben stärker nach außen gerichtet, Mädchen und Frauen mehr nach innen. Insofern erkennen wir das beschädigte Selbst und die dahinterliegende innere Hilflosigkeit in geschlechtstypischen Mustern des Tat- und Deliktverständnisses. Wenn wir bei Jungen und Männern immer wieder auf Formen der *Rationalisierung, Neutralisierung* und *Abstraktion* stoßen, erleben wir bei Mädchen und Frauen eher *Schuldübernahme*, die sich meist gegen sie selbst richtet, und/ oder Rationalisierungen und Neutralisierungen – Tatrechtfertigungen also –, welche die Tat in weibliche Sorge um das Wohl der eigenen Familie einbetten. Sind solche Bewältigungsmechanismen im therapeutischen Gespräch und in vertrauensstiftenden Beratungsmilieus einigermaßen auflösbar, so ist es wohl der Mechanismus der Abstraktion, welcher den resozialisierungsorientierten PädagogInnen am meisten Kopfzerbrechen bereitet und nicht selten pädagogische Ohnmacht auslöst.

Eine pädagogische Diagnostik Abweichenden Verhaltens, die sich zuvörderst auf die Bewältigungsprobleme des Selbst richtet, wird vor allem auch die subkulturelle Abhängigkeit des devianten Subjekts ins Kalkül ziehen müssen. Wir haben an mehreren Stellen erfahren, wie vor allem Jugendliche auf subkulturelle Integration angewiesen und davon beeinflusst sind. Ungeachtet der zentralen sozialisatorischen Funktionen der Gleichaltrigenkulturen interessiert uns also hier – im thematischen Zusammenhang *subkultureller Devianz* –, wie subkulturelle Gruppeneinflüsse Individualität unterdrücken und den Zugang zum Selbst verwehren können. Solche *Cliquen*, welche ihren Gruppenzusammenhalt auf die Gewalt gegen andere, Schwächere aufbauen oder durch stetiges ritualisiertes Deliktverhalten fördern, sind in der Regel auch in ihrer inneren Struktur des Zusammenhalts autoritär aufgebaut. Deshalb gilt es – bei allem jugendpädagogischen Respekt vor der Bedeutung der Gruppe für den einzelnen Jugendlichen – Räume und personelle Bezüge zu schaffen, in denen delinquente Jugendliche von der Gruppe (wenigstens zeitweise) los- und zu sich kommen können. Aus dem eigenen Selbst kommende Handlungsfähigkeit steht hier vor dem gesteuerten, marionettenhaften Stärkeritual, das in kritischen Situationen, wenn der Jugendliche mit seinem Delikt dann allein gelassen ist, oft zusammenbricht.

Schließlich gehört es zu einer Diagnostik Abweichenden Verhaltens, *Etikettierungen* und *Stigmatisierungen*, die das Selbst des Jugendlichen sowohl in der Fremdzuschreibung wie in der Eigenwahrnehmung verstellen, zu erkennen und in ihrer Relativität offenzulegen. Dazu bedarf es sowohl einer kritischen Überprüfung der aktenkundigen Definitionen über die Jugendlichen, vor allem im Hinblick darauf, inwieweit sie sich an ungeprüften Alltagstheorien zu Kriminalität und Abweichendem Verhalten orientieren, und ob und wann sie sich von der Persönlichkeit lösen und ihre Einschätzungen und Bewertungen – ihre Plausibilität – hauptsächlich aus den bisherigen Umständen und Stationen des Auffälligwerdens ableiten. Gleichzeitig muss es möglich werden, einen vertrauensvollen *Pädagogischen Bezug* zu den Jugendlichen aufzubauen, um auf der emotionalen Ebene der Achtung der persönlichen Integrität und der aktivierenden Empathie zu biografischen Rekonstruktionen kommen zu können. Dabei gilt es zu erreichen, dass sich die Jugendlichen ihrer eigenen Lebensereignisse aus sich selbst heraus – also ohne rationalisierenden Bezug zum Delikt – gewahr werden.

So wie die diagnostischen Zugänge der Pädagogik zu Abweichendem Verhalten letztlich immer wieder auf den Grund der Selbstbehauptung und der daraus entspringenden Bewältigungsversuche stoßen, muss entsprechend auch die *pädagogische Intervention* ihren Zugang zum Selbst suchen. Selbstwertschöpfung und -stärkung ist somit das A und O aller pädagogischen Bemühungen im Umgang mit Devianz. Diese Reaktivierung des Selbstwerts zielt auf Anteile des Selbst, die bislang verschüttet waren und deren Öffnung die Jugendlichen ihre Integrität und Akzeptanz als *Menschen* spüren lassen. Aus dem Wissen heraus, dass Kinder und Jugendliche, die sozial auffällig werden, Delikte begehen oder Gewalt gegen Schwächere ausüben, um auf sich aufmerksam zu machen oder um in devianten Cliquen sozialen Anschluss und Geborgenheit zu finden, gilt es vertrauensbildende Milieus und Pädagogische Bezüge aufzubauen, in denen sich bei den Kindern und Jugendlichen das Gefühl entwickeln kann, dass das, was aus ihnen selbst kommt, in dieser sozialen Umwelt aufgenommen, anerkannt und als soziale Beziehung zurückgegeben wird (vgl. den Begriff der *fördernden Umwelt* bei Winnicott 1984a).

Grundvoraussetzung und Problematik dieser helfenden Beziehung gleichermaßen ist, dass die PädagogInnen die subjektiven Bewältigungsseiten des abweichenden oder delinquenten Verhaltens verstehen und dies in der Beziehung zu den Kindern und Jugendlichen deutlich machen können. Dieses Akzeptieren der subjektiven Bedeutung von Devianz beinhaltet aber nicht, dass die Tat nun gebilligt oder gutgeheißen wird. Es geht vielmehr darum, dass die betreffenden Kinder und Jugendlichen spüren, dass die Bewältigungssignale, die in der Tat enthalten sind, angenommen und zurückgespiegelt werden. Wenn dies gelingt, dann können die SozialpädagogInnen auch ihren Standpunkt deutlich machen, in dem sie zeigen, dass sie das Delikt –

vor allem auch aus ihrer personalen Stellungnahme heraus – nicht billigen, dennoch aber eine vertrauensvolle Beziehung zu den Jugendlichen aufzubauen in der Lage sind.

Die Bewältigungsdimension der Tat verstehend zu akzeptieren und gleichzeitig Grenzen aufzuzeigen und als eigenen Standpunkt zu vertreten, ist also ein interaktiver Vorgang, der nicht auf der Ebene der rational-kognitiven Bewertung, sondern auf der emotionalen Ebene des Pädagogischen Bezugs abläuft.

Damit ist noch einmal deutlich geworden ist, dass die Pädagogik ihren Zugang zu Abweichendem Verhalten/Devianz über das emotionale Selbst und nicht über das Delikt sucht. Die Trennung von Person und Delikt steht als pädagogische Grundformel, auch wenn es Einwände in der Richtung gibt, in der Praxis könne man das kaum angesichts des institutionellen Etikettierungsdrucks realisieren (vgl. auch Dollinger/Oelkers 2015) Das ändert aber nichts an der Gültigkeit dieser Maxime, für die es umso mehr professionell und fachpolitisch zu kämpfen gilt.

Als wichtiger Ansatz gilt hier eine gemeinwesenorientierte Öffentlichkeitsarbeit, die bewirken kann, dass Abweichendes Verhalten von Kindern und Jugendlichen nicht sofort kriminalisiert wird und die Jugendlichen dadurch sozial isoliert werden. Gleichzeitig bedarf es der Angebote einer Kinder- und Jugendarbeit, die eine *differentielle Attraktivität* gegenüber devianzfördernden Gelegenheitsstrukturen entfalten können.

Eng verbunden mit Entkriminalisierung und Aktivierung ist die Perspektive der *Deeskalation*, die gerade bei auffällig gewordenen und gewaltbereiten Cliquen wichtig ist. Hier gilt es durch symbolische Intervention und Vermittlung zur sozialen Umwelt den Stress bei den Jugendlichen einzudämmen und zu versuchen, Gewaltbereitschaft über z.B. erlebnis- und sportpädagogische Projekte zu kanalisieren und ‚umzuleiten‘.

Dieses Prinzip der *Umleitung* findet seine entwicklungstypische Begründung im Prinzip der Umformung von Aggressivität in Kreativität, wie wir dies im Kapitel über die Kindheit kennengelernt haben. Dem entspricht im Jugendalter das Prinzip der *funktionalen Äquivalente*: Jugendlichen sollten Angebote gemacht werden, in denen sie ähnliche Selbstwerterlebnisse und

Gefühle des Wohlbefindens haben können wie in Situationen Abweichenden Verhaltens, die ja nicht nur durch Stress, sondern vor allem auch durch Selbstbestätigung und Lust geprägt sind. Funktionale Äquivalente gehören natürlich auch in den Bereich der *differentiellen* Intervention (entsprechend den Prinzipien differentiellen Lernens). Generell wirkt auch hier das Prinzip der Trennung von *Person und Delikt*, das uns den pädagogischen Zugang zum Inneren des Selbst ermöglicht und sich als Grundprinzip der Krisenintervention bei delinquenten Jugendlichen, aber auch in anderen Praktiken der *Diversion* bewährt hat.

Wir werden an den späteren Beispielen zum Umgang mit Abweichendem Verhalten sehen, dass in allen Fällen – von der schulischen Konfliktschlichtung bis hin zur Krisenintervention im Bereich der Strafverfolgung – der Resozialisierungserfolg immer auch davon abhängt, ob solche Pädagogischen Bezüge aufgebaut werden können (vgl. auch Enke 2013). In der Schule allerdings ist es angesichts der relativ geschlossenen Berufsrollen von LehrerInnen schwer, sich der Persönlichkeit der SchülerInnen so zu öffnen, dass ein Pädagogischer Bezug entstehen kann (den die SchülerInnen selbst allerdings immer wieder suchen). Deshalb müssen in den Schulen – über das Institut der VertrauenslehrerInnen hinaus – entlastende Räume und Zeiten geschaffen werden, in denen auch LehrerInnen nicht nur in ihren Rollen, sondern auch als zugängliche Persönlichkeiten ohne professionelle Versagensangst agieren können. Im Bereich der Strafverfolgung wiederum sind Verfahren anzustreben, in denen Pädagogische Bezüge in Angeboten *neben* der judikativen Apparatur entstehen können.

Hier wird uns deutlich, dass das Verhältnis von Strafe und Erziehung nur von der Pädagogik her bestimmt und nicht einfach von den kontrollierenden und strafverfolgenden Instanzen her gesetzt werden kann. Wenn das Jugendstrafrecht behauptet, dass es eine erzieherische Absicht verfolgt (Spezialprävention), dann hängt diese Absicht deshalb immer in der Luft, weil das Jugendstrafrecht primär an der Ahndung der Tat und erst sekundär am Eingehen auf den Täter (weiter aber am Kontext der Tat) orientiert ist. Es braucht also gleichberechtigte pädagogische Räume und Verfahren, um eine faktische Balance von Strafjustiz und Pädagogik herstellen zu können. Pädagogisches ist aus dem Strafrecht für sich nicht ableitbar.

Allerdings werden die Chancen, Pädagogische Bezüge zu antisozialen und delinquenten Jugendlichen produktiv aufzubauen und ihnen darüber Grenzen aufzuzeigen, heute immer wieder dadurch destruiert, dass das gesellschaftliche Umfeld den Jugendlichen gegenteilige Signale aussendet. Entwicklung im Jugendalter, so haben wir an früherer Stelle argumentiert, gelingt, wenn Grenzen erprobt, das heißt gleichzeitig überschritten wie gesetzt werden können. Erscheint aber den Jugendlichen die gesellschaftliche Konsum- und Konkurrenzumwelt grenzen- und rücksichtslos, fällt sie als fördernde Umwelt aus. Die lebensaltertypische antisoziale Rücksichtslosigkeit der Jugend (Narziss und Gegenwartsfixierung) kann sich nicht mehr an der gesellschaftlichen Umwelt reiben. Die gesellschaftliche Umwelt wird so als zerstörbar und damit für das Selbst bedrohlich erlebt, manche Jugendliche reagieren mit Hilflosigkeit, Regression und auch Gewalt. Die gesellschaftlichen Institutionen und die Öffentlichkeit überspielen aber diese, der Gesellschaft immanente, pädagogische Verlegenheit mit Forderungen nach Disziplinierung, Strafe und Verwahrung. Die Ausgrenzung abweichender Jugendlicher wird somit auch zur symbolischen Projektionsfläche für die allgemeine Unsicherheit und Hilflosigkeit angesichts einer unübersichtlichen Krisenanfälligkeit der Gesellschaft. Hier ist der Punkt erreicht, in dem die fachliche Beschränkung und Grenze der Diskussion über den Umgang mit Abweichendem Verhalten gesprengt wird und der Diskurs notwendigerweise ins Gesellschaftspolitische umschlagen muss.

22 Zu den Botschaften, die hinter dem Abweichenden Verhalten stecken, gehört auch die Aufforderung, TäterInnen anders als nur als Deviante zu sehen – Reframing und funktionale Äquivalente

Wir haben in den Kapiteln zur Etikettierung und ihrer Wirkungen in Jugendhilfe und Schule erfahren, wie schwierig es für Kinder und Jugendliche ist, aus der negativen Zuschreibung herauszukommen, wenn sie einmal im Visier dieser negativer Zuschreibung und darüber hinaus in einer Akte sind. Man kann dagegenhalten wie man will, man ist auf den einmal fixierten Tätertypus festgelegt und muss erfahren, dass in der Folgezeit von den weiteren Kontrollinstanzen und ihren Professionellen immer wieder nach einer Bestätigung dieses Verhaltens gesucht wird und andere oder gar gegenläufige Verhaltensanzeichen übergangen, nicht beachtet werden. In diesen liegt aber der Schlüssel für einen Neubeginn, der von den Betroffenen in ihr Selbst integriert werden kann und nicht auf der Oberfläche der zeitweiligen Verhaltensänderung stecken bleibt. Zwei Strategien sind hier von Bedeutung: Zum einen das *Reframing*, mit dem eine neue Sicht auf die Betroffenen gesucht wird, zum anderen das Angebot *funktionaler Äquivalente*, die es ihnen ermöglichen, nicht mehr auf das Abweichende Verhalten angewiesen zu sein.

Reframing

Das Abspaltungsmodell des Bewältigungskonzepts fordert die Methode des *Reframing* geradezu heraus. Reframing bedeutet Umdeuten und Umrahmen des Problems, indem man die dahinterliegenden, durch das problematische Verhalten oder die prekäre Lebenslage verdeckten Möglichkeiten in den Vordergrund rückt und zum Bezugspunkt der sozialpädagogischen Intervention macht. Also: Hinter offensichtlichen Defiziten und Schwächen die dennoch vermuteten Stärken zum Ansatzpunkt machen, hinter den aggressiven Selbstinszenierungen das Streben nach Selbstwert und Anerkennung, das sich darin ausdrückt, sehen und daran ansetzen. Ich denke an das Beispiel der desorganisierten, ‚zerrütteten‘ und deshalb überforderten Familie: Im Reframing sehe ich sie nicht mehr gleich als gescheitert an, sondern ich frage, wie sie es geschafft hat, unter diesen katastrophalen Umständen so lange durchzuhalten und frage weiter, welche Kräfte sie dabei entwickelt hat, die aber durch ihr Scheitern verdeckt sind. Diese anzuerkennen und darauf aufbauend das Rollengefüge der Familie neu zu ordnen, kann dem Hilfeplan eine Richtung geben, an der die Familie weiter beteiligt sein kann. Allerdings: „Die familiäre Wirklichkeit darf nicht willkürlich umgedeutet werden, sondern nur an den Punkten, wo Veränderungen des Systems in Gang gesetzt werden sollen. Umdeutungen, auch wenn sie in einem positiven Sinne vorgenommen werden, stellen eine Herausforderung an das System dar, der sich die Familie bisher nicht gestellt hat. Sie haben daher immer auch konfrontativen Charakter, insofern bisher in der Familie abgewehrte Anteile bewußt gemacht werden" (Goldbrunner 1996: 127).

Oder nehmen wir einmal das Fallbeispiel eines auffälligen Jungen, dessen Verhalten relativ deutlich darauf zurückzuführen ist, dass ihm der Vater die Anerkennung verweigert und ihn dies massiv spüren lässt. In dieser Verweigerung liegt aber auch gleichzeitig die Bedürftigkeit des Vaters, die er auf den Sohn abspaltet. Das Reframing beginne ich, indem ich nun diese Bedürftigkeit des Vaters und nicht die Auffälligkeit des Sohnes zum Ausgangspunkt nehme. Denn der Sohn wiederum spürt diese Bedürftigkeit, das wird mir im Gespräch mit ihm deutlich. Er kann diese väterliche Bedürftigkeit aber nicht zulassen, da er unter dem Zwang steht, seine Ohnmacht gegenüber dem Vater über eigenes antisoziales Verhalten bis hin zur Gewalttätigkeit abzuspalten. Wenn die SozialarbeiterInnen diese Spannung nicht im Kopf haben, dann werden sie weder dem Kind noch dem Vater gerecht. Natürlich kompliziert die Bedürftigkeit des Vaters den ‚Fall‘. Deshalb ist es wichtig, nach Lösungen zu suchen, in denen diese Spannung nicht zur Black Box wird, sondern entlastet werden kann. Der Junge soll die Chance erhalten – zum Beispiel im Betreuten Wohnen – sich einen neuen Anerkennungsraum aufzubauen und es soll ihm gleichzeitig ermöglicht sein, von da aus Beziehungen zum Vater aufrecht zu erhalten und neu zu ordnen. Gleichzeitig muss aber versucht werden, den Vater in einen Beratungsprozess einzubinden, da er den Auszug des Sohnes in der Regel als Kontrollverlust bzw. Versagen des Sohnes begreift, die seine Bedürftigkeit nur noch steigern und die Gefahr ihrer gewalttätigen Abspaltung erhöht.

Ein weiteres Beispiel entnehme aus dem Problemfeld der Jugendarbeitslosigkeit. Hier drückt sich das Reframing in der Faustregel der Arbeitslosenarbeit aus: Nur wenn es gelingt, die Betroffenen erfahren und spüren zu lassen, dass sie auch außerhalb des Arbeitsplatzes etwas wert, sozial anerkannt sind und in entsprechenden Projekten etwas bewirken können, kann man sie in die Lage versetzen, Arbeitslosigkeit zu bewältigen und sich in Alternativen von Tätigkeit neu zu finden. Sie werden nicht als arbeitslose, sondern als *tätige* Menschen angesprochen. Wenn man bei auffälligen Jugendlichen hinter die Fassade der Auffälligkeit schaut, wird man vielleicht ihr Talent zum Inszenieren und geschicktem Provozieren erkennen und dies in Spiel- und Theaterprojekte einbauen können. Wenn sie dort eine Rolle erhalten, bekommen sie Anerkennung, spüren Selbstwirksamkeit und sind nicht mehr auf das auffällige Verhalten angewiesen. Damit sind wir wieder bei der Methodik der ‚funktionalen Äquivalente‘ (s. u.).

Funktionale Äquivalente

Betrachten wir das gängige und erst einmal nicht dramatische Beispiel einer Schulstörung. Ein zwölfjähriger Junge zieht den MitschülerInnen und dann auch der Lehrerin gegenüber Fratzen, spielt feixend den Kasper, die Klasse johlt. Die Lehrerin ist hilflos, das verstärkt noch die kurze chaotische Situation. Das auffällige

Verhalten des Jungen häuft sich im Laufe der Zeit, tritt in immer kürzeren Abständen auf. Der Schulpsychologe wird eingeschaltet.

Meist ist es ein Junge, der in der Klasse eher leistungsschwach, in seiner Clique (Peergroup) außerhalb der Schule aber eine schräge Nummer ist. In der Schule leidet er an der mangelnden Anerkennung. Da er sie sich nicht über schulische Leistungen oder prosoziales Verhalten erwerben kann, sucht er sie unbewusst in der Auffälligkeit. Es treibt ihn geradewegs dazu, denn sonst könnte er im Schulsystem nicht handlungsfähig bleiben, wäre permanent der Underdog, der er ja außerhalb der Schule – zumindest in seinem subjektiven Gefühl – nicht ist. Das auffällige Verhalten und die damit immer wieder verbundene Ausnahmesituation lässt ihn für kurze Zeit zum King werden, er beherrscht für einige Minuten die Klasse. Über die Lehrerin, sonst in der schulischen Hierarchie weit über ihm, triumphiert er. Das Ganze hält aber nur kurze Zeit an, fällt dann üblicherweise in sich zusammen. Werden dem Schüler keine alternativen Anerkennungsangebote gemacht, wird er – in immer kürzeren Abständen – das antisoziale Verhalten wiederholen. Er braucht es, um seinen Selbstwert irgendwie aufrecht zu halten. Das Verhalten kann zur Sucht werden, der Junge wird so zum ,notorischen' Störer.

Deswegen müssen für diesen Jungen in der Schule Möglichkeiten der Anerkennung geschaffen werden, in denen er spüren kann, dass er nicht auf Auffälligkeit angewiesen ist, wenn er – wie seine MitschülerInnen auch – Selbstwert, Anerkennung und Selbstwirksamkeit sucht. Das können soziale wie musische Gruppenprojekte sein, in denen er eine seinen Fähigkeiten entsprechende Rolle erhält. „Seinen Fähigkeiten entsprechend" bedeutet in diesem Zusammenhang, dass man versucht, nicht nur seine Impulsivität in nun durch die Rolle geregelten Bahnen zu nutzen, sondern auch, in Gesprächen mit ihm und MitschülerInnen (Peer Conference) nach Fähigkeiten zu suchen, die im Unterricht nicht zum Zuge kommen (können), also verdeckt sind. Das verlangt aber auch den LehrerInnen eine selbstreflexive Haltung ab. Oft haben sie längst den Jungen als ,auffällig' typisiert (etikettiert) und sein gesamtes Verhalten in dieses Schema eingepasst. Nun gilt es wieder umzurahmen, also nicht nur zu fragen, welche

Botschaften hinter seinem Verhalten stecken (z. B. mangelnde Anerkennung), sondern was die Lehrperson möglicherweise umgeht und ausblendet, wenn sie ihn nur aus diesem typisierenden Schema heraus betrachtet. Ist es möglich, ihn auch einmal anders als bisher zu beobachten?

Unter der *Schaffung und Gestaltung von funktionalen Äquivalenten* verstehen wir also – wie in diesem exemplarischen Beispiel gezeigt – eine Methode der Erweiterung, die von der Pädagogik her initiiert werden kann. Funktionale Äquivalente sind Projektsettings, in denen die KlientInnen Gelegenheiten (Beziehungen, Rollen) vorfinden, in denen sie mit der Zeit erfahren können, dass sie ihr antisoziales oder autoaggressives Verhalten nicht brauchen, um Selbstwert, soziale Anerkennung und Selbstwirksamkeit zu erreichen. Dabei ist zu beachten, dass die funktionalen Äquivalente – gemäß ihrer begrifflichen Bedeutung – eine ähnliche Aktivitätsstruktur aufweisen wie das vorgängige antisoziale Verhalten. Gewalttätige Jugendliche z. B. wird man nicht so ohne weiteres in musische Projekte stecken können. In dem schon genannten Film von Leineweber wird aus einer gewalttätigen Clique ein American-Football Team geformt. Die Jugendlichen erhalten erst einmal ein ‚gewaltnahes' Angebot (z. B. auch Kampfsport), nun aber mit Regeln, Grenzen, Verantwortlichkeiten und Rollenübernahmen. Danach kann man weitersehen, was sich darauf an gewaltfernen Projekten aufbauen lässt.

PädagogInnen wird eine akzeptierende Haltung abverlangt, wenn sie funktionale Äquivalente in Gang setzen wollen. Wieder gilt: Sie müssen wahrnehmen können, dass die Betroffenen das deviante Verhalten für sich selbst als positiv empfinden. Natürlich wissen sie – im Sinne des Bewältigungsmodells –, dass hinter dem devianten Verhalten Botschaften der Hilflosigkeit stecken. Aber darüber können sie mit den Betroffenen nicht gleich reden, denn diesen geht ja die Fähigkeit zum Thematisieren ab. Sie sind gleichsam kognitiv verschlossen. Also muss man akzeptieren, dass man erst einmal den emotionalen Verhaltensfaden aufnehmen und in funktionalen Äquivalenten weiter ziehen muss und erst dann darauf vertrauen kann, dass Befindlichkeit und Verhalten später, das heißt erst dann thematisiert werden können, wenn die Betroffenen gespürt haben, dass sie auf ihre bisherigen Verhaltensmuster nicht mehr angewiesen sind, um handlungsfähig zu sein. Funktionale Äquivalente bedeuten Umwege und brauchen Zeit.

23 Strafen muss als interaktiver und wegweisender Vorgang begriffen werden

Dass Grenzen setzen und Strafen keine willkürliche Interventionen sein dürfen, sondern integrale Bestandteile einer gelingenden Entwicklung von Kindern und Jugendlichen sein sollten, hat Winnicott mit seinem Prinzip der „unzerstörbaren Umwelt" klassisch hergeleitet: Der aggressiven Selbstbehauptung mit antisozialer Tendenz von Kindern und Jugendlichen werden soziale Grenzen gesetzt, indem ihnen gleichzeitig vermittelt wird, dass sie dennoch anerkannt und geliebt werden, auch wenn das jeweilige antisoziale Verhalten als solches abgelehnt, zurückgewiesen und sanktioniert wird. Auch bei Meng (s.u.) finden wir dieses Prinzip der „Entwicklung am Anderen". Dieses Grenzen-Setzen funktioniert aber nur in dem hier gemeinten Sinn, wenn es in der Zuwendung durch die Person dessen, der die Grenzen setzt und nicht (nur) in personalunabhängigen Anordnungen und Verboten den Kindern und Jugendlichen vermittelt wird. Erst dann lernt das Kind, Grenzen und Strafe für sich einzuordnen, um später auch abstrakte soziale Ge- und Verbote verstehen zu können.

Dieses auf emotionale Gegenseitigkeit gegründete Verhältnis von Jugendlichen und Erwachsenen wird unter dem Begriff des *Pädagogischen Bezugs* gefasst, den wir bereits kurz skizziert haben. Wir wollen diesen Pädagogischen Bezug nun im Zusammenhang des Themenkreises Strafe – Grenzen setzen weiter vertiefen. Herman Nohl, der in den 1920er Jahren den Begriff des Pädagogischen Bezugs in die Pädagogik eingebracht hat (1933/1935), wollte damit ausdrücken, dass es neben den sachlich-funktionalen Bezügen der pädagogischen Rolle, die man als Lehrer und Erzieher ausübt, ein gegenseitiges personales Involviertsein im Verhältnis von Jugendlichen und erziehenden Erwachsenen gibt, das erst die notwendige Entwicklung am Anderen (im Sinne Mengs) möglich macht. Dieser emotional strukturierte Pädagogische Bezug ist in sich ambivalent: Jugendliche orientieren sich hauptsächlich an der Gleichaltrigenkultur in mehr oder minder radikaler Distanz zur Erwachsenengesellschaft, gleichzeitig sind sie aber neugierig auf das Erwachsenwerden. Sie wollen – halbbewusst – erwachsen werden, aber eben nicht so, wie die meisten Erwachsenen um sie herum. Ein Pädagogischer Bezug kann sich also nur in der Hinwendung zu und Zuwendung von anderen Erwachsenen entwickeln; solchen Erwachsenen also, die die Masken und Rituale ihrer Rollen und Positionen ablegen können, die sich nicht hinter ihrer Generationsmacht verschanzen und die sich gegenüber den Jugendlichen öffnen können. Damit sind aber nicht die Eltern gemeint, von denen man sich als Jugendlicher ablösen muss und zu denen man weiter Beziehungen im biografisch Privaten hat. Der Pädagogische Bezug, von dem hier die Rede ist, entwickelt sich mit Erwachsenen im biografisch-öffentlichen Raum außerhalb der Familie. Es sind ‚andere‘ Erwachsene, an denen die Jugendlichen spüren, dass sie ihnen etwas bedeuten, dass das Eingehen auf Jugendliche auch für diese Erwachsenen und deren eigene persönliche Entwicklung und biografische Integrität wichtig ist (vgl. Wolf 1998). Damit ist auch das Prinzip der Gegenseitigkeit im Satz von der „Entwicklung am Anderen" deutlich gemacht. In diesem personal-emotionalen Pädagogischen Bezug ist es also möglich, Jugendlichen gegenüber (aus der gegenseitigen persönlichen Involviertheit heraus) Grenzen so zu setzen, dass sie dies nicht als äußere Blockierung oder Zurückweisung ihres Selbst, sondern als personale Herausforderung in der Spannung zum Anderen spüren können. Dies ist kein einfacher Prozess. Wirkt doch die Dynamik dieser Spannung in Übertragungen und Gegenübertragungen. „Im pädagogischen Feld versuchen Heranwachsende, die Erziehenden aktiv zu beeinflussen und sie in Rollen zu drängen, die nicht nur die positiven, sondern auch die negativen Erziehungserfahrungen der Kinder und Jugendlichen unterbewusst bestätigen sollen" (Vetter 2003: 234). Dies ist ein Konflikt, der die PädagogInnen unter Druck setzt, gleichzeitig den Kindern/Jugendlichen aber ermöglicht, verschüttete und abgewehrte Anteile des Selbst in die Sprache des Pädagogischen

Bezugs zu bringen. Hier erklärt sich auch, warum KlientInnen, die in ihrer bisherigen Biografie nie die Chance hatten, aus sich selbst heraus zu sprechen, erst einmal mit Hilflosigkeit und aggressivem Widerstand reagieren, wenn die PädagogInnen eine solche Öffnung im Pädagogischen Bezug initiieren. Deshalb braucht es Zeit und Geduld, bis ein Vertrauensverhältnis entstehen kann, in dem die KlientInnen spüren, dass sie ihr pädagogisches Gegenüber brauchen, um wieder über sich und ihren Verlust aus sich heraus sprechen zu können.

Strafen

Strafen im Sinne des zeitweiligen und zwangsweisen Entzugs von Handlungsmöglichkeiten ist ein soziales Muster, das in unserer Gesellschaft traditionell zweipolig strukturiert ist. Auf der einen Seite steht die erzieherische Absicht der Strafe, die sich am Täter orientiert, auf der anderen Seite die Tat, die zum Zwecke der Normeinhaltung und der Wahrung des gesellschaftlichen Gleichgewichts gesühnt werden muss. Beide Pole sind – vergleichbar dem erdmagnetischen Prinzip – mehr oder minder aufeinander bezogen. ErzieherInnen, die sich an der leibseelischen Befindlichkeit der Jugendlichen und Kinder orientieren, stehen unter dem sozialen Druck der Tat. RichterInnen, die sich an der Tat zu orientieren haben, dürfen sich nicht nur der Resozialisierungsperspektive verschließen, sondern müssen wissen, dass jede Strafe (strukturell) erzieherische Wirkung hat. Strafe *und* Erziehung sind also immer gemeinsam im Spiel, zumal Kinder und Jugendliche lebensaltertypisch in triebbedrängte Entwicklungs- und Umbruchprozesse geraten, die immer ‚potentielle Devianz‘ enthalten.

Die prinzipielle Verstrickung von Entwicklung und Behauptung des Selbst, Erziehung und Strafe hat der Schweizer Kinder- und Jugendpsychiater Heinrich Meng in seinem Klassiker „Strafen und Erziehen" (1934) so modellhaft herausgearbeitet, dass seine Aussagen bis heute tragfähig sind. Mehr noch: Sein damaliger ganzheitlicher Zugang macht uns auf Zusammenhänge aufmerksam, die in den heute oft voneinander disziplinär abgeschotteten Ansätzen zur Strafthematik nicht so erkennbar sind.

Strafen ist für Meng eine Form sozialer Interaktion: „Beim Bestrafen zeigt sich oft deutlich, dass Missverhältnisse zwischen den Vorstellungen und Absichten des Strafenden, seinen Handlungen und Strebungen und dem subjektiven und objektiven Geschehen im Bestraften" (Meng 1934: 73) bestehen. Dabei setzt Strafen nicht nur ein Verstehen der zu bestrafenden Kinder und Jugendlichen und ihrer inneren Selbstbefindlichkeit voraus, denn „die Wirkung der Strafe hängt nicht weniger vom Strafenden als vom Bestraften ab; deshalb sind die seelischen Vorgänge im Strafenden mitentscheidend" (ebd.: 121 f.).

Für Meng macht ein interaktionistisches Verständnis von Strafe nur dann einen Sinn, wenn die Erziehenden sich auch als Personen ‚stellen'. Damit hat er schon damals jenen Punkt getroffen, der in der heutigen Strafdiskussion immer wieder vernachlässigt ist, im jugendpädagogischen Diskurs aber zunehmend an Boden gewinnt: Die Frage nach den Grenzen, die ErzieherInnen zu setzen haben, und nach den eigenen Standpunkten, die sie deutlich machen müssen. Meng formuliert das im Sinne einer strukturellen Herausforderung an die ErzieherInnen: „Der Erzieher hat sich an die – oft übersehene – Tatsache zu gewöhnen, dass im Prozess der Reifung eines Kindes auch dessen Hass irgendwo untergebracht werden muss und dass es das nächstliegende für das Kind ist, seinen Hass zu seinem Erzieher zu entladen. Unberechtigtes, dauerndes Verzeihen macht das Kind oft so sehr schuldig, gerade weil es sittlich normal veranlagt ist, dass es selbstquälerisch und überstreng wird. […] Der Heranwachsende lehnt sowohl jene Erzieher ab, die aus verkehrter Güte und Mangel an Autorität zum Kind werden, als auch solche, welche […] zum Tyrannen werden" (ebd.: 173).

Schließlich versucht Meng immer wieder, die Strafe nicht als vom erzieherischen Alltag abgekoppelt und als Ausnahmezustand zu sehen, sondern sie pädagogisch zu integrieren. Nur so entgeht sie seiner Meinung nach der Willkür, bleibt sie pädagogisch reflektierbar. Als pädagogisches ‚Mittel' muss sie aber gleichzeitig auch selbstwertstützende und Handlungsfähigkeit erweiternde Fähigkeiten vermitteln können, obwohl sie doch aktuelle Handlungsmöglichkeiten abschneidet und Handlungsfähigkeit einschränkt. Meng versucht, dieses Paradox in einer Gegenwarts-Zukunfts-Relation aufzulösen: „Das Kind begehrt in seiner Notsituation mehr als Hilfeleistung für den Augenblick, es verlangt als reifendes Wesen ein Stück Erfahrung, wie es bei künftiger Not sich selbst helfen kann. Kommt keine Hilfe, so reagiert das Kind mit Angst, Fluch und Hass. Das Beispiel des Erziehers im Strafen oder Nichtstrafen wird zum Modell künftigen Verhaltens" (ebd.: 174).

Das, was Heinrich Meng (1934) an Grundlegendem für das pädagogische Strafen entwickelt hat, ist auch heute noch gültig: Strafen wird als interaktiver Vorgang gesehen, in dem die Strafenden das Strafen begründen müssen und die betreffenden Kinder und Jugendlichen nicht erniedrigen, in ihrem Selbstwert nachhaltig beschädigen dürfen. Dass Strafe immer Einschränkung von Handlungsmöglichkeiten bedeutet, soll den Jugendlichen vermittelt werden können; aber auch, dass über die Strafe dennoch neue Handlungsperspektiven – neue Formen der Anerkennung und Zuwendung, aber auch neue Zugänge zum Selbst – entstehen können.

Was sich in der pädagogischen Strafdiskussion gegenüber Mengs Position weiterentwickelt hat, ist die Betonung des Aspekts der sozialen Einbettung der Strafe. Damit die Strafe für den Einzelnen kalkulierbar wird, soll eine präventive soziale Kontrolle, an der die Kinder und Jugendlichen von vornherein partizipieren, vereinbart und diskursiv aufrechterhalten werden. In der Praxis sieht das so aus, dass man sich in der Schulklasse oder im Jugendhaus gemeinsam über strafwürdige Verstöße und Strafformen einigt. Auf diese Vereinbarungen können sich dann LehrerInnen und JugendarbeiterInnen beziehen (vgl. dazu Guggenbühl 1995).

„Eine Problematik des Strafens ergibt sich daraus, dass das Strafen aufs Innigste mit Ambivalenz, Spaltung und Projektion verwoben ist. Diejenigen, die bestraft werden, dienen immer auch als Projektionsfläche. Auf Sieg kann all das projiziert werden, was der Strafende bei sich selber nicht wahrhaben will. Diese Aussage soll nicht in der Art missverstanden werden, dass diejenigen, die sich nicht an Regeln und Gesetze halten, unschuldige Lämmlein wären. Es soll bloß aufgezeigt werden, dass Strafende – Richter, Staatsanwälte, Polizisten, nicht zuletzt auch Lehrer –, alle beim Strafen ihre eigenen Ambivalenzen reaktivieren und durch ihre Strafen oft genau das Gegenteil von dem erreichen, was sie eigentlich beabsichtigen. Statt Einsicht Trotz, der nur zur Wiederholung der Tat antreibt. Wer straft, sollte sich bewusst sein, dass er in eine Art eigene Blackbox tritt, in der er psychischen Einflüssen ausgesetzt ist, von denen er sich kaum Rechenschaft ablegt" (Erdheim 2013: 25).

Im Grunde braucht es also eine Art Netzwerk der Gleichzeitigkeit von sozialer Kontrolle und sozialer Stützung, in das bei schweren Fällen – z. B. zeitweiliger Ausschluss aus dem Unterricht oder der Jugendeinrichtung – auch die Eltern mit einbezogen werden müssen, damit sie es mittragen und ihre Haltung den Kindern und Jugendlichen gegenüber verständlich machen können. Solche „Time-out-Verfahren" (vgl. dazu Korte 1994), haben sich in Schule und Jugendhaus als effektiv erwiesen. Ihr Erfolg hängt – gerade auch im Sinne des von Meng betonten Selbstwertbezugs – aber davon ab, dass sich die Kinder und Jugendlichen nicht so sozial isoliert und abgeschnitten fühlen, dass sie eine neue Hilflosigkeit überkommt, aus der heraus dann ihr Selbsterhaltungstrieb und die damit verbundene Aggressivität neu aufbrechen und sich antisozial abspalten, neue Konflikte erzeugen können. Deshalb müssen durch Time-out-Verfahren Bestrafte auch die Sicherheit haben, dass sie weiter dazu gehören. Dies ist am besten dadurch zu bewerkstelligen, dass MitschülerInnen oder FreundInnen *vereinbarungsgemäß* den Kontakt in dieser Zeit außerhalb der Schule oder des Jugendhauses zu den Bestraften aufrechterhalten.

Die Grenzen der pädagogischen Strafe liegen dort – wie sie Bernfeld (1925) als *seelische* und *soziale* Grenzen der Erziehung bereits formulierte –, wo die Individualität des Kindes oder Jugendlichen weder durch inneren noch durch äußeren Zugang erreichbar ist. Das heißt dort, wo die Fähigkeit zur Bindung und Empathie soweit zerstört ist, dass das Kind oder der/die Jugendliche ein anderes – nämlich therapeutisches – Milieu brauchen, in dem Zeit und Schonraum ist, um Vergangenes, Verhärtetes in der Biografie aufzuschließen und aufzuweichen, um neue Selbstwertbezüge und Bindungswünsche aufbauen zu können. Das können die Schule und das Jugendhaus so nicht leisten. Hier aber liegen Möglichkeiten im Bereich der Jugendhilfe: in den dezentralisierten Formen der Tagesgruppenbetreuung und Heimerziehung und in den betreuten Wohngruppen (vgl. dazu Jordan/ Sengling 1994; Wolf 1995, 2002).

Die Einschaltung der Polizei ist für Schule und Jugendarbeit dann unvermeidbar, wenn die persönliche Integrität anderer durch wiederholtes antisoziales Verhalten so bedroht ist, dass es offensichtlich nicht mehr um innerschulische Konflikte oder Binnenauseinandersetzungen im Jugendhaus geht, sondern um anhaltend schwere Gewalt- oder Eigentumsdelikte, die sich die Schule und das Jugendhaus eher als Orte suchen, als dass sie aus der sozialräumlichen Dynamik von Schule und Jugendarbeit hervorgegangen wären. Jugendliche setzen außerschulisches Gewaltverhalten in der Schule fort, aber auch delinquente Banden und Dealer missbrauchen nicht selten den geschützten Raum der Schule oder des Jugendhauses, um sich hier Zugänge und Stützpunkte zu schaffen. Dort, wo LehrerInnen und SozialarbeiterInnen nach Versagen der gemeinsamen Vertragsvereinbarungen und hauseigenen Sanktionen – in Absprache mit dem Team und anderen Jugendlichen, die zu den entsprechenden Schlichtungsausschüssen gehören – den intersubjektiv bestätigten Eindruck haben, die Polizei müsse geholt werden, sonst werde ihre Einrichtung weiter als rechtsfreier Raum missbraucht, sollte zu diesem extremen Sanktionsmittel gegriffen werden. Dennoch bleibt auch hier die Maxime, dass Schule und Jugendarbeit die Jugendlichen nicht einfach aus den Augen verlieren dürfen, sondern Kontakte zu den pädagogischen Institutionen der Jugendhilfe (Einrichtungen der Jugendberatung, Krisenintervention, Streetwork, Jugendgerichtshilfe) halten oder aufbauen müssen, die sich während der Ermittlungen, bei und nach dem Verfahren um die Jugendlichen kümmern. Auf diesen Bereich werden wir später – im Kapitel Krisenintervention – noch näher eingehen.

Wir bleiben aber erst einmal weiter im pädagogischen Feld, in dem Erziehung und Strafe uno actu zusammenfallen. Wir haben nämlich bisher nur das Strafen als solches thematisiert. Wir haben aber kaum darüber geredet, was die pädagogische Voraussetzung dafür ist, dass Strafe ein interaktiver und nicht sozial einseitiger Vorgang wird und dass Kinder und Jugendliche mit Strafen positiv umgehen können. Korte (1994) betont in diesem Zusammenhang mit Blick auf die ErzieherInnen, dass es notwendig ist, Kindern und Jugendlichen möglichst früh und mit persönlicher Glaubwürdigkeit Grenzen ihres Verhaltens aufzuzeigen und sich darüber zu verständigen. Diesen Zusammenhang können wir im Konzept des „Pädagogischen Bezugs" strukturieren.

Grenzen setzen im Pädagogischen Bezug

Dass Grenzen aufzeigen und Kinder und Jugendliche damit konfrontieren keine willkürliche Intervention sein muss, sondern integraler Bestandteil einer gelingenden Entwicklung von Kindern und Jugendlichen ist, hat Winnicott mit seinem Prinzip der „unzerstörbaren Umwelt" klassisch hergeleitet: Der aggressiven Selbstbehauptung mit antisozialer Tendenz von Kindern und Jugendlichen werden soziale Grenzen gesetzt, indem ihnen gleichzeitig vermittelt wird, dass sie dennoch anerkannt und geliebt werden, auch wenn das jeweilige antisoziale Verhalten als solches abgelehnt, zurückgewiesen und sanktioniert wird. Auch bei Meng (1934) finden wir dieses Prinzip der „Entwicklung am Anderen". Dieses Grenzen-Setzen funktioniert aber nur in dem hier gemeinten Sinn, wenn es in der Zuwendung durch die Person dessen, der die Grenzen setzt und nicht (nur) in personalunabhängigen Anordnungen und Verboten den Kindern und Jugendlichen rübergebracht wird. Erst dann lernt das Kind, Grenzen und Strafe für sich einzuordnen, um später auch abstrakte soziale Ge- und Verbote verstehen zu können.

Dieses auf emotionale Gegenseitigkeit gegründete Verhältnis von Jugendlichen und Erwachsenen wird unter dem Begriff des Pädagogischen Bezugs gefasst. Wir wollen diesen Pädagogischen

Bezug nun im Zusammenhang des Themenkreises Strafe – Grenzen-Setzen weiter vertiefen. Herman Nohl, der in den zwanziger Jahren den Begriff des Pädagogischen Bezugs in die Pädagogik eingebracht hat (1933/1935), wollte damit ausdrücken, dass es neben den sachlich-funktionalen Bezügen der pädagogischen Rolle, die man als Lehrer und Erzieher ausübt, ein gegenseitiges personales Involviertsein im Verhältnis von Jugendlichen und erziehenden Erwachsenen gibt, das erst die notwendige Entwicklung am Anderen (im Sinne Mengs) möglich macht. Dieser emotional strukturierte Pädagogische Bezug ist in sich ambivalent: Jugendliche orientieren sich hauptsächlich an der Gleichaltrigenkultur in mehr oder minder radikaler Distanz zur Erwachsenengesellschaft, gleichzeitig sind sie aber neugierig aufs Erwachsenwerden. Sie wollen – halbbewusst – erwachsen werden, aber eben nicht so, wie die meisten Erwachsenen um sie herum.

Ein Pädagogischer Bezug kann sich also nur in der Hinwendung zu und Zuwendung von anderen Erwachsenen entwickeln; solchen Erwachsenen also, die die Masken und Rituale ihrer Rollen und Positionen ablegen können, die sich nicht hinter ihrer Generationsmacht verschanzen und die sich gegenüber den Jugendlichen öffnen können. Damit sind aber nicht die Eltern gemeint, von denen man sich als Jugendlicher ablösen muss und zu denen man weiter Beziehungen im biografisch Privaten hat. Der Pädagogische Bezug, von dem hier die Rede ist, entwickelt sich mit Erwachsenen im biografisch-öffentlichen Raum außerhalb der Familie. Es sind „andere" Erwachsene, an denen die Jugendlichen spüren, dass sie ihnen etwas bedeuten, dass das Eingehen auf Jugendliche auch für diese Erwachsenen und deren eigene persönliche Entwicklung und biografische Integrität wichtig ist (vgl. Wolf 1998). Damit ist auch das Prinzip der Gegenseitigkeit im Satz von der „Entwicklung am Anderen" deutlich gemacht. In diesem personal-emotionalen Pädagogischen Bezug ist es also möglich, Jugendlichen gegenüber (aus der gegenseitigen persönlichen Involviertheit heraus) Grenzen so zu setzen, dass sie dies nicht als äußere Blockierung oder Zurückweisung ihres Selbst, sondern als personale Herausforderung in der Spannung zum Anderen spüren können. Dies ist kein einfacher Prozess. Wirkt doch die Dynamik dieser Spannung in Übertragungen und Gegenübertragungen. „Im pädagogischen Feld versuchen Heranwachsende, die Erziehenden aktiv zu beeinflussen und sie in Rollen zu drängen, die nicht nur die positiven, sondern auch die negativen Erziehungserfahrungen der Kinder und Jugendlichen unterbewusst bestätigen sollen" (Vetter 2003: 234). Dies ist ein Konflikt, der die PädagogInnen unter Druck setzt, gleichzeitig den Kindern/Jugendlichen aber ermöglicht, verschüttete und abgewehrte Anteile des Selbst in die Sprache des Pädagogischen Bezugs zu bringen. Hier erklärt sich auch, warum Klienten, die in ihrer bisherigen Biografie nie die Chance hatten, aus sich selbst heraus zu sprechen, erst einmal mit Hilflosigkeit und aggressivem Widerstand reagieren, wenn der/die PädagogIn eine solche Öffnung im Pädagogischen Bezug initiiert. Deshalb braucht es Zeit und Geduld, bis ein Vertrauensverhältnis entstehen kann, in dem die Klienten spüren, dass sie ihr pädagogisches Gegenüber brauchen, um wieder über sich und ihren Verlust aus sich heraus sprechen zu können.

Pädagogik und Justiz

Seit den 1990er Jahren hat auch in Deutschland die öffentliche Forderung nach Verschärfung der Straf- und Kontrollpolitik gegenüber delinquenten Jugendlichen an Boden gewonnen. Es ging dabei vor allem um jugendliche MehrfachtäterInnen, die nach Ansicht maßgeblicher Innen- und JustizpolitikerInnen nicht mehr der Sozialpädagogik und ihrer offenen Jugendhilfe überlassen werden dürften, da diese keine ausreichende Kontrolle über diese Jugendlichen aufbauen und garantieren könne und somit kriminalpräventiv versagt habe. Geschlossene Unterbringung und Jugendgefängnis schienen wieder hoffähig zu sein. Die Jugendhilfe ist damit in ein dreifaches Dilemma geraten: Ihr werden Sicherungsaufgaben zugemutet, sie wird in diesem Zusammenhang mit der Drohung der Wiedereinführung geschlossener Unterbringung gleichsam erpresst und sie muss sich gleichzeitig den Vorwurf gefallen lassen, sie wolle sich der schwierigsten Fälle entledigen, wenn sie diese Funktionen verweigere (vgl. Will 1997).

Diese, ihr übergestülpte und aufgezwungene generalpräventive Diskussion hat der Sozialpädagogik die Notwendigkeit vor Augen geführt, ihre Möglichkeiten und Grenzen des pädagogischen Umgangs mit Jugenddelinquenz offen zu legen und mithin die Jugendhilfe in den Zugzwang gebracht, sich gegenüber und im Verhältnis zu Justiz und Polizei zu positionieren. Dabei ist deutlich geworden, dass die beiden unterschiedlichen Welten, denen Justiz/Polizei und Sozialpädagogik/Sozialarbeit angehören, auch auseinandergehalten werden müssen, sollen pädagogische Wirkungen erzielt werden. Die Pädagogik kann die Kriminalität als gesellschaftlich verwobenes Phänomen nicht bekämpfen, sie kann sich aber um die Jugendlichen, die in den Sog der Kriminalität geraten, so bemühen, dass sie – jeweils in ihrer Individualität – den Weg in biografische Alternativen finden können.

Inzwischen hat sich auch in der Justiz das Verständnis dafür eingespielt, dass jugendliche Ersttäter nicht als Kriminelle verfolgt werden dürfen und dass die Verhängung von Haftstrafen in diesem Alter und bei dieser Gruppe überwiegend negative Bewährungseffekte nach sich zieht. Deshalb sind inzwischen auch Diversionsverfahren im Bereich der Justiz und im Zusammenspiel von Justiz und Pädagogik eingeführt worden.

Schwieriger wird es im Bereich der Mehrfachtäterschaft. Hier ist der kriminalpolitische Druck größer und zudem noch eindeutig ordnungspolitisch rückgebunden (Innere Sicherheit). Hier schlägt das Legalitätsprinzip, nachdem Justiz und Polizei strukturiert sind – Tatverfolgung und Tatahndung ohne Ansehen der Person – nicht nur voll durch, sondern kann auch nicht so ohne weiteres durch pädagogische Maßnahmen abgelöst werden. Denn die Pädagogik muss hier Kontroll- und Sicherheitsangebote machen können, und sie hat es auch dementsprechend schwer, Alternativen zur geschlossenen Unterbringung und Jugendhaft anzubieten. Zwar wehrt sich die sozial- und heimpädagogische Fachdiskussion mit überzeugenden Argumenten aus der Bewährungs- und Rückfallforschung gegen den Ruf nach geschlossener Unterbringung, es fehlen aber in der Praxis der Jugendhilfe im-

mer noch umfassende Alternativen, in denen pädagogische Resozialisierung und kriminalpolitische Schutz- und Sicherungsinte-
ressen unter einen Hut gebracht werden können. Zudem drängen
manche Heime selbst, je weniger sie in der Lage sind, solche Jugendlichen mit ihren klassischen Mitteln der regionalen Ausgrenzung zu halten, auf geschlossene Maßnahmen oder auf Ab-
schieben in die Jugendstrafanstalt.

Wir befinden uns also hier an einem Punkt, an dem die Pädagogik selbst in Vorleistung treten muss und sich nicht auf fachliche Abwehr beschränken darf. Zwei klassische pädagogische
Argumentationslinien müssen dabei überdacht und neu gewich-
tet werden: Zum einen die Annahme, dass Jugenddelinquenz
immer als etwas Passageres, den Entwicklungsbedingungen der
Jugendphase Zugehöriges zu betrachten sei. Diese Argumentation impliziert, dass jede kriminalpolitische Definition prinzipiell
abzuwehren ist. Zum anderen die Vorstellung, dass in der Jugendhilfe Überlegungen keinen Platz haben dürfen, welche kri-
minal- oder ordnungspolitische Interessen pädagogisch zu transformieren versuchen. Dieses oft unhinterfragte ‚Denkverbot' in
die kriminalpolitische Richtung führt schließlich dazu, dass möglicherweise kreative Ansätze der Transformation erst gar nicht
gedacht werden und sich die Pädagogik vorwerfen lassen muss,
durch ihre Verweigerungshaltung den Kriminalpolitikern erst
recht das Feld zu überlassen.

Zur ersten Argumentationslinie: Die These, dass die Jugenddelinquenz ein jugendphasentypisches, passageres Phänomen sei,
korrespondiert mit einer Jugenddefinition, wie sie in den fünfzi-
ger Jahren geprägt wurde und sich im Diskurs der Jugenddevianz
bis heute gehalten hat. Indem das Jugendalter eine Phase ‚potentieller Devianz' sei, könne man auch davon ausgehen, dass diese
Devianz ‚jugendtypisch', das heißt von der Entwicklungs- und
Subkulturdynamik des Jugendalters geprägt ist und deshalb mit
Beendigung des Jugendalters verschwindet. Die Kriminalstatisti-
ken geben diesen Annahmen insofern bis heute Recht, als die
Kriminalität nach dem Jugendalter deutlich abebbt. Dennoch
sind in den letzten beiden Jahrzehnten Tendenzen in der Entwicklung des Jugendalters zu verzeichnen, die befürchten lassen,

dass die Gefahr wächst, dass sich delinquente Verstrickungen im Jugendalter verfestigen und biografisch verstetigen können. Das hängt mit den sozialen Belastungen zusammen, die heute in das Jugendalter zu einer Zeit hineinreichen, in der die Jugendlichen eigentlich noch im geschützten Raum ihre pubertäre Entwicklungsdynamik durchlaufen und nachpubertäre Identitätsfindung realisieren müssen.

Vor diesem Hintergrund kann nicht mehr pauschal davon ausgegangen werden, dass jugendkulturell initiiertes Abweichendes Verhalten immer mit dem Ende der Jugendzeit aufhört, gleichsam wie eine Haut abgestreift wird. Die Sozialpädagogik braucht also Konzepte, wie sie mit diesen delinquenten Jugendlichen so umgehen kann, dass dem öffentlichen kriminalpolitischen Sicherheitsinteresse entgegengekommen wird, den Jugendlichen aber gleichzeitig biografische Entwicklungsalternativen offen gehalten werden können.

Damit kommen wir zur zweiten Argumentationslinie in der kritischen Verständigung von Justiz/Polizei und Pädagogik: Jugendstrafvollzug und geschlossene Heimerziehung können diese pädagogische Option nicht realisieren. Totale Institutionen sind strukturell (zwangsläufig) so angelegt, dass sie die Jugendlichen in ihrer Handlungsfähigkeit und ihrem Selbstwert weiter einschränken, indem sie sie an ihre institutionelle Zwangsstruktur anpassen (vgl. dazu Goffman 1973). Die Rückfallquoten nach der Entlassung sind dementsprechend hoch. Dennoch muss die Sozialpädagogik/Sozialarbeit – will sie geschlossene Unterbringung und Jugendhaft zurückdrängen – Settings anbieten können, die Kontrolle gewährleisten. Da reichen erlebnispädagogische Angebote, soziale Trainingskurse oder Antiaggressions-Trainings nicht aus, da sie nur an den jeweiligen Verhaltensauffälligkeiten ansetzen, nicht aber den Anschluss an den biografischen Hintergrund des Abweichenden Verhaltens der Jugendlichen finden können. Deshalb braucht die sozialpädagogische Jugendhilfe ganzheitliche Settings zum Wohnen, Arbeiten und mit intensiver Betreuung, in denen Jugendliche einer deutlichen sozialen Kontrolle unterliegen, die aber spürbar ausbalanciert ist durch Milieuangebote und biografische Entwicklungsperspektiven, die auf Vertrauen und sozialer Anerkennung begründet sind. Nur wenn man solche ganzheitlichen Settings mit eigenem Sozial- und Kontrollrahmen im Rücken hat, kann man der Justiz gegenüber die Widersprüchlichkeit von Strafe und Erziehung, wie sie im Jugendgerichtsgesetz eingelassen ist (vgl. Ostendorf 2001), vorführen und deutlich machen, dass sie nur in diesem Kontext aufzulösen ist. Über den Strafvollzug kann nicht erzogen, sondern es kann höchstens verhaltenstherapeutisch eingewirkt werden, denn die Selbstwerteinbrüche, ausgelöst durch die innere Unterwerfungsstruktur der Anstalt, und die soziale Isolation sind zu gravierend.

Schon die im Jugendgerichtsgesetz (JGG) enthaltene Annahme, straffällige Jugendliche hätten ein Sozialisations- und Erziehungsdefizit, das in der Familie entstanden und nun mit Mitteln des Jugendstrafrechts auf das spezialpräventive Ziel der Rückfallverhinderung hin auszugleichen sei (vgl. Höynck 2016), verkennt die Sozialisationswirklichkeit des Kindes- und Jugendalters heute. Denn Jugendliche werden heute schon im Kindesalter zunehmend selbständig, lernen sich durchzusetzen und unter dieser Perspektive die familiale und soziale Umwelt einzuschätzen und sich in ihr zurechtzufinden. Sie sind also früh Subjekte und Mitproduzenten ihrer biografischen Entwicklung und haben – auch wenn sie sich abweichend verhalten – eine Menge Probleme irgendwie bereits selbst bewältigt. Der Begriff des Erziehungsdefizits dagegen sieht die Kinder als Objekte, auf die einzuwirken sei. Delinquente Jugendliche brauchen also nicht nachholende Erziehung, sondern ein sozial anerkennendes und aktivierendes (aber Grenzen setzendes) soziales Umfeld, in dem ihre bisherigen Bewältigungskompetenzen gleichzeitig anerkannt und umgeleitet werden können. Die hier entwickelten sozialen, kulturellen und qualifizierenden Angebote müssen also als funktionale Äquivalente konzipiert sein, damit Jugendliche immer wieder erfahren können, dass Selbstwert und soziale Anerkennung auch ohne Abweichendes Verhalten und Gewalt erreichbar sind. Erst wenn wir delinquentes Verhalten als biografisches Bewältigungsverhalten begreifen, als letztes Mittel, Selbstwert und Anerkennung zu erreichen, verstehen wir auch, dass diesen Jugendlichen nicht mit Defizitzuschreibungen beizukommen ist, sondern nur über alternative Angebote, in denen sie erfahren, dass sie etwas bewirken können und – im Pädagogischen Bezug, der nur in diesem lebensweltlich offenen und ganzheitlichen Settings möglich ist –, dass jemand auf sie eingeht und das, was aus ihnen kommt, anerkennt und sozial weitergibt. Der Justiz und Polizei ist – in ihrer Gebundenheit an das Legalitätsprinzip – diese Trennung von Bewältigungs- und Tathandeln, das Auseinanderhalten von Person und Delikt, paradox.

Siegfried Müller (2015) hat in diesem Zusammenhang in seinem inzwischen klassischen Aufsatz „Zum Verhältnis von Erziehung und Strafe" (1991) wie folgt argumentiert: „Das Jugendstrafrecht hat zu einer Klärung des Verhältnisses von Erziehung und Strafe nicht beigetragen, indem es beides wollte, erziehen und strafen. Das eine täter-, das andere tatorientiert. [...] Es gibt wohl kaum eine Verknüpfung der Begriffe von Erziehung und Strafe, die nicht in diesem Diskurs irgendwann einmal eingebracht worden ist: Erziehung statt Strafe, Erziehung und Strafe, Erziehung als Strafe, Erziehung in der Strafe, Erziehung neben der Strafe, Erziehung durch Strafe, Strafe statt Erziehung, Strafe als Erziehung etc. [...] Damit offenbart sich das ganze Dilemma eines tat- und täterorientierten Jugendstrafrechts. Die Jugendlichen sind einem doppelten Zugriff ausgeliefert: der Strafe und der Erziehung, wobei – in besonderer Weise bei den Heranwachsenden – die Reklamierung des Erziehungsgedankens oft als eingriffsintensivierende Legitimationsfigur fungiert" (Müller 2015: 46 ff.). Müller plädierte deshalb für eine „institutionelle Entkoppelung" von Strafe und Erziehung. Man sollte eher, so meine Meinung, angesichts der zunehmend eingerichteten Ausbildungs- und Arbeitsmöglichkeiten, vor allem in den Jugendstrafanstalten, den Aspekt der Arbeit und Ausbildung statt der Erziehung stärker ins Verhältnis zu Strafe setzen. Damit wäre das Problem der Resozialisierung eher nach außen, nach der Strafverbüßung verlagert, wenn die Betroffenen in die Arbeitswelt eingegliedert werden können.

Deshalb bleiben im Falle der Straffälligkeit die sozialpädagogischen Möglichkeiten abhängig von der Art und Weise, wie Justiz und Polizei die sozialen Dienste im Umkreis der Tat zum Zuge kommen lassen. Dazu muss die Justiz strukturell entlastet werden, denn sie kann ja nicht hinter das Legalitätsprinzip zurück. Dieses geschieht bei leichten und mittelschweren Fällen und bei

ErsttäterInnen über die Verfahren der Diversion, bei schweren Fällen und MehrfachtäterInnen durch justiznahe Räume der Krisenintervention aber auch durch die Angebote vernetzter Betreuungssettings mit eigenen Kontrollformen seitens der Jugendhilfe. Ob hier ein kleine Anzahl TäterInnen bleibt, die pädagogischen Interventionen unzugänglich sind, ist nicht absehbar. Denn bislang heißt es immer nur, bei solchen Jugendlichen hätten alle bisherigen Angebote nicht ‚gefruchtet'. Daraus lässt sich aber keine Resozialisierungsprognose aufbauen, denn es wird aus dem geschlossen, was bisher mit dem Jugendlichen gemacht wurde (Etikettierung), und nicht auf das, was man neu versuchen könnte.

Übrigens: Dass die Kultur des Strafens sich in den verschiedenen modernen Gesellschaften ganz unterschiedlich entwickelt hat, zeigt der Vergleich zwischen skandinavischen und anglo-amerikanischen Ländern. Während in den nordeuropäischen Staaten die Gefangenenzahlen ausweislich der Kriminalitätsstatistik relativ niedrig sind, sind sie zum Beispiel in den USA extrem hoch. Das wird auf die unterschiedliche gesellschaftliche Einbettung des Strafens zurückgeführt. Es macht einen gravierenden Unterschied, ob eine Gesellschaft den TäterInnen die alleinige individuelle Schuld zuschiebt, oder ob man in einem wohlfahrtsstaatlichen Verständnis von Sorge und Solidarität den Täter auch als Opfer der sozialen Verhältnisse betrachtet. „Demgegenüber wird in den anglophonen Gesellschaften ein liberaler Wohlfahrtsstaat gesehen, der durch bescheidene, bedarfsabhängige und oftmals nach Ermessen gewährte Leistungen gekennzeichnet sei, die üblicherweise auf abhängig Beschäftigte mit niederem Einkommen zielen, und der mit Politiken der Intoleranz und Exklusion verbunden sei" (Pratt/Erikson 2013: 97).

24 In der Arbeit mit devianten Cliquen und in der Krisenintervention stößt man an die Grenzen pädagogischer Intervention

Wir haben so die Clique als einen subkulturellen Typus der Gleichaltrigenkultur gekennzeichnet, der sich durch kollektiv gewolltes und betontes Abweichendes Verhalten nach innen und nach außen strukturiert, zusammenhält und abgrenzt. Cliquen entwickeln sich aus Peergroups heraus, haben dann aber eine eigene Struktur. Peergroups als Mediatoren von der Jugendphase zur Erwachsenenwelt zeigen zwar auch entwicklungstypische Devianzmuster, diese verbleiben aber innerhalb der Spielräume und Grenzen des Generationenverhältnisses und -konflikts. Cliquen und Gangs entstehen und wachsen aus der Gleichaltrigenkultur heraus, verselbständigen sich aber dann subkulturell über ihre Devianzkultur, die sich nicht nur kontrastierend zu den, sondern aggressiv, destruktiv gegen die Normen der Gesellschaft richtet.

Unter der Bewältigungsperspektive, mit der wir die hinter dem Abweichenden Verhalten liegenden Motiv- und Verhaltenskonstellationen zu verstehen („akzeptieren") versuchen, stoßen wir auf Jugendliche und junge Erwachsene, die von ihrem sozialbiografischen Hintergrund her auf den Cliquenzusammenhalt angewiesen sind und die deshalb die Devianzkultur der Clique nicht als abweichend, sondern als bewältigungsfunktional und emotional attraktiv empfinden: Selbstwertschöpfung, sozialer Rückhalt, Geborgenheit, Zugehörigkeit, Status, die subjektive Erfahrung der Teilhabe an Aktivitäten als Beschäftigung. All dies sind Attribute, die eines gemeinsam haben: Sie werden über die Gruppenzugehörigkeit und über die Unterwerfung unter die Gruppenautorität hergestellt. Es hat also pädagogisch wenig Zweck, die Gruppe zerschlagen zu wollen, denn der Einzelne ist mit seiner Identität in der Gruppenidentität aufgegangen.

In der Gang vermischen sich also Peer-Gruppe und Bandenbildung. Die Clique vermittelt die üblichen Sozialisationsfunktionen der Gleichaltrigenkultur – Erprobung von Rollen, Auseinandersetzung mit Werten, Einüben sozialer Interaktion – mit dem allerdings wesentlichen Unterschied, dass die Gruppensozialisation über deviante Muster läuft: Abgrenzen gegen andere und Ausgrenzung anderer durch Abwertung, negative gesellschaftliche Orientierung und normwidrige Integrationsperspektive (Cummings 1993).

Die Cliquen- oder Bandenmitglieder sind sozialisatorisch auf die Clique *angewiesen*, weil ihnen ihre Familien keine fördernden Umwelten schaffen konnten. Die Jugendlichen der meisten Cliquen der amerikanischen Szene stammen aus sozial benachteiligten und belasteten Familien mit psychotischem Einschlag (Bindungslosigkeit), aber rigide eingehaltener sozialer Unauffälligkeit (Hagedorn 1988). So kommt – auch bei uns – die Mehrzahl solcher Jugendlicher aus Familien, in denen man es, dem äußeren Anschein nach, gar nicht vermutet hätte. Aber auch Jugendliche aus neurotischen Familienkonstellationen (mit autoritärer Triebunterdrückung, aber emotionaler Zuwendung), wie wir sie eher in der Mittelschicht antreffen, finden in der Clique ihr Medium der Rache gegen die Elterngesellschaft. So nimmt es nicht Wunder, dass Cliquen in der Literatur als eine Art ‚Ersatzfamilien‘ beschrieben werden, die den emotionalen Rahmen dafür geben, dass man beweisen kann, dass man etwas wert ist und diese Wertschätzung zurückgespiegelt bekommt.

Dennoch ist das Missverhältnis zwischen der Clique und der Individualität der einzelnen Cliquenmitglieder der strategische Ansatzpunkt für eine pädagogische Intervention, die nicht auf die Zerschlagung der Gruppe abzielt (was in der Regel für sich genommen aussichtslos ist). Denn die Unterdrückung der Individualität durch die Clique setzt die einzelnen Mitglieder auch unter Stress: Sie müssen ihre innerliche Befindlichkeit übergehen, zumal im Cliquenklima eine dauernde Spannung herrscht, Einzelne könnten durch ihr Schwachwerden auch die Gruppe schwächen oder durch Absetzbewegungen (z. B. über eine Freundin) Einbrüche in den Gruppenzusammenhalt und die Abgrenzung nach außen provozieren. Dieser Stress nagt an den einzelnen Cliquenmitgliedern und wird freigesetzt, wenn sie in kritischen Situationen (z. B. nach einer strafrechtlichen Verurteilung oder bei Verlusterlebnissen, die mit Eltern oder Freunden zusammenhängen) geraten, in denen sie dann zwangsläufig emotional auf sich gestellt sind. Es besteht also in dieser Hinsicht eine spezifische Bedürftigkeit bei den einzelnen Jugendlichen, an die ein pädagogischer Zugang zu gegebener Zeit angeknüpft werden kann. „Zu gegebener Zeit" bedeutet, dass im Cliquenraum die Beziehungen zu den PädagogInnen so entspannt sein müssen, dass die Jugendlichen ‚irgendwann' von alleine das Einzelgespräch suchen. Wie und wann sich das anbahnt, kann man schon in gewisser Weise beobachten, da es sich in der Regel um ein männliches Syndrom handelt: Die innere Hilflosigkeit äußert sich sowohl in verstärkten Dominanzgebaren bei jungen Männern wie in unbeholfenem Umwegverhalten (vgl. dazu Böhnisch 2013) den PädagogInnen gegenüber. Die Jugendlichen signalisieren, dass sie gerne etwas mitteilen möchten, aber nicht wissen, wie sie das aus der Gruppe heraus oder außerhalb der Gruppe tun sollen.

Krafelds Versuch (2001), den jugendpädagogischen Zugang zu delinquenten Cliquen zu strukturieren, ist m. E. auch heute noch wegweisend. Er tut dies am Beispiel rechtsextremer Cliquen, die er als exemplarisch für aggressive Cliquenbildung betrachtet, da bei ihnen alle Dimensionen der autoritären Binnenstruktur, der aggressiven und abweichenden Abgrenzung nach außen und der Stigmatisierung durch das soziale Umfeld und die Gesellschaft gegeben sind (vgl. auch Sonntag 2000). Der erste Schritt in solche Cliquen ist von einer einfachen gruppendynamischen Überlegung begleitet: Es sollen nur ein bis zwei PädagogInnen in die Clique hineingehen. Werden es mehr, so werden sie als ‚Gegenpole' von der Clique empfunden, und es wird in der Regel versucht, die PädagogInnen auszugrenzen. Wir haben schon darauf hingewiesen, dass sich Cliquen an Nachbar- und Gegencliquen (auch die Polizei wird als solche erfahren) aufbauen und profilieren. Der nächste und entscheidende Schritt ist das Finden der Akzeptanz, die praktische Gestaltung der interaktiven Seite des Verstehens. Krafeld zeigt in diesem Zusammenhang, dass Versuche, den Jugendlichen andere normative und soziale Orientierung anzubieten, scheitern müssen, da es bei den Cliquen nicht so sehr um Werthaltung oder Orientierung geht, sondern um das Angewiesensein auf die Gruppe und ihren Zusammenhalt. Die von der Clique hochgehaltenen Werte sind eher Symbole für diesen Zusammenhalt und wenn sie in Frage gestellt werden, ist auch die Gruppe in Frage gestellt. Damit sind die Jugendlichen in ihrem Selbst und ihrem sozialen Status bedroht. Wenn also – um bei Krafelds Beispiel zu bleiben – PädagogInnen mit einer antifaschistischen Bildungs- und Umschulungskonzeption an die rechtsextremistische Clique herangehen, werden sie um des Gruppenzusammenhalts willen und nicht wegen der Inhalte zurückgewiesen. Die Clique selbst ist also nicht unbedingt rechtsextrem, sondern es ist eine Gang mit rechtsextremer Symbolik. Dies zu akzeptieren bedeutet nicht, die rechtsextreme Haltung gut zu heißen (hier liegt das Missverständnis!), sondern die positive Funktion der Cliquen für die einzelnen Jugendlichen zu verstehen. Erst die Person, dann das Delikt.

Nur so ist dieser akzeptierende Zugang plausibel und folgt der Logik unseres Bewältigungsmodells. In der Praxis kommt aber etwas Entscheidendes hinzu: Akzeptieren heißt ja doch, man muss bereit sein, für eine längere Zeit eine aggressive Clique und ein rechtsextremes Symbolmilieu *aushalten* zu können. Die Sozialpädagogik und Sozialarbeit hat schon immer das prekäre Professionsproblem, dass sie es hauptsächlich mit AdressatInnen und KlientInnen zu tun hat, bei denen sie eine Lebensführung vorfindet, die sich oft radikal von der der PädagogInnen unterscheidet. Im Falle aggressiver und rechtsextremer Cliquen ist dies noch besonders ausgeprägt. Für dieses Aushalten reicht aber das Wissen und Verstehen der Cliquenlogik nicht aus, denn die alltäglich akzeptierende Interaktion mit den Jugendlichen schafft eine eigene, abstoßende Wirklichkeit. Die PädagogInnen brauchen deshalb einen kollegialen Unterstützungszusammenhang, in dem sie ihre Akzeptanzprobleme austauschen und sich – gleichsam in einem zweiten Projekt – verankern können. Hier liegt die Chance, das professionelle Verstehen und Wissen, das gegenüber der Clique zurückgehalten werden muss, in einen kontrastierenden Verständigungszusammenhang zu bringen, der genauso verbindlich ist wie die Cliquenarbeit. Daraus speist sich auch die sozialpädagogische Vermittlungs- und Aufklärungsfunktion, die die SozialpädagogInnen dann in kommunalen Gremien entsprechend einbringen können. Die Zeit des Aushaltens ist aber auch die Zeit der Entscheidung, ob man eine solche Cliquenarbeit macht oder es lieber sein lässt.

In der Cliquenarbeit selbst bleibt den SozialpädagogInnen das Fach- und Erfahrungswissen und die darauf begründete Hoffnung, dass sie – die PädagogInnen – als neues Element in der Cliquenstruktur langsam aber sicher ein neues Magnetfeld schaffen können, von dem die Gruppenmitglieder vor allem in ihrer Individualität und personalen Befindlichkeit angezogen werden. Da die PädagogInnen mit der Zeit eine marginale Position *in* der Clique erhalten, muss der einzelne Jugendliche nicht mehr befürchten, dass durch seinen Beziehungsversuch die Clique gesprengt wird. So werden die PädagogInnen von den Cliquenmitgliedern langsam auch in ihren funktionalen Vorzügen für den Bestand der Clique wahrgenommen. Der wichtigste funktionale Vorzug dabei ist nach Krafeld – aber auch nach den Erfahrungen, die ich im Zuge der wissenschaftlichen Begleitung von Projekten mit gewaltbereiten Cliquen gemacht habe –, dass die Jugendarbeit den Cliquen einen *Raum* zur Verfügung stellen kann. Cliquen ziehen nicht nur umher, sie werden auch umhergetrieben, ausgegrenzt, beobachtet, verfolgt und stehen somit selbst unter *Stress*. Die Jugendlichen und die Clique selbst sind losgelöst von sozialen Bindungen, sie müssen deshalb auf sich aufmerksam machen und durch Gewalttätigkeit die Gruppe stärken. Dadurch werden sie wieder öffentlich stigmatisiert und unter Druck gesetzt. Der Raum mediatisiert diesen Stress und erhält in dieser Hinsicht auch Stützpunktfunktion. Er befördert die Strukturierung nach innen. So können über den Raum Aufgaben für einzelne Jugendliche entstehen, ohne dass die Gruppe zerstört wird. Einzelne übernehmen Verantwortung für räumliche Organisationsaufgaben, sie tun so etwas für die Gruppe und treten dennoch gleichzeitig als einzelne hervor.

Einen Gruppenraum zu haben, der zwar erfahrungsgemäß immer wieder demoliert oder oft kleinbürgerlich, wie in den Herkunftsmilieus eingerichtet wird, bedeutet Deeskalation und Entspannung. Der Raum verkörpert aber auch eine gewisse Machtposition der PädagogInnen, die sie so gegenüber der Gruppe erhalten. Die Clique muss zwangsläufig ihre Aktivitäten so kontrollieren, dass sie den Raum nicht gefährdet. Gleichzeitig erscheinen PädagogInnen nicht mehr als Eindringlinge in die Clique, sondern durchaus als nun feste Bezugspersonen, zu denen sich gleichsam eine zweite Gruppensoziometrie entwickelt, in der pädagogisch initiierte Bezugnahmen akzeptiert und auch gesucht werden: Vermittlungen nach draußen, Hilfen bei Jobsuche und Schlichtungen, Projektideen (z.B. selbstorganisierte Reisen) und schließlich auch Gespräche über psychosoziale Befindlichkeiten einzelner, z.B. im Hinblick auf die Enttäuschung mit den Eltern, Angst um den Verlust der Partnerin, Probleme bei der Arbeitsuche und Selbstwertprobleme in sozialen Bezügen außerhalb der Clique. Da die Cliquen in der Regel dominant männlich strukturiert sind, dauert dieser Prozess der Bezugnahme zur Individualität, zum Selbst des einzelnen erfahrungsgemäß lange, ein halbes bis ein Jahr. Voraussetzung sind die gelungene Milieubildung – also die Entwicklung von Gegenseitigkeitsstrukturen – sowie das Prinzip der Akzeptanz, das Raumangebot und die Vermittlungsangebote der PädagogInnen.

Die Ziele cliquenorientierter Arbeit darf man nicht zu hoch stecken. Die wichtigsten sind wohl die Deeskalation nach außen und die behutsame Entstrukturierung der Gruppe nach innen, um deviante Cliquen sozial neu regulieren zu können. Die Clique soll nicht zerstört werden (da würde sie sich bald auch entziehen), sondern so lange über die kritische Zeit des höheren Jugendalters gebracht werden, bis sie sich in die Erwachsenengesellschaft hinein auflöst: Die einen ziehen zur Freundin, die anderen haben Jobs und dadurch neue Beziehungen bekommen. ‚Über die Runden bringen‘ als Ziel bedeutet: Dazu beitragen und helfen, dass die Jugendlichen nicht in Kriminalitätszonen geraten, aus denen sie auch nach der Jugendzeit nicht mehr herauskommen und in Gefahr laufen, in einer kriminellen Karriere festzusitzen. Dieses Ziel erscheint dann weniger gering, wenn man aus der Praxis weiß, dass dies nur durch beharrliche Bezugnahmen auf die Individualität der Gruppenmitglieder und durch gruppendynamische Begleit- und Vermittlungsarbeit gelingt. Insofern ist

Cliquenarbeit eine hohe pädagogische Kunst, auch wenn man es ihr von außen nicht ansieht. Es ist eine Art *struktureller* Pädagogik, wo sich der Erfolg meist nicht unmittelbar mit der pädagogischen Intervention, sondern mittelbar biografisch und unterschiedlich zeitverschoben einstellt.

Allerdings scheinen mir die Möglichkeiten cliquenbezogener akzeptierender Jugendarbeit so nicht ganz ausgeschöpft. So wie bei Krafeld sind auch andere Konzepte zur aufsuchenden Jugendarbeit mit Cliquen (vgl. dazu im Überblick Klose/Steffan 1996) wiederum sehr äußerlich (jugendkulturzentriert) angelegt. Die innere *Bedürftigkeit* der Jugendlichen als verdeckter (gespürter, aber nicht integrierter) Ausdruck eines sozial verwehrten Selbst, die in der Alltagsdynamik der kollektiv-autoritär agierenden Clique nicht zum Zuge kommen kann, findet in den Personen der PädagogInnen ihren Ahnungs- und Haltepunkt. Deshalb gilt es mehr, die Interaktion von SozialarbeiterInnen und Jugendlichen und nicht nur die sozialräumliche Position der Pädagogen zu betrachten. Die Interaktion erschließt sich wiederum im Zugangskonzept des Pädagogischen Bezugs als ein professionell begrenztes ‚Füreinander-Dasein‘, das dieser Bedürftigkeit des Jugendlichen einen sozialen Rahmen gibt.

Krisenintervention

Die bisher dargestellten Handlungsperspektiven und methodischen Anregungen haben sich vor allem auf den Kontroll- und Interventionsbereich der Jugendhilfe und Sozialarbeit unterhalb der Ebene der Justiz bezogen. Das Bewältigungskonzept kann uns aber auch methodische Hinweise bei Ereignissen der Gewaltkriminalität geben, in denen der polizeiliche Eingriff an erster Stelle steht und die sozialpädagogische Intervention erst danach organisiert wird. Ich denke hier vor allem an Gewaltdelikte, bei denen den TäterInnen auf der Stelle in einer Krisenintervention Einhalt geboten werden muss. Die spätere sozialpädagogische Begleitung – z.B. während der Untersuchungshaft – kann man deshalb als *sekundäre Krisenintervention* bezeichnen. Ich will dies im Folgenden am Beispiel jugendlicher Straftäter entwickeln.

Erfahrungsgemäß hat eine kritische Konstellation wie die des Straffälligwerdens zwei Bewältigungsebenen. Zum einen die der *akuten Situation*, die sich auf die Bewältigung des Vorgangs und der Umstände der Festnahme und Strafverfolgung selbst bezieht; zum Zweiten die *biografische Konstellation*, die der Delinquenz vorgängig ist, sie aber – gerade bei Mehrfachtätern – im gewissen Sinne ,aufgebaut' hat. Deshalb mündet die kurzfristige Krisenintervention in der Regel in einen mittel- bis längerfristigen Beratungsprozess ein. Entsprechend müssen Krisenintervention und Beratung eng miteinander verknüpft sein. Diese sekundäre Krisenintervention kann also nur dann gelingen, wenn den Betroffenen die Beratung *sofort* angeboten werden kann. Im Falle straffälliger Jugendlicher und junger Erwachsener bedeutet das, dass sie nicht erst ein halbes Jahr nach der Anzeige ihr Urteil erhalten und dann erst die Chance eines Zugangs zur psychosozialen Beratung bekommen, wenn dies entsprechend vom Richter angeordnet worden ist. Sekundäre Krisenintervention ist dann nicht mehr möglich. Deshalb ist es unabdingbar, dass Angebote der Krisenintervention *gleichzeitig* mit der strafrechtlichen Verfolgung und Ahndung gemacht werden. „Nur durch eine schnelle Reaktion […] kann dem Phänomen des Ausweichens und Zurückfallens in destruktive Bewältigungsmuster Erfolg versprechend begegnet werden. [So] sinkt die Akzeptanz gegenüber Hilfen sehr schnell ab, wenn die Betroffenen […] auf sich gestellt bleiben. Eine schnelle Reaktion muss zweipolig erfolgen. Das bedeutet, dem devianten Verhalten Grenzen zu setzen und zeitnah dazu Bewältigungsalternativen aufzuzeigen" (Enke 2013: 470).

Die Festnahme ist für die Jugendlichen ein einschneidendes kritisches Lebensereignis, in dem sie auf sich selbst zurückgeworfen sind. Das damit verbundene Erlebnis der Hilflosigkeit muss deshalb als erstes in der Beratung so aufgegriffen werden, dass ihm die Bedrohung genommen wird. Es gilt also Vertrauensbezüge zu schaffen, in denen das bedrohte Selbst positiv angesprochen und aktiviert werden kann: Ich kann über meine Hilflosigkeit sprechen, sie dadurch annehmen, und ich habe jemanden als

Gegenüber, der nicht die Hilflosigkeit, sondern *mich* in ihr erkennt und annimmt. Deshalb ist die Methode der *Trennung von Person und Delikt* für die sozialpädagogische Krisenintervention und die spätere psychosoziale Beratung so zentral. Denn wenn man am Delikt ansetzt, machen die Jugendlichen erfahrungsgemäß zu, oder schieben es auf die Gruppe und auf die Umstände, rechtfertigen sich, wollen nicht zugeben, dass sie nicht funktionieren. Sie finden dagegen alle Gründe dafür, dass sie eigentlich alles unter Kontrolle haben, auch die Beratungssituation. Sie spalten es so nach außen ab.

BeraterInnen wissen, dass dies eine innere Schutzwand ist und die KlientInnen die Abspaltung brauchen, weil sie nicht gelernt haben – weil es ihnen in ihrer bisherigen Biografie verwehrt war –, mit ihren Gefühlen der Hilflosigkeit umzugehen. Sie haben Angst vor ihnen, obwohl sie ihnen auch Geborgenheit und Entlastung ahnen und sehnen lassen. Diese in der Erfahrungsregel voraussehbare Ambivalenz machen sich BeraterInnen zunutze, indem sie das Gespräch behutsam, aber zielstrebig auf die Befindlichkeit des Jugendlichen lenken, über Eltern, Verlusterlebnisse und Sehnsüchte, Freundin, Träume und Ängste sprechen. In solchen Beratungen erfahren die Jugendlichen, dass sie aus der stressigen Bedrängnis des Unwohlseins herauskommen können, indem sie über Erlebnisse erzählen, in denen sie sich wohlgefühlt haben, und in denen spürbar war – für die Jugendlichen und für die BeraterInnen gleichermaßen – dass und wie sie zum Wohlfühlen und damit zu sich selbst fähig sind.

An dieser Schilderung ist unschwer zu erkennen, dass es sich hier vor allem um männliche Jugendliche handelt. Gerade die Krisenintervention, die wohl dem Ausgesetzt-Sein und Auf-sich-zurückgeworfen-Sein der betroffenen Jugendlichen am nächsten ist, kann ohne geschlechtstypische Bezugnahme nicht funktionieren. Während das nach außen gerichtete männliche Bewältigungsmuster den Jugendlichen immer wieder zu Rationalisierungen drängt, die den Selbstbezug des Jungen abzuwehren versuchen, um sich den BeraterInnen gegenüber immer wieder als doch funktionierender Mann präsentieren, ihm Männlichkeit beweisen zu können, dringt das mehr nach innen gerichtete weibliche Muster die Mädchen und jungen Frauen eher zum Beharren auf individueller Schuldübernahme und Abforderung dementsprechender Bemitleidung. Auch hier müssen BeraterInnen aufpassen, dass sie solche geschlechtstypischen Übertragungen nicht annehmen und auf der explorativen Rolle beharren. Erst mit der Zeit wird sich eine Gegenseitigkeit von BeraterInnen und KlientInnen entwickeln, die dann durchaus in eine Vertrauensbeziehung münden kann.

Selbstkontrolle wird als ‚Verantwortung für das eigene Handeln‘ definiert. Die beiden Autoren, welche das Konzept in die kriminalsoziologische Diskussion einbrachten – Gottfredson und Hirschi (1990) – blenden aber die innerpsychischen Antriebsstrukturen des Selbst aus und lassen die Individuen lediglich nach einer handlungsökonomischen Kosten-Nutzen-Kalkulation agieren. Demgegenüber gehe ich davon aus, dass Selbstkontrolle Handlungsfähigkeit voraussetzt und deshalb bewältigungstheoretisch fundiert werden muss. Mangelnde Selbstkontrolle entspricht einem Bewältigungsverhalten, das die Balance zur Norm nicht findet, sondern den Selbstwertflip des Augenblicks sucht. Der wichtigste pädagogische Ansatz aber ist, das Selbst dieser Jugendlichen so zu aktivieren, dass sie zu sich selbst finden und so die Chance erhalten können, auch ihre Schwächen und ihre Hilflosigkeit als Teil ihres Selbst anzuerkennen. Dies gelingt oft über vertrauensvolle Beziehungen, in denen das Delikt von der Täterperson abgetrennt und dann über die Beziehungssehnsüchte und Verlustängste, die das Selbst bedrohen, mit den Jugendlichen gesprochen wird und diese in die Anerkennung ihrer Persönlichkeit einfließen.

Selbstwertstärkung und Anerkennung und nicht erzwungene Anpassung werden damit zu den strukturierenden Dimensionen von Selbstkontrolle. Doch das ist noch nicht alles. Denn wir haben auch bei A. Gruen erfahren, dass ein Selbst, das auf dem Zugang zu den eigenen Gefühlen und deren Anerkennung basiert, auch ein empathisches Selbst sein muss. Nur wenn ich mich in andere hinein versetzen, ihre Integrität respektieren kann, bin ich in der Lage, auch zu mir selbst zu finden. Selbstkontrolle stellt in diesem Sinne also eine interaktive Kompetenz dar, die auf der Zugänglichkeit der eigenen Gefühle und dem Respekt vor anderen beruht. Allerdings braucht es dazu Erlebens- und Erfahrungsangebote, die bewirken können, dass man spürt, dass man nicht mehr auf deviantes Verhalten angewiesen ist, so wie wir es in den funktionalen Äqivalenten dargestellt haben. Denn Selbstkontrolle „kann sich [...] nur dann entwickeln, wenn verschiedene Handlungsalternativen wahrgenommen werden" (Moldenhauer 2015: 133).

25 Präventionsprogramme lavieren zwischen Prognoseoptimismus und ‚Verdachtslogik'

Unstrittig ist, dass sich „Prävention unvermeidlich auf Entwicklungen und Ereignisse in der Zukunft bezieht und dass damit angesichts der Kontingenz von Prozessen immer eine Unsicherheit verbunden ist, weil man nicht sicher wissen kann, was zukünftig geschieht" (Lüders 2016: 531). Trotzdem wird der institutionelle Präventionsbegriff mit einer *finalen Gewissheit* gebraucht. Es wird von einer kausalen Prognose Abweichenden Verhaltens ausgegangen: Wenn sich die psychischen und sozialen Ausgangsbedingungen in einer bestimmten Weise entwickeln, dann ist erfahrungsgemäß und mit großer Wahrscheinlichkeit Abweichendes Verhalten zu erwarten. Der Jugendliche, der sich z. B. auffällig verhält, aber noch nicht als deviant gilt, wird – in dieser Präventionsperspektive – dennoch als ‚potentieller Abweichler' definiert, einer „Verdachtslogik" (Lüders 2016: 531) unterworfen. Kriminalprävention kann so zur ‚Umdefinition von Jugendhilfeaufgaben' werden. „Die bisherige Orientierung der Jugendhilfe an den Bedürfnissen und Interessen der Jugendlichen wird sukzessive ersetzt zugunsten einer Verhinderung Abweichenden Verhaltens durch ein neues Muster sozialer Kontrolle. Unter der Praxis der Prävention wurde eine Klammer gefunden, die geeignet erscheint, die unterschiedlichen Sichtweisen, Interessen und Profession zu vereinheitlichen. In der Dynamik einer fiebrigen Präventionsdebatte besteht die Gefahr, dass alles zu Prävention erklärt wird" (Emig 2011: 150).

Das gegenwärtige Verhalten Jugendlicher wird nicht aus seiner biografischen Aktualität, aus ihrem Selbst heraus, sondern von einer Potentialität her bewertet, die von außen an sie herangetragen wird. In der Ordnungs- und Kriminalpolitik allerdings wird dieser Präventionsbegriff weiter eng gehandhabt. Von da aber wirkt er unübersehbar auf die Pädagogik zurück und verstört sie. Die vom ordnungs- und kriminalpolitischen System

ausgehende Zumutung knallt unvermittelt in einen Jugendhilfediskurs, der sich professionell schon längst jenseits solcher
Fragen wähnte. So warnte auch Sack (1995) davor, dass sich im
Schlepptau eines „Bedrohungs- und Dramatisierungsdiskurses
zur Situation der inneren Sicherheit" auch der Präventionsdis-
kurs so verselbstständigen kann, dass die Grenzlinien zwischen
instanzlichen Eingriffen und individuellen Freiheitsrechten verwischen und der Präventionsbegriff gefährlich beliebig wird.
„Präventionsprogramme können immer auch zu einer Auswei-
tung von Repression und sozialer Kontrolle führen" (Lehne 2002:
179). Damit wird auch die Pädagogik stärker in die Funktion
einer Kontrollagentur gedrängt, die sich dann zwangsläufig am
Verhalten ausrichtet und nicht an den dahinter liegenden Betroffenheiten der Menschen (vgl. auch Kappeler 2000). Der entsprechende Druck auf die Pädagogik tritt inzwischen im modernisier-
ten Gewand „evidenzbasierter Wirkungsforschung" (vgl. zur
Kritik Otto 2007) auf. Es geht dabei wieder um die Absicht „gefährdete Jugendliche anhand bestimmter Merkmale oder bestimmte Lebenslagen als gefährdende und kriminalitätsverursa-
chende zu identifizieren, um dann bestimmte Methoden/Stra-
tegien anzuwenden oder Maßnahmen durchzusetzen, die die
betreffenden Jugendlichen davon abhalten sollen, Straftaten bzw.
erneut Straftaten zu begehen" (Anhorn/Bettinger 2002: 22). Dieser Druck wird nicht nur über staatliche Intervention ausgeübt,
sondern legitimiert sich zudem über die Ausbreitung einer neuen
Kontrollkultur in der Bevölkerung als Folge eines gesteigerten
Sicherheitsdenkens und der Angst vor sozialem Abstieg in einer
gesellschaftlich und biografisch unsicheren Zeit (vgl. Hess u.a.
2007). Er äußert sich auch in öffentlichen Präventionskampag-
nen, die die Selbstverantwortlichkeit (und damit indirekt die
Selbstschuld) der Einzelnen in den Mittelpunkt rücken (vgl. Lessenich 2008). Natürlich hat die Individualisierung dazu geführt,
dass die Betroffenen sich selbst um ihre soziale Integration kümmern müssen. Aber: „verallgemeinerbare Normalitätsentwürfe
verlieren zugunsten einer Ausdifferenzierung unterschiedlicher
Lebensentwürfe zunehmend mehr an Bedeutung. Für präventive
Maßnahmen folgt daraus, dass sie nicht mehr länger auf der

Grundlage durchgängig definierter Normalitätsentwürfe institutionalisiert werden können" (Böllert 215: 1231). Es geht vielmehr darum, Möglichkeiten zu schaffen, dass selbstbestimmte Lebensentwürfe realisiert werden können.

Außerdem bringt es die Logik des Präventionsdenkens mit sich, dass sich immer wieder eine Defizitperspektive einschleicht und – bei aller Selbstreflexivität im Umgang mit dem Begriff – nur schwer zu verscheuchen ist. Es kommt eben zwangsläufig zur Sprache, was verhindert werden soll, wohin sich die Jugendlichen nicht entwickeln sollen, wie sie ihre Schwächen zu überwinden und Defizite auszugleichen haben, wenn sie normkonform bleiben wollen. Nicht oder kaum zur Sprache kommt dagegen, welche psychosozialen Bewältigungsleistungen Jugendliche – jenseits der defizitären und devianten Zuschreibung – selbst schon vollbracht haben und vollbringen, wie man daran ansetzen und wie man diese in einen anderen Rahmen stellen kann.

Ein Beispiel: Eine Clique vorwiegend arbeitsloser Jugendlicher in einem Stadtviertel wird durch Abweichendes Verhalten auffällig (Klauen, öffentliches Kiffen, Belästigungen, körperliche Angriffe auf Schwächere). Die eingesetzten Streetworker versuchen in der Regel, zu deeskalieren, der Clique einen Raum zu vermitteln, auf die städtische Umgebung einzuwirken, vorschnelle Kriminalisierung zu vermeiden, sie von devianzfördernden Situationen fernzuhalten. In dieser präventiven Perspektive der Deeskalierung nehmen sie aber meist nur die Defizite der Cliquenmitglieder wahr. Vielleicht gelingt es ihnen auch, die Clique einigermaßen deliktfrei über die Runden zu bringen, bis sie sich dann doch irgendwie auflöst und die Mitglieder in den Junge-Erwachsene-Status treten.

Man könnte sich aber auch folgendes Interventionsszenario vorstellen: Es wird davon ausgegangen, dass die Clique ihre kriminellen Energien vor allem deswegen aufbringt, weil sie darüber Gruppenzusammenhalt sucht und ihren Mitgliedern Selbstwert, Anerkennung, Wirksamkeit und Geborgenheit über die Gruppe vermittelt. Gleichzeitig wird – wenn man das Quartierverhalten der Clique als Form der Raumaneignung erkennt – deutlich, dass sich die Jugendlichen mit ihrem Stadtviertel identifizieren möchten und sich wehren, hinausgedrängt zu werden. Wir erkennen auch ihre Selbstregulierungskräfte in kritischen Situationen, wenn sie sich durchschlagen müssen und zueinander stehen. Wir nehmen also erst einmal eine ,akzeptierende Haltung' zu der Clique ein und versuchen von da aus, ihre Ressourcen zu bestimmen (sie werden nicht als potentielle Kriminelle, sondern als in ihrer Selbstbehauptung und ihren sozialen Antrieben „Verirrte" (Meng) betrachtet). Nun muss aber auch ein neues soziales Magnetfeld für die Gruppe eröffnet werden, damit ihre verirrten Ressourcen umgeleitet werden können. Ein entsprechender Magnetpol könnte in unserem Beispiel eine Job-Vermittlungsstelle sein, die im Quartier eingerichtet ist und über die den Jugendlichen täglich Gelegenheitsjobs im Aushilfe- und Dienstleistungsbereich so vermittelt werden, dass auch erlernte Arbeitsfähigkeiten zum Tragen kommen. Der Job-Laden wird zum Umschlagplatz, aber auch zum Beratungs- und Rückzugsraum. Die Clique bleibt erhalten, aber die einzelnen Cliquenmitglieder werden nun in ihrer Individualität gefordert, die Clique wird also entstrukturiert, selbstwertsteigernde Kommunikation kann innerhalb und außerhalb der Clique stattfinden, sie ist nicht mehr so sehr auf Abweichendes Verhalten angewiesen, um ihren Zusammenhalt zu gewährleisten. Die SozialarbeiterInnen wiederum stehen nicht mehr so stark unter Deeskalationsstress, sondern können ein Beratungsmilieu aufbauen und über den Job-Laden, der ja in andere Sozialwelten hineinreicht, soziale Netzwerke knüpfen helfen.

An diesem – sicher in manchem idealtypischen, aber auch in der Praxis schon versuchten – Beispiel lassen sich bestimmte Grundregeln sozialer *Regulation* ableiten: Es wird von den Selbstregulierungskräften der Gruppe ausgegangen und das soziale Magnetfeld verändert, in dem sich die Clique neu verorten und sozialen Anschluss finden kann. Die Jugendlichen werden als Zugehörige in ihrer biografisch-sozialräumlichen Identifikation mit dem Stadtviertel angenommen. Damit kann zu der bisher erfahrenen Ablehnung seitens der städtischen Umwelt ein Gegengewicht geschaffen werden. Die Jugendlichen erhalten somit auch hier selbstwertschöpfende Anerkennung über die Clique hinaus.

Diese auf *Reframing* und *Empowerment* abzielende pädagogische Interventionsperspektive sozialer Regulation kann natürlich die bestehenden Ablehnungen seitens der Bevölkerung gegenüber der Gruppe und den damit verbundenen und dadurch verstärkten institutionellen Präventionsdruck (und die dazugehörigen Defizitzuschreibungen und Etikettierungen) nicht aus der Welt schaffen. Deshalb ist eine Flankierung solcher Regulationsmodelle durch einen Runden Tisch sozialer Verständigung, in dem neben SozialarbeiterInnen und JugendvertreterInnen auch VertreterInnen aus der Bürgerschaft und den Institutionen sitzen, notwendig. Ich habe im Verlauf dieses Buches wiederholt auf die Notwendigkeit unterstützender und vermittelnder Begleitkonstellationen hingewiesen. Außerdem bestünde auch hier die Möglichkeit, von einem solchen Kreis aus stadtteilbezogene soziale Verträge mit der Clique zu schließen, in denen es vor allem um Vereinbarungen zur Konfliktregelung geht. Solche Verträge signalisieren den Jugendlichen, dass sie – trotz ihrer prekären sozialen Stellung – als Mitglieder des Gemeinwesens akzeptiert werden.

Social support

Dieses Präventionsmodell lebt natürlich auch von seiner wohlfahrtspolitischen Flankierung und der Unterstützung in der Bevölkerung, vor allem aus den liberalen Kreisen. Der US-amerikanische Kriminologe David Garland (2001) sieht hingegen einen Niedergang der wohlfahrtspolitischen Flankierung solcher Präventionsprojekte, ja des „penal welfarism" insgesamt, das ich hier in seinen verschiedenen Aspekten dargestellt habe, gekommen. Diese Entwicklung spiegele sich vor allem in der bürgerlichen Mittelschicht, die ihre Liberalität angesichts der sozialen Sicherheit, die der Sozialstaat gewährleistete, ausleben konnte: „Waren damals punitive Einstellungen zumindest bei der tonangebenden Mittelschicht verpönt gewesen, so bietet sich heute ein ganz anderes Bild. Es ist dieser Umschlag vom penal welfarism zur ganz anders gestrickten Gegenwart [...] Die ständig präsente Bedrohung durch Kriminalität und die Notwendigkeit, sich ständig dagegen abzusichern, trug wesentlich dazu bei, das Leben insgesamt als prekär und unsicher zu empfinden. Natürlich ist man in der Unterschicht von der Kriminalität und von anderen Problemen viel stärker belastet, aber entscheidend für Garlands Argumentation sind eben Wandlungen in den Mittelschicht-Attitüden, weil die Mittelschicht Träger der wohlfahrtsstaatlichen Strafrechtspflege gewesen war und erklärt werden muss, warum sie dieser ihre Unterstützung entzog. Sie betrachtete sich nun als Opfer einer Kriminalität, die sie als Ergebnis völligen Versagens dieser Art Strafrechtspflege empfand" (Hess u. a. 2007:7 ff.). Die soziale Verunsicherung und die damit verbundene Abstiegsangst der Mittelschicht und die Projektion dieser Ängste auf die Kriminalität bedingen also einander. Das Trauma der Machtlosigkeit angesichts der Ängste ruft die Forderung nach tatkräftigem Handeln hervor. Das Gefühl, dass ‚etwas getan werden muss‘ und dass ‚jemand die Schuld dafür hat‘, findet zunehmend seinen Niederschlag in der Politik und heizt politischen Aktionismus an" (Garland 2003: 62 f.). Die Bereitschaft, TäterInnen zu verstehen, sinkt.

Garlands Modell hat seine empirische Basis vor allem im angloamerikanischen Bereich mit hohem Anstieg der Kriminalitätsraten in den letzten dreißig Jahren. In Deutschland ist der Kriminalitätsanstieg der letzten Jahre zwar lange nicht so ausgeprägt, dennoch ist auch hier die Verdichtung des Zusammenspiels von sozialer Abstiegsangst und kriminalitätsbezogenem Sicherheitsbedürfnis in der Mittelschicht erkennbar (vgl. Hess u. a. 2007). Auch der Umschlag von der Willkommensdiskussion in eine Sicherheitsdiskussion in der Asylfrage gehört in diesen Kontext. Ebenso die örtlichen Widerstände gegen die Einrichtung von offenen sozialpsychiatrischen Einrichtungen. Gleichzeitig gibt es aber immer wieder auch neue Unterstützungsinitiativen.

Neben dieser Problematik des schwindenden Supports scheint dieser adressaten- und normorientierten Präventionspolitik auch seit einiger Zeit wieder eine Entwicklung entgegenzustehen, die – im Sog der ‚Ökonomisierung des Sozialen‘ – das gesellschaftliche und ökonomische Risiko von Devianz vor die Belange der Betroffenen stellt. „Präventive Programme im Rahmen von Risiko- und Sicherheitsdiskursen zielen häufig nicht auf die Verhinderung Abweichenden Verhaltens, sondern nur noch auf eine Schadensbegrenzung". So wird z. B. in drogenpolitischen Diskursen der Drogenkonsum „nur noch in Risikokategorien verstanden, als Gesundheitsrisiko, als Risiko der Kriminalisierung sowie als finanzielles und Entwicklungsrisiko" (Groenemeyer 2015: 38). Ähnlich kann man die (wirtschafts-)politischen Argumente einordnen, rechtsextreme Aktivitäten gefährdeten die Attraktivität des lokalen Standorts, vor allem in den Augen von Investoren. Seit Jahren kann man vor allem in großstädtischen Kommunen eine Befriedungspolitik beobachten, die soziale ‚Risikogruppen‘

aus den Konsumzentren der Innenstadt in die Peripherie drängen will. In meiner zwanzigjährigen Dresdner Zeit habe ich in vielen regionalen Konferenzen seit Beginn der 1990er Jahre fast durchgängig erlebt, dass bei Jugendhilfeplanungen auch die Aufwand-Nutzen-Risiko-Frage gestellt wurde. Und gleichzeitig gab es auch die vergeblichen Versuche, den Erfolg entsprechender Programme verlässlich zu prognostizieren oder zu messen (vgl. dazu Dollinger 2015). Zu erinnern ist auch an den Schwenk in der Jugenddiskussion der 1980er Jahre, in der Jugend zur gesellschaftlichen Risikogruppe erklärt wurde. Insofern ist dieser ‚risk turn' im Sozial- und Jugendhilfediskurs nichts Neues, er ist vielleicht im Zuge der ‚Ökonomisierung des Sozialen' wieder stärker hervorgetreten. Das reicht meines Erachtens aber nicht aus, um generell von einer „Tendenz zur Entmoralisierung Abweichenden Verhaltens" (Groenemeyer 2015: 25) zu sprechen. Denn es gibt heute – und nach meiner Erfahrung mehr als früher – regionale Gegenbewegungen und Initiativen, die in ihrem support für Benachteiligte und Gescheiterte sozialethisch argumentieren und agieren.

Insgesamt halte ich es für die Pädagogik für angebracht, den Präventionsbegriff – wenn überhaupt – nicht ungeschützt zu gebrauchen, sondern immer die Bedingungen anzugeben, unter denen er pädagogisch sinnvoll sein könnte.

Literatur

Ader, S. (2005): Was leitet den Blick? Wahrnehmung, Deutung und Intervention in der Jugendhilfe. Weinheim und München

Adler, F. (1975): Sisters in Crime. New York

Altvater, E./Mahnkopf, B. (1996): Grenzen der Globalisierung. Münster

Anhorn, R./Bettinger, F. (2002): Keine Chance für die kritische Kriminologie? In: Anhorn, R./Bettinger, F. (Hrsg.): Kritische Kriminologie und Soziale Arbeit. Weinheim und München: 11-27

Antifaschistisches Frauennetzwerk (Hrsg.) (2005): Braune Schwestern? Feministische Analysen zu Frauen in den extremen Rechten. Münster

Arnold, H./Böhnisch, L./Schröer, W. (Hrsg.) (2005): Sozialpädagogische Beschäftigungsförderung. Weinheim und München

Auchter, T. (2002): Gewalt als Zeichen von Hoffnung? In: Schlösser, A.-M./Gerlach, A.: Gewalt und Zivilisation. Gießen: 595-616

Baier, D./Boehnke, K. (2008): Jugendliche und politischer Extremismus. In: Silbereisen, R. K./Hasselhorn, M. (Hrsg.): Entwicklungspsychologie des Jugendalters. Göttingen: 807-834

Baier, D. (2005): Abweichendes Verhalten im Jugendalter. In: Zeitschrift für Soziologie der Erziehung und Sozialisation. 25. Jg. H. 4: 81-398

Bange, D. (2007): Sexueller Missbrauch an Jungen. Weinheim und München

Belardi, N. (1993): Supervision. Paderborn

Bender, D./Lösel, F. (2005): Misshandlung von Kindern. Risikofaktoren und Schutzfaktoren. In: Deegener, G. (Hrsg.): Kindesmisshandlung und Vernachlässigung. Ein Handbuch. Göttingen: 317-346

Bereswill, M. (2011): Gewalt-Verhältnisse. Geschlechtertheoretische Perspektiven. In: Kriminologisches Journal.43. Jg. H. 1: 10-24

Bernfeld, S. (1925): Sisyphos oder die Grenzen der Erziehung. Wien

Bernhard, A./Böhnisch, L. (2015): Männliche Lebenswelten. Bozen

Bittner, G. (1996): Problemkinder. Göttingen

Bodenmüller, M./Piepel, G. (2003): Streetwork und Überlebenshilfen. Entwicklungsprozesse von Jugendlichen aus Straßenszenen. Weinheim und Basel

Bögelein, N. (2015): Junge Migranten als Täter und Opfer von Gewalt. In: Melzer, W. u.a. (Hrsg.): Handbuch Aggression, Gewalt und Kriminalität bei Kindern und Jugendlichen. Bad Heilbrunn: 108-110

Böllert, K. (2015): Prävention und Intervention. In: Otto, H.-U./Thiersch, H. (Hrsg.) (2015): Handbuch Soziale Arbeit. München und Basel: 1227-1232

Bohle, H. H./Heitmeyer, W./Kühnel, W./Sander, U. (1997): Anomie in der modernen Gesellschaft. Bestandsaufnahme und Kritik eines klassischen Ansatzes soziologischer Analyse. In: Heitmeyer, W. (Hrsg.): Was treibt die Gesellschaft auseinander? Bundesrepublik Deutschland: auf dem Weg von der Konsens- zur Konfliktgesellschaft. Bd. 1. Frankfurt a. M.: 29-65

Bohnsack, R./Loos, P./Schaeffer, B./Staedtler, K./Wild, B. (1995): Die Suche nach Gemeinsamkeit und die Gewalt in der Gruppe. Opladen

Bohnsack, R. (1973): Handlungskompetenz und Jugendkriminalität. Neuwied und Berlin

Böhnisch, L. (2013): Männliche Sozialisation. Weinheim und Basel

Böhnisch, L. (1994): Gespaltene Normalität. Lebensbewältigung und Sozialpädagogik an den Grenzen der Wohlfahrtsgesellschaft. Weinheim und München

Böhnisch, L./Lenz, K. (Hrsg.) (1999): Familien. Weinheim und München

264

Böhnisch, L. (2004): Männliche Sozialisation. Weinheim und München

Böhnisch, L./Lenz, K./Schröer, W. (2009): Sozialisation und Bewältigung. Weinheim und München

Böhnisch, L. (2016): Lebensbewältigung. Weinheim Basel

Böhnisch, L. (2017): Sozialpädagogik der Lebensalter. Weinheim und Basel

Böhnisch. L./Fritz, K./Seifert, T. (Hrsg.) (1997): Die wissenschaftliche Begleitung. Aktionsprogramm gegen Aggression und Gewalt. Münster

Boldt, O. (2008): Jungen und Koedukation. In: Matzner, M./Tischner, W.: Handbuch Jungen-Pädagogik. Weinheim und Basel: 136-149

Böttger, A./Köller, R./Solberg, A. (2003): Delinquente Episoden - Ausstiege aus kriminalisierbarem Handeln. In: Schumann, K. F. (Hrsg.): Delinquenz im Lebensverlauf. Weinheim und München: 95-123

Boos-Nünning, U./Karakasoglu, Y. (2007): Lebensbewältigung von jungen Frauen mit Migrationshintergrund im Schnittpunkt von Ethnizität und psychischer Stabilität. In: Munsch, C./Gemende, M./Weber-Unger Rotino, S. (Hrsg.): Eva ist emanzipiert, Mehmet ist ein Macho. Zuschreibung, Ausgrenzung, Lebensbewältigung und Handlungsansätze im Kontext von Migration und Geschlecht. Weinheim und München: 102-121

Bourdieu, P. (1983): Ökonomisches Kapital, kulturelles Kapital, soziales Kapital. In: Krekel, R. (Hrsg.): Soziale Ungleichheiten. Sonderband 2 der Zeitschrift Soziale Welt. Göttingen: 183-198

Bovensiepen, G. (2002): Suizid und Angriffe auf den Körper als Container-Objekt schwer gestörter Jugendlicher in der ambulanten Behandlung. In: Subkowski, P. (Hrsg.): Aggression und Autoaggression bei Kindern und Jugendlichen. Göttingen: 54-70

Brökling, E. (1980): Frauenkriminalität. Stuttgart

Brückner, M. (2009): Gewalt in Paarbeziehungen. In: Lenz, K./Nestmann, F. (Hrsg.): Handbuch Persönliche Beziehungen. Weinheim und München: 791-812

Brüderl, L. (Hrsg.) (1988): Theorien und Methoden der Bewältigungsforschung. Weinheim und München

Bruhns, K./Wittmann, S. (2003): Mädchenkriminalität - Mädchengewalt. In: Mansel, J./Raithel, J. (Hrsg.): Kriminalität und Gewalt im Jugendalter. Weinheim und München: 41-63

Bruhns, K./Wittmann, S. (2002): Ich meine mit Gewalt kannst du dir Respekt verschaffen – Mädchen und junge Frauen in gewaltbereiten Jugendgruppen. Opladen

Bründel, H./Simon, E. (2007): Die Trainingsraummethode. Unterrichtstörungen, klare Regeln, klare Kompetenzen. Weinheim und Basel

Buchinger,K./Klinkhammer, M.(2007): Beratungskompetenz. Stuttgart

Budde, J. (2005): Männlichkeit und gymnasialer Alltag. Bielefeld

Bütow, B. (2006): Mädchen in Cliquen: Sozialräumliche Konstruktionsprozesse von Geschlecht in der weiblichen Adoleszenz. Weinheim

Bundesministerium für Familie Senioren Frauen und Jugend (Hrsg.) (2002): 11. Kinder- und Jugendbericht. Bericht über die Lebenssituation junger Menschen und die Leistungen der Kinder- und Jugendhilfe in Deutschland. Berlin

Bundesministerium für Familie, Senioren, Frauen und Jugend (Hrsg.) (1990): Achter Jugendbericht. Bericht über Bestrebungen und Leistungen der Jugendhilfe. Bonn

Burton, S. (2003): Gangprograms in the United States. In: Fuchs, M./Luedtke, J. (Hrsg.): Devianz und andere gesellschaftliche Probleme. Opladen: 53-69

Butterwegge, C. (Hrsg.) (2008): Rechtspopulismus, Arbeitswelt und Armut. Opladen

Cohen, A. K. (1961): Kriminelle Jugend. Hamburg

Connell, R. W. (1987): Gender and Power. Cambridge

Cummings, S. (1993): Gangs: An impact of contemporary youth gangs in the States. New York

Dambach, K. E. (2002): Mobbing in der Schulklasse. München und Basel

David, K. P./Bange, D. (2002): Kriterien für die Rückführung sexuell missbrauchter Kinder in die Ursprungsfamilie. In: Forum Erziehungshilfen, H. 1: 52-56

Davis, M./Wallbridge, D. (1983): Eine Einführung in das Werk von D. W. Winnicott. Stuttgart

Deinet, U./Reutlinger, C. (2005): Aneignung. In: Kessl, F. u.a. (Hrsg.): Handbuch Sozialraum. Wiesbaden: 295-311

Deutsche Hochschule der Polizei (DHPol) (Hrsg.) (2013): Jugendkriminalität und Jugendgewalt Empirische Befunde und Perspektiven für die Prävention. Münster

Deutsche Shell (Hrsg.) (2010): Jugend 2010. 16. Shell Jugendstudie. Frankfurt a. M.

Deutsche Shell (Hrsg.) (2006): Jugend 2006. 15. Shell Jugendstudie. Frankfurt a. M.

Deutsche Shell (Hrsg.) (1997): Jugend #97. 12. Shell Jugendstudie. Opladen

Dollase, R. (2010): Gewalt in der Schule. Stuttgart

Dollinger, B. (2015): Risiken (in) der Sozialpädagogik. In: Dollinger, B./Oelkers, N. (Hrsg.): Sozialpädagogische Perspektiven auf Devianz. Weinheim und Basel

Dollinger, B./Oelkers, N. (Hrsg.) (2015): Sozialpädagogische Perspektiven auf Devianz. Weinheim und Basel

Dollinger, B./Raithel, J. (2006): Einführung in Theorien Abweichenden Verhaltens. Perspektiven, Erklärungen und Interventionen. Weinheim und Basel

Dörner, K. (1973): Einleitung zu E. Durkheim: Der Selbstmord. Neuwied und Berlin

Dornes, M. (1993): Der kompetente Säugling. Frankfurt und Wiesbaden

Dücker, U. Von (2001): Straßenkids: neu lernen in der Freiburger „StraßenSchule". Freiburg i. B.

Durkheim, E. (1897/1973): Der Selbstmord. Neuwied und Berlin

Durkheim, E. (1893/1977): Über die Teilung der sozialen Arbeit. Frankfurt a. M.

Eifler, S./Marquart, D. (2015): Gewalt als Folge sozialer Ungleichheit. In: Melzer, W. u.a. (Hrsg.): Handbuch Aggression, Gewalt und Kriminalität bei Kindern und Jugendlichen. Bad Heilbrunn: 58-63

Eisenstadt, S. N. (1956): Von Generation zu Generation. München

El-Mafaalani, A./Toprak, A. (2011): Muslimische Kinder und Jugendliche in Deutschland. Sankt Augustin

Emig, O. (2011): Kooperation von Polizei, Schule, Jugendhilfe und Justiz. In: Bernd Dollinger, B./Schmidt-Semisch, H. (Hrsg.): Handbuch Jugendkriminalität. Wiesbaden: 149-155

Enders, U. (Hrsg.) (2001): Zart war ich, bitter war's. Handbuch gegen sexuellen Missbrauch. Köln

Engel, U./Hurrelmann, K. (1989): Psychosoziale Belastungen im Jugendalter. Berlin, New York

Engel, U./Hurrelmann, K. (1994): Was Jugendliche wagen. Eine Längsschnittstudie über Drogenkonsum, Stressreaktionen und Delinquenz im Jugendalter. Weinheim und München

Engelfried, C. (1997): Männlichkeiten. Weinheim und München.

Enke, T. (2013): Jugenddevianz im Bewältigungsverlauf von Krisen. In: Schröer, W./Stauber, B./Walther, A./Böhnisch, L./Lenz, K. (Hrsg.): Handbuch Übergänge. Weinheim und Basel: 454-470

Erdheim, M. (1988): Psychoanalyse und Unbewußtheit in der Kultur. Frankfurt a. M.

Erdheim, M. (2013): Strafen und Unbewusstmachung. Was beim Strafen verdrängt wird. In: Rieker, P./Huber, S./Schnitzer, A./Brauchli, S. (Hrsg.): Hilfe! Strafe! Reflexionen zu einem Spannungsverhältnis professionellen Handelns. Weinheim und Basel: 20-29

Esser , H. (1994): Von der subjektiven Vernunft der Menschen und von den Problemen der kritischen Kriminologie damit. In: Soziale Welt. H. 1: 16-32

Faulstich-Wieland, H. (2008): Sozialisation und Geschlecht. In: Hurrelmann, K./Grundmann, M./Walper, S. (Hrsg.): Handbuch Sozialisationsforschung. Weinheim und Basel: 240-253

Filipp, G. (2008): Kritische Lebensereignisse. In: Brandstetter, J. (Hrsg.): Psychologie der Lebensspanne. Stuttgart: 152-164

Finsterer, E./Fröhlich, S. (2007): Generation Chips. Wien

Flösser, G. (1994): Soziale Arbeit jenseits der Bürokratie. Neuwied, Kriftel, Berlin

Franzkowiak, P. (1989): Risikoverhalten und Gesundheitsbewusstsein bei Jugendlichen. Berlin

Fritz, J./Fehr, W. (2003): Virtuelle Gewalt: Modell oder Spiegel? In: Fritz, J./Fehr, W. (Hrsg.): Computerspiele - Virtuelle Spiel- und Lernwelten. Bundeszentrale für politische Bildung. Bonn: 49-60

Fuchs, M./Lamnek, S./Luedtke, J. (1996): Schule und Gewalt. Opladen

Fuchs, M./Lamnek, S./Luedtke, J./Baur, N. (2005): Gewalt an Schulen. 1994 – 1999 – 2004. Wiesbaden

Fuchs, M./Luedtke, J. (2003a): Gewalt und Kriminalität an Schulen. In: Raithel, J./Mansel, J. (Hrsg.): Kriminalität und Gewalt im Jugendalter. Hell- und Dunkelfeldbefunde im Vergleich. Weinheim und München: 161-181

Funk, H. (1996): Familie und Gewalt. Gewalt in Familien. In: Böhnisch, L./Lenz, K. (Hrsg.): Familien. Weinheim und München: 251-264

Garland, D. (2003): Die Kultur der „High Crime Societies". In: Kölner Zeitschrift für Soziologie und Sozialpsychologie Sonderheft: 36-68

Garland, D. (2001): The culture of control. Oxford

Gellert, K. (2007): Vernachlässigte Kinder. Entstehung, Verlauf, Interventionen. Saarbrücken

Gemende, M. (1999): Migranten in den neuen Bundesländern. Interkulturelle Zwischenwelten und Ethnizität als Ressource gegen politische Missachtung. In: Gemende, M./Schröer, W./Sting, S. (Hrsg.): Zwischen den Kulturen. Pädagogische und sozialpädagogische Zugänge zur Interkulturalität. Weinheim und München: 79-102

Gemende, M./Munsch, C./Weber-Unger Rotino, S. (2007): Migration und Geschlecht - zwischen Zuschreibung, Ausgrenzung und Lebensbewältigung. Eine Einführung. In: Munsch, C./Gemende, M./Weber-Unger Rotino, S. (Hrsg.): Eva ist emanzipiert, Mehmet ist ein Macho. Zuschreibung, Ausgrenzung, Lebensbewältigung und Handlungsansätze im Kontext von Migration und Geschlecht. Weinheim und München: 7-49

Goffman, E. (1973): Asyle. Frankfurt a. M.

Goldbrunner, H. (1996): Arbeit mit Problemfamilien. Mainz

Gordon, T. (1990): Lehrer-Schüler-Konferenz. Wie man Konflikte in der Schule löst. München

Gottenströter, K. (1991): Alkoholismus als Familienkrankheit: Die besondere Problematik der ‚Erwachsenen Kinder'. Fachhochschule für Sozialarbeit und Sozialpädagogik. Berlin

Gottfredson, M. R./Hirschi, T. (1990): A General Theory of Crime. Stanford

Gottschalch, W. (1991): Soziologie des Selbst. Heidelberg

Grathoff, R. (1991): Milieu und Lebenswelt. Frankfurt a. M.

Griese, H. M. (2000): Jugend(sub)kulturen und Gewalt. Münster

Groenemeyer, A. (2015): Soziale Konstruktionen von Ordnungsstörungen. In: Dollinger, B./Groenemeyer, A./Rzepka,D. (Hrsg.): Devianz als Risiko. Weinheim und Basel: 9-20

Grossmann, K. E./Grossmann, K. (2006): Bindungen. Das Gefüge psychischer Sicherheit. Stuttgart

Gruen, A . (1993): Der Verrat am Selbst. München

Gruen, A. (1991): Der Wahnsinn der Normalität. München

Gruen, A. (1997): Der Verlust des Mitgefühls. Über die Politik der Gleichgültigkeit. München

Guggenbühl, A. (2008): Die Schule – ein weibliches Biotop? In: Matzner, M./ Tischner, W. (Hrsg.): Handbuch Jungenpädagogik. Weinheim und Basel: 150-167

Guggenbühl, A. (1995): Die unheimliche Faszination der Gewalt. München

Habermas. J. (1981): Theorie des kommunikativen Handelns. Bd. 2. Frankfurt a.M.

Häfele, J. (2015): Abweichende Situationen, Risikowahrnehmung und Kriminalitätsfurcht im urbanen Kontext. In: Dollinger, B./Groenemeyer, A./Rzepka,D. (Hrsg.): Devianz als Risiko. Weinheim und Basel: 83-116

Hagedorn, J. (1988): People and Folks. Chicago

Hargreaves, D. H./Hester S. K./Mellor, F. J. (1981): Abweichendes Verhalten im Unterricht. Weinheim und Basel

Harten, H. C. (1995): Sexualität, Missbrauch, Gewalt. Opladen

Hartmann, T. (2006): Gewaltspiele und Aggression – aktuelle Forschung und Implikationen. In: Kaminski, W./Lorber, M. (Hrsg.): Clash of realities. Computerspiele und soziale Wirklichkeit. München: 81-99

Hagemann, O./Sessar, K. (1988): Copingprozesse bei Opfern schwerer Straftaten. In: Kaiser, G./Kury, H./Albrecht, H.-J. (Hrsg.): Kriminologische Forschung in den achtziger Jahren. Freiburg: 983-1011

Heiliger, A. (2001): Täterstrategien bei sexuellem Missbrauch und Ansätze der Prävention. In: beiträge zur feministischen theorie und praxis. H. 56/57: 71 - 82

Heinz, W. R. (1993): Opfer und Strafverfahren. In: Kaiser, G./Kerner, H.-J./Sack, F./Schellhoss, H. (Hrsg.): Kleines Kriminologisches Wörterbuch. Heidelberg: 273-377

Heitmeyer, W. (Hrsg.) (1997): Was treibt diese Gesellschaft auseinander? Bundesrepublik Deutschland: Eine zerrissene Gesellschaft und die Suche nach Zusammenhalt. Bd. 1: Frankfurt a. M.

Heitmeyer, W. (Hrsg.) (1994): Das Gewalt-Dilemma. Frankfurt a. M.

Heitmeyer, W./Schröttle, M. (Hrsg.) (2006): Gewalt. Beschreibungen – Analysen – Prävention. Bonn

Herriger, N. (1987): Verwahrlosung. Eine Einführung in Theorien sozialer Auffälligkeit. Weinheim

Hess, H./Ostermeier, L./Paul, B. (Hrsg.) (2007): Kontrollkulturen. Kriminologisches Journal. Beiheft 9

Hirsch, M. (2002a): Schuld und Schuldgefühl. Göttingen

Hirsch, M. (2002b): Schicksale von Aggression und Autoagression in der Spätadoleszenz. In: Subkowski, P. (Hrsg.): Aggression und Autoaggression bei Kindern und Jugendlichen. Göttingen: 37-53

Hitzler, R./Bucher, T./Niederbacher, A. (2001): Leben in Szenen. Formen jugendlicher Vergemeinschaftung heute. Opladen

Höynck, T. (2016): Jugendhilfe im Strafverfahren/Jugendgerichtshilfe. In: Schröer, W./Struck N./Wolff, M. (Hrsg.): Handbuch Kinder- und Jugendhilfe. Weinheim und Basel: 969-985

Holtappels, H. G. (1993): Aggression und Gewalt als Schulproblem – Schulorganisation und abweichendes Verhalten. In: Schubarth, W./Melzer, W.: Schule, Gewalt und Rechtsextremismus. Opladen

Honig, M.-S. (1986): Verhäuslichte Gewalt. Frankfurt a. M.

Hornstein, W. (1990): Aufwachsen in Widersprüchen. Jugendsituation und Schule heute. Stuttgart

Hurrelmann, K./Rixius, N./Schirp, H. (1996): Gegen Gewalt in der Schule. Ein Handbuch für Elternhaus und Schule. Weinheim und Basel

Hurrelmann, K./Palentien, C. (1995): Gewalt als soziale Krankheit der Gesellschaft. In: Hurrelmann, K./Palentien, C./Wilken, W. (Hrsg.): Antigewaltreport. Weinheim und Basel: 15-37

Hurrelmann, K. (1993): Aggression und Gewalt in der Schule. In: Melzer, W./Schubart, W.: Schule, Gewalt und Rechtsextremismus. Opladen: 44-56

Hurrelmann, K. (1994): Sozialisation und Gesundheit. Somatische, psychische und soziale Risikofaktoren im Lebenslauf. Weinheim und München

Hurrelmann, K./Albrecht, E. (2014): Die heimlichen Revolutionäre. Weinheim und Basel

Imbusch, P./Heitmeyer, W. (Hrsg.) (2008): Integration – Desintegration. Wiesbaden

Imbusch, P./Heitmeyer, W. (2008): Einführung in die Problematik gesellschaftlicher Integration und Desintegration. In: Imbusch, P./Heitmeyer, W. (Hrsg.): Integration – Desintegration. Wiesbaden: 11-16

Ingenberg, B. (2007): Männer als Opfer. In: Gahleitner, S. B./Lenz, H.-J. (Hrsg.): Gewalt und Geschlechterverhältnis. Weinheim und München: 177-190

Iske, S./Klein, A./Kutscher, N./Otto, H.-U. (2007): Virtuelle Ungleichheit und informelle Bildung. Eine empirische Analyse der Internetnutzung Jugendlicher und ihre Bedeutung für Bildung und gesellschaftliche Teilhabe. Wiesbaden

Jannan, M. (2008): Das Anti-Mobbing-Buch. Weinheim und Basel

Janssen, H./Peters, F. (Hrsg.) (1997): Kriminologie für Soziale Arbeit. Münster

Jordan, E./Sengling, D. (1994): Jugendhilfe. Weinheim und München

Jung, H. (1993a): Viktimologie. In: Kaiser, G./Kerner, H.-J./Sack, F./Schellhoss, H. (Hrsg.): Kleines Kriminologisches Wörterbuch. Heidelberg: 582-589

Jung, H. (1993b): Massenmedien und Kriminalität. In: Kaiser, G./Kerner, H.-J./Sack, F./Schellhoss, H. (Hrsg.): Kleines Kriminologisches Wörterbuch. Heidelberg: 345-350

Kämper, Dietmar (1999): Ästhetik der Abwesenheit. München

Kappeler, M. (2000): Prävention als Fetisch (in) der Jugendhilfe. In: Neue Kriminalpolitik. H. 1: 23-27

Kassis, W./Artz, S. (2015): Geschlechtsspezifische Aspekte von Gewalt. In: Melzer, W. u. a. (Hrsg.): Handbuch Aggression, Gewalt und Kriminalität bei Kindern und Jugendlichen. Bad Heilbrunn: 263-267

Kavemann, B. (1997): Zwischen Politik und Professionalität - Das Konzept der Parteilichkeit. In: Hagemann-White, C./Kavemann, B./Ohl, D.: Parteilichkeit und Solidarität. Praxiserfahrungen und Streitfragen zu Gewalt im Geschlechterverhältnis. Bielefeld

Keckeisen, W. (1974): Gesellschaftliche Definition Abweichenden Verhaltens. München

Keim, D. (2000): Gewalt, Kriminalität. In: Häußermann, H. (Hrsg.): Großstadt. Leverkusen: 67-78

Kersten, J. (2008): Der Code der Straße. In: Brumlik, M. (Hrsg.): Ab nach Sibirien? Weinheim und Basel: 41-61

KFN – Kriminologisches Forschungsinstitut Niedersachsen e.V. (Hrsg.) (2009): Jugendliche in Deutschland als Opfer und Täter von Gewalt. Forschungsbericht Nr. 107. Hannover

Kiefl, W./Lamnek, S. (1986): Soziologie des Opfers. München

Kilb, Rainer (2015): Jugendgewalt im städtischen Raum. In: Melzer, W. u. a. (Hrsg.): Handbuch Aggression, Gewalt und Kriminalität bei Kindern und Jugendlichen. Bad Heilbrunn: 306-313

Kindler, H. (2015): Sexuelle Gewalt in der Familie. In: Melzer, W. u. a. (Hrsg.): Handbuch Aggression, Gewalt und Kriminalität bei Kindern und Jugendlichen. Bad Heilbrunn: 244-249

Kirchhoff, G. F. (1997): Das Verbrechensopfer – Die lange vergessene Perspektive. In: Janssen, H./Peters, F. (Hrsg.): Kriminologie für Soziale Arbeit. Münster: 139-167

Klatetzki, T. (1998): Einige Aspekte, die vielleicht die Qualität von Organisationsstrukturen in Jugendhilfeeinrichtungen verbessern. In: Pädagogische Qualität in der Jugendhilfe. Institut für Sozialpädagogik und Sozialarbeit der TU Dresden: 57-68

Klatetzki, T. (1993): Wissen, was man tut. Professionalität als organisationskulturelles System. Eine ethnographische Interpretation. Bielefeld

Klose, A./Steffan, W. (Hrsg. (1996): Streetwork in Europa. München

Koch, E./Resch, F. (2002): Psychodynamische und therapeutische Aspekte der Selbstverletzung. In: Subkowski, P. (Hrsg.): Aggression und Autoaggression bei Kindern und Jugendlichen. Göttingen: 158-173

Koler, P. (2014): Rausch und Identität – Jugendliche in Alkoholszenen. Bozen

Kolip, P. (1993): Freundschaften im Jugendalter. Der Beitrag sozialer Netzwerke zur Problembewältigung. Weinheim und München

Korte, J. (1994): Lernziel Friedfertigkeit. Weinheim und Basel

Köttig, M. (2004): Lebensgeschichten rechtsextrem orientierter Mädchen und junger Frauen. Gießen

Krafeld, F. J. (2001): Zur Praxis der pädagogischen Arbeit mit rechtsorientierten Jugendlichen. In: Schubarth, W./Stöss, R. (Hrsg.) (2001): Rechtsextremismus in der Bundesrepublik Deutschland. Eine Bilanz. Opladen: 271-291

Krappmann, L./Oswald, H. (1995): Alltag der Schulkinder. Weinheim und München

Kreckel, R. (Hrsg.) (1983): Soziale Ungleichheiten. Sonderband 2 der Zeitschrift Soziale Welt. Göttingen

Kreher, T./Lempp, T. (2013): Übergänge in die Arbeitswelt. In: Schröer, W./ Stauber, B./Walther, A./Böhnisch, L./Lenz, K. (Hrsg.): Handbuch Übergänge. Weinheim und Basel: 688-704

Kreissl, R. (2003): Begrenzte Konstruktivität – Wie Helge Peters einmal versuchte, den labeling approach zu retten. In: Menzel, B./Ratzke, K. (Hrsg.): Grenzenlose Konstruktivität? Oldenburg: 42-55

Kreuzer, A./Wille, R. (1988): Drogen – Kriminologie und Therapie. Heidelberg

Küchenhoff, J. (2002): Innere und äußere Gewalt. In: Schlösser, A.-M./Gerlach, A. (Hrsg.): Gewalt und Zivilisation. Gießen: 229-250

Kühnel, W./Matuschek, I. (1995): Gruppenprozesse und Devianz. Weinheim und München

Kunczik, M./Zipfel, A. (2002): Gewalttätig durch Medien. Aus Politik und Zeitgeschichte. 44: 29-38

Künzel, C./Temme, G. (Hrsg.) (2007): Täterinnen und/oder Opfer? Frauen in Gewaltstrukturen. Hamburg und Münster

Kutscher, N./Otto, H. U. (2006): Ermöglichung durch kontingente Angebote. Bildungszugänge und Internetnutzung. In: Tully, C. J. (Hrsg.): Lernen in flexibilisierten Welten. Weinheim und München: 95-110

Lamnek, S. (1994): Neue Theorien Abweichenden Verhaltens. München

Lamnek, S. (1993): Theorien Abweichenden Verhaltens. München

Lamott, F. (1995): Konstruktionen von Weiblichkeit und die „male stream" Kriminologie: In: Neue Kriminalpolitik. H. 1: 29-32

Landua, D./Sturzbecher, D./Welskopf, R. (2001): Ausländerfeindlichkeit unter ostdeutschen Jugendlichen. In: Sturzbecher, D. (Hrsg.): Jugend in Ostdeutschland. Opladen: 151-185

Langhanky, M. (1993): Annäherung an Lebenslagen und Sichtweisen der Hamburger Straßenkinder. In: Neue Praxis. H. 3: 271-277

Lehne, W. (2002): Aktuelle Präventionskonzepte im Spiegel der kriminologischen Debatte. In: Anhorn, R./Bettinger, F. (Hrsg.): Kritische Kriminologie und Soziale Arbeit. Weinheim und München: 169-187

Leinemann, J. (1993): Dokumentarfilm: „Jung und böse" im Rahmen des AgAG-Programms. Institut für Kommunalwissenschaften. Berlin

Lenz, H.-J. (2007): Gewalt und Geschlechterverhältnis aus männlicher Sicht. In: Gahleitner, S. B./Lenz, H.-J. (Hrsg.): Gewalt und Geschlechterverhältnis. Weinheim und München: 21-51

Lessenich, S. (2008): Die Neuerfindung des Sozialen. Bielefeld

Litau, J. (2015): Jugendliches Risikoverhalten. In: Melzer, W. u. a. (Hrsg.): Handbuch Aggression, Gewalt und Kriminalität bei Kindern und Jugendlichen. Bad Heilbrunn: 215-219

Lösel, F. (1975): Prozesse der Stigmatisierung in der Schule. In: Brusten, M./Hohmeier, J. (Hrsg.): Stigma. Band 2. Neuwied und Darmstadt: 7-32

Lösel, F./Weiss, M. (2015): Sozialisation und Problemverhalten. In: Hurrelmann, K./Bauer, U./Grundmann, M./Walper, S. (Hrsg.): Handbuch Sozialisationsforschung. Weinheim: 713-732

Lüders, C. (2016): Prävention. In: Schröer, W./Struck N./Wolff, M. (Hrsg.): Handbuch Kinder- und Jugendhilfe. Weinheim und Basel: 512-537

Mannheim, K. (1965): Das Problem der Generationen. In: Friedeburg, L. v. (Hrsg.): Jugend in der modernen Gesellschaft. Köln, Berlin: 23-48

Mansel, J. (2001): Angst vor Gewalt. Weinheim und München

Matt, E. (2015): Jugendkriminalität - Ursachen und Spezifika. In: Schweder, M. (Hrsg.): Handbuch Jugendstrafvollzug. Weinheim und Basel: 68-86

Marotzki, W. (2002): Allgemeine Erziehungswissenschaft und Biographieforschung. In: Kraul, M./Marotzki, W. (Hrsg.) : Biographische Arbeit. Opladen:
49-64

Matzner, M./Tischner, W. (Hrsg.) (2012): Handbuch Jungen-Pädagogik. Weinheim und Basel

Matzner, M. (2012): Männliche Jugendliche und junge Männer in der Berufsausbildung und im Studium. In: Matzner, M./Tischner, W. (Hrsg.): Handbuch
Jungen-Pädagogik. Weinheim und Basel: 158-175

Maywald, J. (2002): Kleinkinder. In: Schröer, W./Struck, N./Wolff, M. (Hrsg.):
Handbuch Kinder- und Jugendhilfe. Weinheim und München: 39-52

Meier, U. (1997): Gewalt im sozialökologischen Kontext der Schule. In: Holtappels, H. G./Heitmeyer, W./Melzer, W./Tillmann, K.-J. (Hrsg.): Forschung
über Gewalt an Schulen. Weinheim und München : 225-242

Meng, H. (1934): Strafen und Erziehen. Bern

Menz, S. (1996): „Mädchen auf Abwegen". Diplomarbeit. Dresden

Merton, R. K. (1968): Sozialstruktur und Anomie. In: König, R./Sack, F. (Hrsg.):
Kriminalsoziologie. Frankfurt a. M.: 283-313

Metz-Göckel, S./Nyssen, E. (1990): Frauen leben Widersprüche. Eine Zwischenbi-
lanz der Frauenforschung. Weinheim und Basel

Miller, W. B. (1968): Die Kultur der Unterschicht als Entstehungsmilieu für
Bandendelinquenz. In: Sack, F./König, R. (Hrsg.): Kriminalsoziologie. Frankfurt a. M.: 339-359

Mohr, A. (2000): Peer-Viktimisierung in der Schule und ihre Bedeutung für die
seelische Gesundheit von Jugendlichen. Lengerich

Mohr, A. (2003): Folgen der Viktimisierung. In: Raithel, J./Mansel, J. (Hrsg.):
Kriminalität und Gewalt im Jugendalter. Weinheim und München: 285-299

Moldenhauer, Stephanie (2015): „Keine Gewalt trotz Risiko". Zur Wahrnehmung
von Handlungsalternativen im schulischen Gewaltkontext. In: Dollinger,
B./Groenemeyer, A./Rzepka,D. (Hrsg.): Devianz als Risiko. Weinheim und
Basel: 117-137

Möller, I. (2007): Mediengewalt erhöht Aggressionspotenzial. Bonn 2007.

Möller, K. (2015): Jugendkulturen und Gewalt. In: Melzer, W. u.a. (Hrsg.): Handbuch Aggression, Gewalt und Kriminalität bei Kindern und Jugendlichen.
Bad Heilbrunn: 286-290

Möller, B. (2002): Gewalt — Mädchen und junge Frauen. In: Schröer, W./Struck,
N./Wolff, M. (Hrsg.): Handbuch Kinder- und Jugendhilfe. Weinheim und
München: 481-491

Moser, T. (1993): Der listenreiche Säugling. Psychoanalytische Überlegungen zur
neueren Säuglingsforschung. In: Deutsches Jugendinstitut (Hrsg.): Was für
Kinder. München: 91-94

Moser, T. (1975): Jugendkriminalität und Sozialstruktur. In: Lüderssen, K./Sack,
F. (Hrsg.): Seminar Abweichendes Verhalten I. Frankfurt a. M.: 335-402

Müller, S. (2015): Zum Verhältnis von Erziehung und Strafe. In: Schweder,
M./Borchert, J. (Hrsg.): Handbuch Jugendstrafvollzug. Weinheim und Basel:
43-58

Munsch, C./Gemende, M./Weber-Unger Rotino, S. (Hrsg.) (2007): Eva ist emanzipiert, Mehmet ist ein Macho. Zuschreibung, Ausgrenzung, Lebensbewältigung und Handlungsansätze im Kontext von Migration und Geschlecht.
Weinheim und München

Neumann, W./Süfke, B. (2004): Den Mann zur Sprache bringen. Tübingen

Nohl, H. (1949): Pädagogik aus dreißig Jahren. Frankfurt a. M.

Nohl, H. (1933/1935): Die pädagogische Bewegung in Deutschland und ihre Theorie

Nittel, D. (1999): Das Erwachsenenleben aus der Sicht der Biographieforschung. In: Krüger, H.-H./Marotzki, W. (Hrsg.): Handbuch erziehungswissenschaftliche Biographieforschung. Opladen: 301-323

Oberwittler, D. (2013): Wohnquartier und Kriminalität. In: Oberwittler, D./Rabold, A./Baier, D. (Hrsg.) Städtische Armutsquartiere – Kriminelle Lebenswelten? Wiesbaden: 45-95

Oberwittler, D./Köllisch, T. (2003): Jugendkriminalität in Stadt und Land. Sozialräumliche Unterschiede im Delinquenzverhalten und Registrierungsrisiko. In: Raithel, J./Mansel, J. (Hrsg.): Kriminalität und Gewalt im Jugendalter. Weinheim und München: 135-160

Oertel, L./Bilz, J./Melzer, W. (2015): Häufigkeiten, Ursachen und Entwicklungstendenzen von Aggression und Gewalt in Schulen. In: Melzer, W. u.a. (Hrsg.): Handbuch Aggression, Gewalt und Kriminalität bei Kindern und Jugendlichen. Bad Heilbrunn: 256-262

Oestreich, I./Kendel F. (2007): Mütter als Täterinnen. In: Gahleitner, S. B./Lenz, H.-J. (Hrsg.): Gewalt und Geschlechterverhältnis. Weinheim und München: 74-91

Oser, F. (1990): Widersprüche, die zerstören. Widersprüche, die Leben bringen. In: Rothenbucher, H./Wurst, F./Donnenberg, R.: Aufwachsen in Widersprüchen. Salzburg

Ostendorf, H. (2001): Jugendgerichtsgesetz. In: Otto, H.-U./Thiersch, H. (Hrsg.): Handbuch Sozialarbeit/Sozialpädagogik. Neuwied, Kriftel: 851-856

Othold, F. (2003): Jugendcliquen und Jugenddelinquenz. In: Schumann, K. F. (Hrsg.): Delinquenz im Lebensverlauf. Weinheim und München: 123-144

Otto, H.-U. (2007): Zum aktuellen Diskurs über Ergebnisse und Wirkungen im Feld der Sozialpädagogik und Sozialarbeit. Berlin

Otto, H.-U./Thiersch, H. (Hrsg.) (2015): Handbuch Soziale Arbeit. Neuwied, Kriftel, Berlin

Permien, H./Zink, G. (1998): Endstation Straße? Straßenkarrieren aus der Sicht von Jugendlichen. München

Petermann, H./Roth, M.: Suchtprävention im Jugendalter. Weinheim und München 2006.

Peters, F. (1997): Kriminalitätstheorien und ihre jeweiligen impliziten Handlungsempfehlungen. Teil I. In: Janssen, H./Peters, F. (Hrsg.): Kriminologie für Soziale Arbeit. Münster: 40-74

Peters, H. (1996): Als Partisanenwissenschaft ausgedient, als Theorie aber nicht sterblich: der labeling approach. In: Kriminologisches Journal Jg. 28. H. 2: 107-115

Popp, U. (2002): Geschlechtersozialisation und schulische Gewalt. Weinheim und München

Posch, K. (2007): Abweichendes Verhalten und Schule. In: Knapp, G./Lauermann, K. (Hrsg.): Schule und Soziale Arbeit. Klagenfurt, Ljubljana, Wien: 465-495

Pratt, J./Eriksson, A. (2013): Was macht das Bestrafen in den skandinavischen Ländern so anders? In: Rieker, P./Huber, S./Schnitzer, A./Brauchli, S. (Hrsg.) (2013): Hilfe! Strafe! Reflexionen zu einem Spannungsverhältnis professionellen Handelns. Weinheim und Basel: 80-100

Prein, L./Seus, G. (1999): ‚Müßiggang ist aller Laster Anfang?‘: Beziehungen zwischen Erwerbslosigkeit und Delinquenz bei Jugendlichen und jungen Erwachsenen. In: Soziale Probleme. H. 10: 43-73

Quensel, S. (1970): Wie wird man kriminell? In: Kritische Justiz. H. 3: 377-382

Rademacher, H. (2015): Mediationsverfahren und Täter-Opfer-Ausgleich. In: Melzer, W. u. a. (Hrsg.): Handbuch Aggression, Gewalt und Kriminalität bei Kindern und Jugendlichen. Bad Heilbrunn: 506-509

Raithel, J. (2004): Risikoverhalten. Wiesbaden

Raithel, J. (2005): Die Stilisierung des Geschlechts. Weinheim und München

Raithel, J./Mansel, J. (2003): Delinquenzbegünstigende Bedingungen in der Entwicklung Jugendlicher. In: Raithel/Mansel (Hrsg.): Kriminalität und Gewalt im Jugendalter: Hell- und Dunkelfeldbefunde im Vergleich. Weinheim und München: 25-40

Reinhardt, S./Rommelspacher, B. (2006): Was finden Jugendliche am Rechtsextremismus so attraktiv? In: Psychologie heute. H. 8: 36-39

Rerrich, M. S. (1988): Balanceakt Familie. Freiburg i. B.

Reuband, K. H. (1992): Der Mythos vom einsamen Drogenkonsumenten. In: Sucht. H. 3: 160-172

Reutlinger, C. (2016); Sozialraum. In: Schröer, W./Struck N./Wolff, M. (Hrsg.): Handbuch Kinder- und Jugendhilfe. Weinheim und Basel: 226-244

Rieker, P. (2007): Problemlösung in Familie und Peergroup. In: Zeitschrift für Soziologie der Erziehung und Sozialisation. H. 3: 305-319

Rixius, N. (1996): Einander Helfen – im Schulalltag üblich? In: Hurrelmann, K./Rixius, N./Schirp, H.: Gegen Gewalt in der Schule. Weinheim und Basel: 139-155

Rössner, D. (1984): Friedensstiftende Sozialarbeit im Szrafrecht. In: BewHi (Bewährungshilfe). H. 3: 220-249

Rohrmann, T. (2008): Jungen in der Grundschule. In: Matzner, M./Tischner, W. (Hrsg.): Handbuch Jungen-Pädagogik. Weinheim und Basel: 109-121

Rolff, H.-G. (1996): Sozialisation und Auslese durch die Schule. Weinheim und München

Rühle, O. (1929): Kindliche Kriminalität. In: Lazarsfeld, S. (Hrsg.): Technik der Erziehung. Leipzig: 328-336

Sack, F. (1995): Prävention – Ein alter Gedanke in neuem Gewand. In: Reindl, R./Kawamura, G./Nikolai, S. (Hrsg.): Prävention – Entkriminalisierung – Sozialarbeit – Alternativen zur Strafrechtsverschärfung. Freiburg i. B.: 27-63

Schad, U. (2000): Ethnizität als Joker. Ergebnisse eines Praxisforschungsprojekts zur Verknüpfung von Ansätzen der interkulturellen und geschlechtsspezifischen Arbeit. In: Kind, Jugend, Gesellschaft. 38. 3: 130-138

Schad, U. (2007): „Anders anders". Geschlecht und Ethnizität in einer Pädagogik der kulturellen Vielfalt. In: Munsch, C./Gemende, M./Weber-Unger Rotino, S. (Hrsg.): Eva ist emanzipiert, Mehmet ist ein Macho. Zuschreibung, Ausgrenzung, Lebensbewältigung und Handlungsansätze im Kontext von Migration und Geschlecht. Weinheim und München: 193-206

Scherpner, H. (1962): Theorie der Fürsorge. Göttingen

Schirp, H. (1993): Die Schule als lebenswerter Arbeitsplatz für SchülerInnen und LehrerInnen. In: Priebe, B./Israel, G./Hurrelmann, K. (Hrsg.): Gesunde Schule. Weinheim und Basel: 154-176

Schröder, A./Merkle, A. (2007): Leitfaden Konfliktbewältigung und Gewaltprävention – Pädagogische Konzepte für Schule und Jugendhilfe. Schwalbach

Schröder, A. (1991): Jugendgruppe und Kulturwandel. Die Bedeutung von Gruppenarbeit in der Adoleszenz. Frankfurt a. M.

Schröder, Julia (2016): Gewalt – Mädchen und junge Frauen. In: Schröer, W./Struck N./Wolff, M. (Hrsg.): Handbuch Kinder- und Jugendhilfe. Weinheim und Basel: 608-626

Schröer, W./Struck N./Wolff, M. (Hrsg.) (2016): Handbuch Kinder- und Jugendhilfe. Weinheim und Basel

Schubarth, W. (1998): Analyse und Prävention von Gewalt. Habilitationsschrift. Dresden

Schubarth, W./Ackermann, C. (1997): 45 Fragen und Projekte zur Gewaltprävention in Schule und Jugendhilfe. Dresden

Schubarth, W. (2003): Formen, Möglichkeiten und Grenzen der Gewaltprävention. In: Raithel, J./Mansel, J. (Hrsg.): Kriminalität und Gewalt im Jugendalter. Weinheim und München: 300-316

Schubarth, W. (2015): Gewalt als Kind der Schule? In: Schweder, M. (Hrsg.): Handbuch Jugendstrafvollzug. Weinheim und Basel: 87-100

Schumann, K. F. (2003): Delinquenz im Lebenslauf – Ergebnisbilanz und Perspektiven. In: Schumann, K. F. (Hrsg.): Delinquenz im Lebensverlauf. Weinheim und München: 209-222

Schumann, K. F. (2010): Jugenddelinquenz im Lebenslauf. In: Dollinger, B./Schmidt-Semisch, H. (Hrsg. Handbuch Jugendkriminalität. Wiesbaden: 243-257

Siller, G. (1994): Frauen und Rechtsextremismus. In: Kowalsky, W./Schroeder, W. (Hrsg.): Rechtsextremismus. Opladen: 143-159

Simon, B. (2008): Einstellung zur Homosexualität. In: Zeitschrift für Entwicklungspsychologie und Pädagogische Psychologie. H. 40: 87-99

Sitzer, P./Marth, J./Kocik, C./Müller, K. (2012): Cyberbullying bei Schülerinnen und Schülern. Bielefeld.

Smaus, G. (1993): Soziale Kontrolle und Geschlechterverhältnis. In: Frehsee, D./Löschper, G./Schumann, K. F. (Hrsg.): Strafrecht, soziale Kontrolle, soziale Disziplinierung, Jahrbuch für Rechtssoziologie und Rechtstheorie 15: 122-137

Sonntag, J. (2000): Soziale Arbeit mit rechtsextrem orientierten Jugendlichen. In: Hirschfeld, U./Kleinert, U. (Hrsg.): Zwischen Ausschuss und Hilfe. Leipzig: 186-198

Stark, W. (1996): Empowerment. Freiburg i. B.

Stauber, B./Walther, A. (2013): Übergänge im Lebenslauf. In: Schröer, W./Stauber, B./Walther, A./Böhnisch, L./Lenz, K. (Hrsg.): Handbuch Übergänge. Weinheim und Basel: 23-43

Stickelmann, Bernd (2014): Provokation Jugendgewalt. Stuttgart

Subkowski, P. (2015): Autoaggression. In: Melzer, W. u. a. (Hrsg.): Handbuch Aggression, Gewalt und Kriminalität bei Kindern und Jugendlichen. Bad Heilbrunn: 206-209

Subkowski, P. (2002): Zur Entstehung von Aggression und Autoaggression in der stationären Therapie am Beispiel von Patienten mit Essstörungen und von Müttern mit Kindern. In: Subkowski, P. (Hrsg.): Aggression und Autoaggression bei Kindern und Jugendlichen. Göttingen: 97-136

Sutterlüty, F. (2002): Gewaltkarrieren. Frankfurt a. M.

Theunert, H. (1996): Gewalt in den Medien – Gewalt in der Realität: Gesellschaftliche Zusammenhänge und pädagogisches Handeln. München

Thrasher, F. M. (1963): The Gang. Chicago und London

Tillmann, A. (2008): Identitätsspielraum Internet. Weinheim und München

Tossmann, H.-P./Jonas, B./Tensil, M.-D. (2008): Evaluation der Streetwork und der mobilen Jugendarbeit in Berlin. Frankfurt a. M., Berlin, Bern

Trauernicht, G. (1988): Ausreißerinnen und Trebegängerinnen. Münster

Treibel, A. (1990): Migration in modernen Gesellschaften. Weinheim und München

Delattre, G./Trenczek , T. (2004) Mediation und Täter-Opfer-Ausgleich. In: Spektrum der Mediation. H. 1: 14-17

Vetter, C. (2003): Der kleine Gauner. Weinheim und München

Vollbrecht, R. (2015): Medien und Gewalt. In: Melzer, W. u. a. (Hrsg.): Handbuch Aggression, Gewalt und Kriminalität bei Kindern und Jugendlichen. Bad Heilbrunn: 72-76

Wahl, K. (1989): Die Modernisierungsfalle. Frankfurt a. M.

Wenzel, U. (2013): Neue Formen psychischer Krisen. In: neue praxis. H. 1: 79-87

Will, H.-J. (1997): Jugend und Justiz. In: Janssen, H./Peters, F. (Hrsg.): Kriminologie für Soziale Arbeit. Münster: 284-307

Winnicott, D. W. (1988): Aggression. Versagen der Umwelt und antisoziale Tendenz. Stuttgart

Winnicott, D. W. (1984b): Familie und individuelle Entwicklung. Frankfurt a. M.

Winnicott, D. W. (1984a): Reifungsprozesse und fördernde Umwelt. Frankfurt a. M

Wittmann, S./Bruhns, K. (2001): Mädchen in gewaltbereiten Jugendgruppen – Kein Thema für die Jugendarbeit? In: DJI-Bulletin, H. 56/ 57: 8-13

Wolf, B. (1998): Kann Jugendarbeit Halt bieten. In: Böhnisch, L./Rudolph, M./Wolf, B. (Hrsg.): Jugendarbeit als Lebensort. Weinheim und München: 169-181

Wolf, K. (Hrsg.) (1995): Entwicklungen in der Heimerziehung. Münster

Wolf, K. (2002): Hilfen zur Erziehung. In: Schröer, W./Struck, N./Wolff, M. (Hrsg.): Handbuch Kinder- und Jugendhilfe. Weinheim und München: 631-645

Wolff, M. (2000): Integrierte Erziehungshilfen. Weinheim und München

Wolff, R. (1990): Das Doppelgesicht der Gewalt in der Familie und in Hilfesystemen. In: Albrecht, P.-A./Backes, O.: Verdeckte Gewalt. Frankfurt a. M.: 174-179

Wolfersdorff, C. von (2016): Jugendkriminalität. In: Schröer, W./Struck N./Wolff, M. (Hrsg.): Handbuch Kinder- und Jugendhilfe. Weinheim und Basel: 627-665

Yazici, O. 2011: Jung, männlich, türkisch - gewalttätig? Schriften zum Jugendrecht und zur Jugend-Kriminologie. H. 8. Freiburg i. B.

Ziehlke, B. (1993): Deviante Jugendliche. Individualisierung, Geschlecht und soziale Kontrolle. Opladen

Zinnecker, J./Silbereisen, R.K. (1996): Kindheit in Deutschland: Aktueller Survey über Kinder und ihre Eltern. Weinheim und München